SONGWENQINGGONG SHENGGUANLU BUZHU
《松文清公升官录》补注

马长泉　张春梅　著

河南大学出版社
·开封·

图书在版编目(CIP)数据

《松文清公升官录》补注/马长泉,张春梅著. —开封:河南大学出版社,2010.6
ISBN 978-7-5649-0194-3

Ⅰ.①松… Ⅱ.①马…②张… Ⅲ.①松筠(1752~1835)—年谱—注释 Ⅳ.①K827＝49

中国版本图书馆 CIP 数据核字(2010)第 110510 号

责任编辑	齐丹锋
责任校对	祁琛云
封面设计	马 龙

出 版	河南大学出版社
	地址:河南省开封市明伦街 85 号　邮编:475001
	电话:0378-2825001(营销部)　网址:www.hupress.com
排 版	郑州市今日文教印制有限公司
印 刷	河南郑印印务有限公司
版 次	2010 年 6 月第 1 版　　印 次　2010 年 6 月第 1 次印刷
开 本	787mm×1092mm　1/16　印 张　12.75
字 数	202 千字　　　　　　　　　印 数　1—1500 册
定 价	25.00 元

(本书如有印装质量问题,请与河南大学出版社营销部联系调换)

目 录

前 言 ………………………………………………… 1

《松文清公升官录》补注 …………………………… 15
    凡 例 …………………………………………… 17
    《松文清公升官录》补注 ……………………… 18

附 录 ………………………………………………… 133
    说 明 …………………………………………… 133
    《清史列传》之松筠传 ………………………… 133
    《归田琐记》之松筠材料 ……………………… 145
    《停滞的帝国——两个世界的撞击》所见松筠资料 … 147
    《1793乾隆英使觐见记》 ……………………… 170
    《松筠新疆奏稿》 ……………………………… 174
    《绥服纪略》 …………………………………… 192
    《秋阅吟》 ……………………………………… 194

后 记 ………………………………………………… 198

前　言

一、松筠生平事迹概述

　　松筠,字湘浦,玛拉特氏,蒙古正蓝旗人,清代中期一位较为重要的大臣,尤其在边疆建设方面屡有建树,一生历经乾隆、嘉庆、道光三朝,享年83岁。① 因为是蒙古族,松筠并不具有众多汉族士大夫科举出身的背景,他利用自己民族与语言的优势,在朝廷中谋得了一席之地。这也可以视为清朝政府长久以来实行的"满蒙一家"政策的直接影响,特别在清代前期,满族人和蒙古族人并不需要与众多汉族士大夫一样,参加科举考试以获取功名。松筠是翻译生员出身,后来又考授了理藩院笔帖式,成为供职于中央的翻译人才,25岁时补为军机章京,虽然乾隆四十八年时,他被擢为内阁学士兼副都统,但是,那只是他在中央政府供职的延续。从其生平来看,他真正的政治生涯应从乾隆五十年(1785年)开始。这一年他代表清政府前往库伦,整顿与俄罗斯贸易事项,第一次出京任职,即遭遇罢职。史载他专擅事务,并不随时向乾隆皇帝上奏,由此可以看出他独断专行的性格。在松筠一生中,他屡受皇帝贬斥,其中不乏皇帝专权的因素,但是,他果断刚毅的性格似乎也为他带来了许多麻烦,如嘉庆十四年,他在伊犁将军任上,将宁陕叛兵蒲大芳等五十余人一概骈诛,招致嘉庆皇帝的申斥,"诏斥未鞫而杀,失政体,降喀什噶尔参赞大臣"。嘉庆二十年,松筠即以自己的理解,迅速处理了孜牙墩事件。"孜牙墩就获,与布鲁特比图尔第迈莫特并置极刑,诏斥松筠不待命,削官衔召还京。"另外,和珅掌权之时,松筠不与之同流合污,"松筠不为屈,遂久留边地"。在专制政体下特立独行,"不随时俯仰",只会四处碰壁,这也是他"屡起屡蹶"的主要原因。② 道光二年六

---

①　松筠的生卒年目前尚不确定,作者根据现有的资料得出,松筠生于乾隆十七年(1752年),卒于道光十五年(1835年),享年83周岁。

②　赵尔巽:《清史稿》卷三百四十二"松筠",中华书局,1977年版。

月,松筠竟将乌里雅苏台将军的奏折删改,遭到革职处分,道光皇帝下谕:"六卿分职,各有专司。若将别衙门所办之事,妄加删改,实属罕见罕闻。即和珅当日之专权横恣,亦未敢公然出此,实属胆大妄为,著大学士、军机大臣会同九卿议罪。"①从中也可看出松筠坚毅果断的性格。马戛尔尼在出使中国时,见到松筠,认为松筠"彬彬有礼"、"生性谦和"、"为人宽厚"。这些是他在日常生活中表现出来的个人品性,与其行事方式并无直接的关联。倒是马戛尔尼后来所说的松筠"在袍子外面套着一件黄马褂,表现出'一副凛然不可侵犯的样子'"②更符合他的性格。松筠也喜欢谈禅说佛,这不但与他出身蒙古族有关,而且与他个人的性情有关。《清史稿》载,他在镇压白莲教起义的过程中,曾与广慧寺僧人明心(王树勋)交往,"值川、楚匪乱,投效松筠军中,以谈禅投所好,使易装入贼寨说降,奖予七品官衔,洊擢襄阳知府"③。

　　松筠一生,以治边闻名。从乾隆五十年,"往库伦治俄罗斯贸易事"始,他曾经担任或署理过驻藏大臣、伊犁将军、吉林将军、绥远城将军、乌里雅苏台将军等,可谓久历边疆,经验丰富。史载他"要以治边功最多",确实突出了他的主要功绩。松筠在任上,注重边疆的政治、经济建设,如安定边疆,发展经济,处理对外关系,协调边疆少数民族的关系等;他任驻藏办事大臣时,加强边备,修建鄂博、寨卡,抚恤少数民族穷困之人。松筠为清政府尽心尽力的做法,有的取得了一些成就,但有的就出于种种原因而夭折了。嘉庆五年闰四月,他请求弛私盐、私铸之禁,遭到皇帝的申斥:"松筠在陕甘总督任内,曾奏私盐、私铸弛禁,所见迂谬,本应严议。特以平日尚能持正,为有用之材,是以不加深责。……试思私盐私铸,律有明禁,祖宗定制,岂得轻易更张?且现在私盐有禁,尚有私枭拒捕。若设立税口,倘贩私之徒悍不交税,又将如何办理?至国家泉币之权,操之自下,斁纪纲而弛法度,莫此为甚!松筠以为所铸系嘉庆通宝,即非私铸,是何言耶?"这里,既可以看到松筠的大胆和远见卓识,也能看到嘉庆皇帝的执著和不知变通。嘉庆七年调授为伊犁将军后,松筠主张于新疆开设旗屯,"力主屯田,凡垦田六万

----

① 王钟翰校:《清史列传》卷三十二"松筠",中华书局,1987年版。
② (法)佩雷菲特著:《停滞的帝国——两个世界的撞击》,王国卿等译,生活·读书·新知三联书店,1993年版。
③ 《清史稿》卷三百五十六,《列传》一百四十三。

四千亩"。嘉庆十七年,还奏准于盛京附近垦屯,解决八旗生计。

松筠尤为重视文化建设,他之所以编写了多部边疆史地著作,如《钦定新疆识略》、《西藏图说》、《西藏巡边记》、《西招图略》、《丁巳秋阅吟》、《绥服纪略》等,与他的经历有关,也和他勤奋好学不无关系。他素有"文学修养",这可能有助于"根除他的民族偏见"。马戛尔尼称赞松筠是他所遇到的唯一在"旅途中携带大量书籍"①的官员,由此可看出松筠好学不倦的精神。后人认为松筠推动了近代"西北边疆史地之学"的兴起,可谓名副其实。吴丰培先生认为松筠对于西北边疆史地学有重大的贡献,特别对松筠编纂的《钦定新疆识略》,给予了很高的评价:"首命汪廷楷编《伊犁总统事略》,又名《西陲总统事略》,未完。复使祁韵士为之编竣刊行。因徐松精于舆地之学,资其遍历各地,因成《新疆识略》一书,作为官修殿版印行,而西域舆地三种之为新疆名著,非筠之力,曷克有成?其他如洪亮吉、王大枢等,莫不优礼,均有专著传世,是筠对于新疆边区文献之传播,厥功甚伟也!"史载他与钱大昕之族子钱坫素有交往,钱坫"著《史记补注》百三十卷,详于音训及郡县沿革、山川所在。陕甘总督松筠重其品学,亲至卧榻问疾,索未刊著述,坫取付之。曰:'三十年精力,尽於此书矣!'"②《清史稿》载他撰有《西陲总统事略》十二卷和《绥服纪略》一卷③,虽不完全,却也道出了松筠对于边疆史地研究的贡献。

松筠生活的时代,正是所谓的"康乾盛世"的中后期,原有的各种社会矛盾已然在积聚和悄悄爆发。松筠一生,遇到两次农民起义,一为白莲教起义,一为滑县天理教起义。作为封建统治者的一员,松筠为维护正常的统治秩序作出了较为突出的贡献,我们无须苛责。嘉庆十八年十一月,松筠因参与平定滑县天理教起义而立功,赏加太子太保衔。

松筠一生,有两件事值得注意。道光四年正月,他在吉林将军任上,"条奏参务疲累情形。请复旧规办理,并请在小绥芬等处屯田,以供刨夫粮食,疏下军机大臣,会同户部议奏。寻议上,得旨:'吉林参务节经立定章程,所议尚形苦累,自应量为调剂。所有绥芬、乌苏里产参山

---

① (法)佩雷菲特著:《停滞的帝国——两个世界的撞击》,王国卿等译,生活·读书·新知三联书店,1993年版。
② 《清史稿》卷四百八十一,《列传》二百六十八,《儒林》二。
③ 《清史稿》卷一百四十六,《艺文志》一百二十一。

场,住山过冬刨夫,著准其仍复旧规办理,并令各揽头举熟习刨夫在苏城、苏子海、讷思屯、泥满口等处寻采,按额交上等好参,挑剩馀参,方准售卖。如有蒙混情弊,即著落赔换,重责示惩。其每年留山刨夫,不得过每票人数之半。倘潜居偷漏,从重究治。并著守卡弁兵查验,勿任黑人夹带私参,以昭严密。至松筠奏请在小绥芬、双城子、达塌河一带屯田垦种,以供刨夫粮食。耕种采参,本难兼顾。办给农具,殊形繁费。且道里辽远,稽察难周,尤恐别滋事端,转启奸民窝藏寄顿等弊,著毋庸议。朕因松筠熟悉吉林情形,简畀将军重任,乃遇事纷更,种种错谬,不胜将军之任。吉林将军著富俊补授'"①。屯田本为了解决边防巩固的问题,也是松筠作为吉林将军的分内之责,但清政府仍然坚持原有的封禁政策,并不主张屯田,丧失了改革图新的机会,也为后来沙俄侵略东北埋下了祸患。

另外,松筠还主张通过弛禁解决边地百姓的生计问题。道光十一年二月,松筠奏言:"喀什噶尔换防官兵宜裁撤,免累回众,叶尔羌玉山宜弛禁,听回众采贩沽润……至安集延回众贸易为生,所贩毡绒染色,无不用茶配制,宜因其所利而利之,永弛茶禁。又安集延贸易之商回,远在浩罕西南,来至喀什噶尔,迢遥辛苦,宜免其纳税,以示招徕。"新疆地区的玉禁是统治者特权的象征,无论出于何种目的,松筠此举无异于与虎谋皮,遭遇失败是不可避免的。

松筠一生,坎坷不平,虽历任各地将军、总督、军机大臣等职,权倾一方,但是,却屡遭打击。嘉庆二十五年四月,兵部遗失行印,因松筠时任兵部尚书,且佩带印钥,应负主要责任,所以被革去盛京将军职位,降为山海关副都统,复降为本旗公中佐领,六月,又再降为本旗骁骑校,这是他一生的最低潮。从将军变为骁骑校,在清代历史上可能很少见,个中缘由决非简单:一方面,松筠或许触动了最高统治者敏感的神经;另一方面,松筠的各种行为本身也存在问题,他的种种努力并不切合实际。

道光十五年,松筠去世,结束了富有传奇色彩和命运多舛的一生,"赠太子太保,依尚书例赐恤,谥文清,祀伊犁名宦祠"。作为一代边疆重臣,他对新疆等地区的影响至今仍然不小,特别是他在中国边疆史地学上的贡献可谓泽被后世。如果我们放开眼界,将松筠的活动置于一

---

① 王钟翰点校:《清史列传》卷三十二"松筠",中华书局,1987年版。

个广阔的国际背景下,也即以世界的眼光看,有许多值得我们注意的地方:一是松筠较早与沙俄这个向东方扩张的资本主义国家打交道,积累了一些经验;二是松筠长期任事边地,将理论与实际有机地结合起来,一方面治理了边疆,另一方面,也将自己的心得体会公之于世,供后人借鉴;三是在西方殖民主义国家向东方扩张之际,松筠也有幸站在中西交往的中心,至少从感性层面了解了西方殖民主义的所作所为。我们在将他作为中国最后一个封建王朝的大臣时,也不可忽略了他思想中接受的新鲜的内容,这一点,恰恰需要我们认真研究。

二、松筠研究简况

清代史籍中有关松筠的记载并不多见,仅有《清史列传》、《续碑传集》、《清史稿》等数种,在《啸亭杂录》、《郎潜纪闻》等书中也载有他的一些轶闻趣事。目前对松筠的研究还不够系统和深入,在吴丰培、曾国庆《清代驻藏大臣传略》①、阿拉腾奥其尔《清代伊犁将军论稿》②等书中散见他的一些事迹。另外,德彬的《松筠治藏研究》③、云峰《松筠及其〈西招纪行诗〉、〈丁巳秋阅吟〉诗评述》④、刘忠《试论清代驻藏大臣松筠对西藏的改革》⑤、纪大椿《松筠在新疆》⑥和《论松筠》⑦、贾允河《发展民族经济、开发建设新疆——松筠的改革思想及其在新疆的实践》⑧、

---

① 吴丰培、曾国庆:《清代驻藏大臣传略》,西藏人民出版社,1988年版,第98~104页。
② 阿拉腾奥其尔:《清代伊犁将军论稿》,民族出版社,1996年版,第96~107页。
③ 德彬:《松筠治藏研究》,中国人民大学1984年历史系博士论文,国家图书馆博士论文库藏。
④ 云峰:《松筠及其〈西招纪行诗〉、〈丁巳秋阅吟〉诗评述》,《西藏研究》,1986年第3期。
⑤ 刘忠:《试论清代驻藏大臣松筠对西藏的改革》,《中央民族大学学报》,1987年第6期。
⑥ 纪大椿:《松筠在新疆》,《喀什师范学院学报》,1988年第1期。
⑦ 纪大椿:《论松筠》,《民族研究》,1988年第3期。
⑧ 贾允河:《发展民族经济、开发建设新疆——松筠的改革思想及其在新疆的实践》,《西北师范大学学报》,1995年第2期。

谢志宁的《1815年新疆孜牙墩事件真相及其影响》①、何金山的《试析松筠〈西陲总统事略〉中经营农业生产的经济思想》②、马长泉《松筠和〈钦定新疆识略〉》③、贾建飞《论松筠与晚清西北史地学的兴起》④也从不同的角度研究了松筠的思想和行为。日本学者中见立夫《关于〈百二老人语录〉的各种抄本》⑤、村上信明《清朝中期蒙古八旗人的自我意识——以蒙古正蓝旗的旗人松筠为例》⑥、顾浙秦《松筠和他的〈西招纪行诗〉》⑦也研究了松筠的著作和活动。总括而言,对松筠的研究集中在他的著作和他在边疆重臣的任上的活动,且仅局限于某个方面,缺乏整体宏观的研究。相对而言,村上信明的研究倒从另一个角度为我们了解松筠提供了很好的参考。就目前的研究而言,我们要想彻底了解松筠这样一个人物,必须结合他的著作、生平作具体全面的分析。近来笔者得知,中央民族大学牛小燕的博士论文较为完整地分析了松筠的一生,实是一种有益的探索,但其中很多问题,尚有深化的必要。

本书虽为《松文清公升官录》补注,但主要结合《清实录》的各种记载,并参考相关的传记资料,期望为大家奉献一个较为完整的研究松筠生平的参考资料集。我们有理由相信,随着相关资料的发掘,松筠的研究将会更加深入,这对于大家了解松筠个人和当时的社会将有更好的参考价值。

---

① 谢志宁:《1815年新疆孜牙墩事件真相及其影响》,《中国边疆史地研究》,1996年第2期。

② 何金山:《试析松筠〈西陲总统事略〉中经营农业生产的经济思想》,《内蒙古社会科学》,1997年第1期。

③ 马长泉:《松筠和〈钦定新疆识略〉》,《喀什师范学院学报》,2003年第4期。

④ 贾建飞:《论松筠与晚清西北史地学的兴起》,《中国边疆史地研究》,2004年第1期。

⑤ （日）中见立夫:《关于〈百二老人语录〉的各种抄本》,见朱诚如主编:《清史论集——庆贺王锺翰教授九十华诞》,紫禁城出版社,2003年版。

⑥ （日）村上信明:《清朝中期蒙古八旗人的自我意识——以蒙古正蓝旗的旗人松筠为例》,《内陆亚细亚史研究》,2005年3月第20号。

⑦ 顾浙秦:《松筠和他的〈西招纪行诗〉》,《西藏民族学院学报》,2006年第1期。

三、《松文清公升官录》的成书年代

《松文清公升官录》①,清硃格抄本,现见于《北京图书馆藏珍本年谱丛刊》第119册,他处并未见存录。此书作者不详,主要记录了清朝大臣松筠从出生到八十二岁的经历。本书对于研究松筠的生平及当时社会有较为重要的价值。迄今为止,尚未有人对此书作专门的探讨。

《松文清公升官录》并未确切表明成书的时间,但是,它是记载到道光十三年,松筠八十二岁时结束的,因此,它成书于道光十三年后,应不成问题,但具体年代却不得而知。查,在乾隆三十五年,松筠十九岁时,此书有如下记载:"就傅于故理藩院尚书留宝住家,与今大学士威勇公长龄为同砚之友。"可知本书写成之日,长龄仍然健在。查,长龄,字懋亭,萨尔图克氏,蒙古正白旗人,生于乾隆二十三年(1758年),卒于道光十八年(1838年)②,《清史列传》、《清史稿》、《国朝耆献类征初编》、《国朝先正事略》等均载有其事迹。在道光八年正月,长龄被封为威勇公。因生擒张格尔,安定边徼,"长龄著加恩锡封威勇公爵,世袭罔替,并赏戴宝石帽顶,两团龙补服,授为御前大臣",并赏赐若干宝物。③《清史列传》卷三十六载,道光十七年十一月,"长龄八十生辰,命晋一等威勇公,御书'纶阁勋耆'匾额,'嘉乃壮猷资励相,锡兹蕃祉念戎功'联句,并诸珍物赐之"④,这与《清宣宗实录》所载相符。⑤ 但此处所言"晋封一等威勇公"与《松文清公升官录》中"威勇公"的说法并不相符。长龄卒于道光十七年岁末与道光十八年岁首之间,因《清宣宗实录》记载,在道光十八年正月初二,朝廷接到长龄的丧报。"兹闻溘逝,实深震悼。著加恩入祀贤良祠,赏给陀罗经被并佛一尊,经一册,烟壶搬指各件。派奕纪带领侍卫十员,即日前往奠醊。朕于本月初三日亲临赐奠,并赏给广储司库银二千五百两,经理丧事。任内一切处分,悉予开复。应得

---

① (清)佚名编:《松文清公升官录》,清硃格抄本,《北京图书馆藏珍本年谱丛刊》第119册,北京图书馆出版社,1999年版。下引此书时,不再注明。
② 阿拉腾奥其尔、阎芳编著:《清代新疆军府制职官传略》,黑龙江教育出版社,2000年版,第8~9页。
③ 《清宣宗实录》卷一三二,道光八年正月癸亥。
④ 王钟翰校:《清史列传》卷三十六"长龄"。
⑤ 《清宣宗实录》卷三〇三,道光十七年十一月辛卯。

恤典,该部察例具奏。其一等公爵,著桂轮百日孝满后承袭,毋庸俟年终办理,用示朕轸怀耆旧,恩赉有加至意。寻予祭葬,谥文襄。"①正月初一是中国传统的节日,在这一天,长龄的家人不会将讣告上报,我们也无法断定长龄是卒于道光十七年的岁末,还是卒于道光十八年的岁首。

因此,我们可以作出如下断定:《松文清公升官录》所载"与今大学士威勇公长龄为同砚之友"正表明了本书的成书时间,即道光十三年与道光十七年之间,具体哪一年,我们仍然需要在充分挖掘资料的基础上进一步推定。再者,此书嘉庆二十五年记载:"今上御极,以叩送梓宫,补授都察院副都御史,升授左都御史,又授热河都统。"这也表明了本书成于道光年间。

四、《松文清公升官录》的价值问题

从《松文清公升官录》的叙述和事实来看,它记录了松筠82年的经历,应该讲作者对松筠有相当的了解或是充分掌握了松筠的生平资料,我们不应对其真实性表示怀疑。冯尔康先生将年谱的作者分为六类:第一,自订;第二,家属和族人;第三,亲戚朋友;第四,门生;第五,学术研究者;第六,合作型。② 本书抑或是松筠本人或其家人、友人、门生等所为,我们不得而知,但它绝不是虚假的编造,而是对史实如实记载。此书的价值体现在以下几个方面:

第一,此书较为详细地描述了松筠的生平状况。本书沿袭了中国传统的以虚岁纪年的习惯,以简练的语句,逐年描述了松筠的活动。如乾隆二十四年,松筠八岁,其生母布勒噶齐太夫人薨,其叔母养之。乾隆三十二年,松筠十六岁,其父薨。乾隆三十四岁,松筠十八岁,考中翻译生员。乾隆三十七年,松筠二十一岁,考中贴写笔帖式,在理藩院学习行走,并与察哈尔夫人结婚。乾隆四十四年,松筠二十八岁时,长子熙昌出生。乾隆四十五年,松筠二十九岁,调户部银库员外郎。这些记载表明了松筠三十三岁前在朝廷的重要活动。他接受中央机关的熏

---

① 《清宣宗实录》卷三〇五,道光十七年正月乙亥。
② 冯尔康:《清代人物传记史料研究》,商务印书馆,2000年版,第163~164页。

陶，与清朝众多出身世家的官员有同样的背景。乾隆四十九年冬，松筠三十三岁，赴吉林查办参务。从此，松筠正式开始外出任职，第二年又往库伦办俄罗斯事务。乾隆五十八年，松筠四十二岁，与英国使者马戛尔尼等交往，"事毕，公奉命送至海上"。乾隆六十年，松筠抚巡藏地，第二年，查阅藏地。嘉庆五年，松筠四十九岁，补授伊犁将军，旋赏给副都统，为伊犁领队大臣。嘉庆十四年，松筠处理蒲大芳等叛兵事件。可以讲，诸凡松筠转任官职及一些重大事件，都能够在此书中查出。松筠一生，历任陕甘总督、吉林将军、伊犁将军、两江总督等职。史载他"廉直坦易，脱略文法，不随时俯仰，屡起屡蹶"①，这些在《松文清公升官录》中都有反映。

另外，在叙事过程中，作者态度较为公允，在一些关键问题上，仍据实直书，难能可贵。据不完全统计，此书共记述了松筠九次遭革职的情况。如果一般与传主有密切关系的作者，很可能会采取为尊者讳的做法，极力掩饰，但是，此书的作者却没有采取这种方式，而是如实记录了松筠坎坷的一生。从这一点看，或许作者与传主的关系并不紧密？

此书还生动地描述了松筠的个性特征，如不曲阿权势。乾隆五十一年，松筠与和珅交往，"是时，公奉差在库伦，户部堂官例有饭食银两，户部尚书、故相和珅属吏以公应得饭银存诸署，俟公归为养赡，盖知公家事，且欲以利啖公也。公闻即致书，却其议"，一股正气，凛然不可侵犯。又如办事果断，为维护清朝统治出手迅速。乾隆五十五年春，松筠未先行具奏，处决上年伤害中方卡伦士兵的俄罗斯罪犯。嘉庆十四年，松筠诛杀叛兵蒲大芳等五十余人。

第二，此书解决了松筠的生年问题。关于松筠的生卒年问题，史学界迄今尚未有一个统一的结论。主要有两种看法：一种认为松筠生于乾隆十七年（1752年），卒于道光十五年（1835年），即松筠享年八十四岁（虚岁）；一种认为松筠生于乾隆十九年（1754年），卒于道光十五年（1835年），即松筠享年八十二岁（虚岁）。即使《清史列传》、《国朝耆献类征初编》②、《国朝先正事略》③等书所载也存在一定的问题，给后人的研究带来了诸多不便。但《松文清公升官录》却给出了明确的日期，

---

① 赵尔巽：《清史稿》卷三百四十二"松筠"。
② 李桓：《国朝耆献类征初编》卷三十六《宰辅》，台湾明文书局，1985年版。
③ 李元度：《国朝先正事略》卷二十二《名臣》，台湾明文书局，1985年版。

即"乾隆十七年壬申二月二十六日亥时生,布勒噶齐太夫人出",时间清楚明了。可将此书与各史书相印证,如《松文清公升官录》载,乾隆四十五年庚子,松筠二十九岁,"调户部银库员外郎。旧例:蒙古司员不与提督衙门及银库之选。时公经军机大臣保荐,奉旨简用银库,自此兼用蒙古司员",与《清史列传》所载相符。(可参阅本书附录)乾隆四十八年,松筠三十二岁,补授内阁学士,赏戴花翎,与《清高宗实录》所载相符。①补授镶黄旗蒙古副都统,与《清高宗实录》记载相符。乾隆四十九年,松筠三十三岁,调补正红旗满洲副都统,与《清高宗实录》所载相符。② 又《松文清公升官录》载,道光十一年,松筠八十岁,二月,"蒙恩赐寿",这与《清史列传》所载相符。因此,《松文清公升官录》对松筠生年的记载,为我们了解松筠提供了一个绝好的依据和窗口,这也可以视为本书最大的价值。

　　第三,此书记述了边疆地区发生的一些重大事件,特别是与松筠在边疆地区活动密切相关的事件,如恰克图贸易的停开问题。乾隆五十年(1785年)春,因俄罗斯方面私自发遣盗窃中方商民之疑犯,高宗纯皇帝发檄责饬,撤恰克图贸易,命松筠协理此事。这是中俄恰克图贸易第三次关闭,前两次分别发生在乾隆二十九年(1763年)和乾隆四十四年(1779年)。清政府严禁大黄出口,尤其禁止私相贸易,希望利用贸易制裁俄罗斯。乾隆五十六年冬,松筠奉旨与俄罗斯开关市易。"此次开关市易,必须详查情形,妥为定拟章程,明白晓谕,俾俄罗斯永远遵奉,方为尽善。"乾隆皇帝的谕旨成为松筠开关的重要依据。乾隆五十五年春,俄罗斯固毕纳托尔将伤害齐巴克之正从各犯缚送恰克图,松筠督同司员,于边界将正犯两名处死示众,从犯一名重责发遣。

　　另外,此书还记述了松筠是如何处理边界纠纷和边疆地区的民族问题的。嘉庆十九年,松筠奉旨查办玉努斯案件。玉努斯为吐鲁番回子郡王伊斯堪达尔之子,任喀什噶尔阿奇木伯克,应私取利,苦累回民,并违例与霍罕伯克爱玛尔通好,致使爱玛尔欲私自于喀什噶尔添设哈子伯克,抽收安集延买卖人的财税。松筠亲赴喀什噶尔审讯,将玉努斯之妻正法,玉努斯发遣伊犁圈禁。嘉庆二十年八月,喀什噶尔回子阿浑

---

① 参阅《清高宗实录》卷一一七七,乾隆四十八年三月己未。
② 参阅《清高宗实录》卷一一八六,乾隆四十八年八月癸酉;《清高宗实录》卷一二一五,乾隆四十九年九月丙子。

孜牙墩戕害卡伦官兵,焚烧马厂,松筠赴回疆审办,讯出系希布察克布鲁特比图尔第迈玛特怂恿,将图尔第迈玛伊特与孜牙墩并处极刑。这两件事情反映了清朝时期新疆地区的民族关系、对外关系等的发展状况和清政府的治理政策,在清代有较为重要的意义,与松筠也都有密切的关系。《松文清公升官录》对这两件事情的记录,确实反映了松筠任职伊犁将军时的策略和性格,值得我们认真研究。嘉庆二十一年二月,松筠因处理图尔第迈玛特与孜牙墩之案,被他人参奏,奉旨革去太子太保衔。①

第四,此书反映了清代社会的一些情况。作为历经乾隆、嘉庆、道光三朝的大臣,松筠的活动很能反映这一时期的社会状况,特别是清朝的一些制度。例如,松筠并非像众多汉族地主知识分子那样依靠科举获取仕进之途,他是因清朝政府对满、蒙等少数民族上层的优惠政策而走上了仕途。乾隆三十四年,松筠考中翻译生员,到乾隆四十一年,他已经挑补军机章京。松筠既不是靠军功取得地位,也不是靠荫庇取得官职,而是在满蒙一体的基础上,凭借自己的努力,一步步地崭露头角,最终成为清朝舞台上的一个角色。作为长期生活在边疆地区的大臣,松筠的活动更多地涉及外国,尤其是俄罗斯。《松文清公升官录》也记载了清朝大臣与俄罗斯大臣会谈、会晤的一些情形。乾隆五十七年正月,松筠等人到恰克图与俄罗斯会谈。"公与贝子逊都布多尔济,副都统普福赴恰克图,俄罗斯之固毕纳托尔,名曰色勒裴特前来听命,因即立约,互相收执,随设宴款待。色勒裴特言向来会办事件,俱于界所安设毡庐会议,事毕即各回寓。今蒙大皇帝天恩,诸事协和,故我日前亲来市圈衙门会议,又蒙如此款待,深为感激,欲请大人下临,俾我稍申诚悃。公许之,即与贝子、副都统同诣彼帐,屏驺从,仅以办事司员及蒙古台吉等随行。自市圈至彼帐,约里许,色勒裴特预派小头人步行,摆队远迎。时雪大天寒,人皆大帽重裘,其俗见其汗时,脱帽去裘,以为至敬。是日,色勒裴特脱帽去裘,先于门外迎立,其室内北壁上悬其哈屯汗图像,公与贝子、副都统背依图像上坐,色勒裴特陪司员旁坐,优加赏赉,终宴极欢。随据情列款具奏,奉旨于孟夏望日开关,公于事毕回京。"这种记载在一般的史籍中并不多见,很好地反映了当时中俄两国

---

① 孜牙墩事件,参见吴丰培:《松筠新疆奏稿》,中央民族学院图书馆,1980年版,参见附录。

交往的情况。

　　再者,此书还载有乾隆五十八年,英国使者马戛尔尼等出使中国的情形。核之《清实录》,松筠在接待英国使者的过程中确实出力颇多。乾隆五十八年八月,英使在拜谒了乾隆皇帝后,起程回国,松筠沿途照料,并执行皇帝的一切谕令。[①] 英使意欲沿途买物,"当经松筠谕以尔等需买茶叶丝觔,业奉恩旨准在宁波置买。沿途地方贸易商人,向不与外国交易,若欲在途买物,断不可行等语"[②]。英使在澳门及其他地方的活动,都是由松筠呈报给乾隆皇帝。虽然许多学者都在探讨东西方两个世界碰撞的时机,但是,这种碰撞并未让中国社会焕然一新。松筠等清朝大臣在其中起到了何种作用,当时的人并未意识到,因此,《松文清公升官录》把此事写得不似一个重大的历史事件,像是松筠遇到的一件极为普通的事件。

五、《松文清公升官录》存在的问题

　　首先,此书失之于简略,许多内容没有记载。疏漏不实几乎是年谱史料的通病,这一点在《松文清公升官录》中也有所体现,特别是乾隆五十年前,即松筠三十四岁前的许多事情并未记载。一方面三十四岁前松筠并没有过多的政绩,另一方面,这也与作者的着力点有关。从乾隆三十七年,松筠二十一岁考中贴写笔帖式,在理藩院学习行走开始,完全可以将松筠的活动作较为完整的记录。但事实上,书中每年只用一句话表示,没有交代前因后果,让读者有摸不着头脑的感觉,更为理解松筠的青年生活带来了诸多不便。另外,松筠任职于边疆地区时的很多活动也没有很好地记载下来,如乾隆五十四年秋,松筠在解决卫勒干卡伦巡兵齐巴克等被俄罗斯打牲之哈哩雅特所害事件时,只写道"奏檄俄罗斯严缉",檄文内容是什么,没有记载,也没有对松筠如何解决此问题进行更深一步探讨。乾隆五十五年春,松筠因未先行具奏,就处决上年伤害中方卡伦士兵的俄罗斯罪犯,"奉旨革退侍郎、副都统,拔去花翎,赏给四品顶戴,仍留库伦办事"。乾隆皇帝的谕旨是什么,也未见记载。乾隆五十年关闭中俄之间的恰克图贸易和乾隆五十六年重新开

---

① 《清高宗实录》卷一四三五,乾隆五十八年八月庚寅。
② 《清高宗实录》卷一四三六,乾隆五十八年九月辛丑。

关,乾隆皇帝的谕旨及松筠的奏折都未见,着实简略。松筠于嘉庆元年做驻藏大臣的活动情况,也未见较为详细的记录,不能不说是一大憾事。

又如,松筠任职期间,关心文化、教育事业,曾经主持编写了不少的边疆史地著作,如《西招纪行》、《秋阅吟》、《卫藏通志》、《钦定新疆识略》等,成为西北史地学的重要成员,也为乾嘉时期西北史地学的兴起奠定了基础。但所有书籍的内容在本书中并不见叙述,不能不说是又一大憾事。

还有,嘉庆八年(1803年)正月,松筠奏请于新疆设立旗屯。这不但是松筠在伊犁将军任上的重大成就,而且也是清政府为解决旗人生计采取的重要举措,在历史上具有相当重要的意义。但不知何种原因,本书并没有记载。其他方面还有一些例子,兹不叙述。

其次,《松文清公升官录》不能视为完整的年谱。从本书的名称上看,它是《松文清公升官录》,而非年谱。本书最后的记载为"(道光)十三年癸巳,八十二岁",初看本条记载与《清史稿》、《吉林通志》、《国朝先正事略》、《清史列传》等所谓松筠享年八十二岁的记载相符。但是,这条记载中并无"卒"、"薨"等表示死亡的字,因此得出松筠享年八十二岁,显得过于唐突。这种记载也易于将读者引入歧途。查各史书及《清实录》,可知松筠于道光十五年去世。道光十三年,松筠调工部左侍郎,授都统及阅兵大臣,充左翼监督。道光十四年,松筠以都统衔休致。《清宣宗实录》载,道光十四年五月,道光皇帝因税银问题,谕令查处松筠等的情况:"谕内阁:朕据给事中续龄等奏,户部贵州司付交左翼税银,叠催不到,当经降旨交户部查明具奏。兹据查明:由该左翼迟延,虽事属有因,究属不合。左翼监督松筠,著交部议处。嗣后,遇有应交款项,著于投文后,遵限五日赴库交纳。倘仍迟逾,著查库御史即行严参惩办。"①道光十五年五月辛巳,松筠去世,《清宣宗实录》载:"赠故都统衔休致、工部侍郎、前任大学士松筠太子太保,予祭葬,谥文清。"②故而,我们断定,《松文清公升官录》只编订了松筠在道光十三年前的事迹,对于道光十四年和道光十五年的情况并无记载。作为年谱,《松文清公升官录》并不算完整。至于其中原因,我们不易发现,可能是作者

---

① 《清宣宗实录》卷二五二,道光十四年五月戊寅。
② 《清宣宗实录》卷二六六,道光十五年五月辛巳。

将其作为松筠的升官记录,认为松筠于道光十三年后并无可记录的。

最后,与众多的年谱类似,本书也有为传主回护之意,举凡松筠受到处分的事件,书中并未认真记述,使我们不太容易掌握当时的真实情况。以嘉庆二十五年兵部行印遗失案为例,本书只记载了事件的结果,即革去松筠盛京将军之职,降补为山海关副都统,仍带革职留任;后又革去山海关副都统,以该旗公中佐领用;最后以本旗骁骑校降补。对于事件的起因及影响和松筠在其中担当什么角色,此书并未详细记录。这一方面是本书简略特性的表现,另一方面,也是为传主掩饰不光彩行为的常见做法。

葛剑雄先生在谈及家谱作为历史文献的价值和局限时,涉及家谱的局限性问题。他说:"家谱所记载的内容,从本质上说都属于观念层面、制度层面或家族上层,与实际情况往往有很大的差距,更难于代表家族的底层、内部的实际。一般的家谱无不扬善隐恶,夸大溢美,甚至移花接木,假冒附会,如果不了解当时的历史背景,一味相信家谱的记载,就不可能得出正确的结论。"① 虽然年谱与家谱有差别,但是,年谱的记载存在一定的问题却是不争的事实,年谱中虚美和掩饰等做法时常出现,需要引起我们注意。本书指出《松文清公升官录》的缺陷,并非否定它的重要价值,相反,随着时代的发展和人们对史料的重视,《松文清公升官录》的价值将会日益显现。

---

① 葛剑雄:《葛剑雄自选集》,广西师范大学出版社,1999年版,第231~232页。

《松文清公升官录》补注

凡 例

（一）为便于区别，凡《松文清公升官录》原文前用◇表示，注释则在本段落后另以数字表示。

（二）注释内容所用史料均注明出处，唯《清实录》在引用时，将卷数标注于后面的括号中，以利于阅读。

（三）某种史料首次引用时，注明应有事项：作者，点校人，书名，卷数，出版社，出版时间，页码等。如后面再次使用，只注明书名、卷数和页码，其他不再注释。

（四）一般侧重对原书的时间、地点、人物、事件、典制等进行注释。作者不甚了解或资料不详者，暂存疑。

（五）道光十三年后，松筠的事迹不见于《松文清公升官录》，故以※表示，以示与前者原文不同。

（六）凡涉及今人对于松筠当时事件及活动进行研究的文章或书籍，均注明出处，简略介绍其内容，并不全文引用。

《松文清公升官录》补注

◇ 公名松筠[1]，字湘浦[2]，姓玛拉特氏。先世喀尔沁部人[3]，喀尔沁为元时大臣济勒玛之后。喀尔者，译语臣下也。始迁之祖名达尔弥岱，从太宗文皇帝[4]平察哈尔布拉尼汗，遂为正蓝旗蒙古人。世济笃诚，迄于高祖巴彦，年代绵远，未请封典。曾祖名五十九，诰赠光禄大夫。曾祖妣，蒙古勒氏，诰赠一品太夫人。祖名舒勒赫，诰赠光禄大夫，祖妣蒙古勒氏，诰赠一品太夫人。考名班达尔什，诰赠光禄大夫，妣布勒噶齐氏，诰赠一品太夫人。乾隆十七年[5]壬申二月二十六日亥时生，布勒噶齐太夫人出。

[1] 本书虽名为升官录，其实为年谱性质的长编，故而将主人公称为公。
[2] 也有称为湘圃者，《清史列传》、《国朝耆献类征初编》等并未记载松筠的字。《清史稿》卷三百四十二载："松筠，字湘浦，玛拉特氏，蒙古正蓝旗人。"
[3] 喀尔沁者，科尔沁之谓也，为同一部族的不同写法。
[4] 指皇太极。
[5] 乾隆十七年即1752年。

◇ （乾隆）十八年[1]癸酉[2]，二岁[3]。

[1] 原书未注明乾隆年号，为防止误解，下引原书，均加以著录。
[2] 1753年，下引不再注明。
[3] 古人纪岁，多用虚岁，于此可见。

◇ （乾隆）十九年[1]甲戌，三岁。是年，弟松籙[2]生，亦布勒噶齐太夫人出，旋以痘[3]殇。

[1] 即1754年。

[2] 将松筠与其弟松籙的名字作一比较,可知,其父希望其子汲取竹子的品德,志存高远。"松筠"一词早已存在,古人多用以比喻节操坚贞。(南朝齐)王融之《奉和南海王殿下咏秋胡妻》有:"日月共为照,松筠俱以贞。"《晋书》卷三十六载:"遵乎险辙,理有可言。昏乱方凝,则事暌其趣。松筠无改,则死胜于生。固以赴蹈,为期而不辞乎?"《礼记·礼器》云:"其在人也,如竹箭之有筠也,如松柏之有心也。二者居天下之大端矣,故贯四时而不改柯易叶。"唐代孔颖达在《礼记正义·序》中讲:"夫礼者,经天纬地。本之,则大一之初,原始要终;体之,乃人情之欲。……纲纪万事,雕琢六情,非彼日月,照大明于寰宇,类此松筠方用,切负贞心于霜雪。顺之,则宗祐固,社稷宁,君臣序,朝廷正;逆之,则纪纲废,政教烦,阴阳错于上,人神怨于下。故曰:人之所生,礼为大也!非礼,无以事天地之神,辨君臣长幼之位,是礼之时义大矣哉。"《礼记正义》卷八十九又载:"古人有言,君子杀身以成仁,不求生以害仁。又云,非死之难,处死之难,信哉斯言也!是知陨节苟合,其宜义夫,岂吝其没?捐躯若得其所,烈士不爱其存。故能守铁石之深衷,厉松筠之雅操,见贞心于岁暮,标劲节于严风,赴鼎镬其如归,履危亡而不顾,书名竹帛,画象丹青,前史以为美谈,后来仰其徽烈者也。"杜甫在《寄张十二山人彪三十韵》中写道:"自古皆悲恨,浮生有屈伸。此邦今尚武,何处且依仁?鼓角凌天籁,关山倚月轮。官场罗镇碛,贼火近洮岷。萧瑟论兵地,苍茫斗将辰。大军多处所,馀孽尚纷纶。高兴知笼鸟,斯文起获麟。穷秋正摇落,回首望松筠。"(《集千家注杜工部诗集》卷六)白居易在《代迎春花招刘郎中》有"幸与松筠相近栽,不随桃李一时开。杏园岂敢妨君去,未有花时且看来"(见《白氏长庆集》卷二十五)的诗句。应该讲,"松筠"在古代应为一个较为常用的词。

[3] 病毒性疾病,中医称为"天花"。古人因医疗水平限制,许多人视此病为畏途。康熙皇帝曾患此病,其祖母孝庄文皇后及其他大臣认为此子躲过此劫,前途无量,故选定他为皇帝。清制:凡少数民族王公大臣,非出过痘者,不准于年班之际,入京觐见皇帝。康熙修建避暑山庄,原因之一也是避免少数民族王公贵族将此病传染给皇帝。《清圣祖实录》卷一〇六,康熙二十一年十一月癸丑,谕理藩院尚书阿穆瑚琅等曰:"京城痘疹盛行。今年朝贺元旦,蒙古王、贝勒、贝子、公、台吉、塔布囊等,已出痘者,许其来朝;其未出痘者,可俱令停止。各属护卫随从人等亦如之。速之宣示。"《清史列传》卷三十五载,嘉庆四年在清算和珅罪状

时,其中第十条为:"皇考升遐后,朕谕蒙古王公未出痘者,不必来京,和珅不遵谕旨,令已未出痘者俱不必来,全不顾抚绥外藩之意,其居心实不可问……"嘉庆实是继承了先辈的做法。

◇(乾隆)二十年[1]乙亥,四岁。

[1] 即1755年。《松文清公升官录》中多处有此种记载方式,或许作者认为本年无事,即可忽略不计。如松筠年岁小时尚可,但在后来的记载中也出现此种方式,未免过于简略。

◇(乾隆)二十一年[1]丙子,五岁。

[1] 即1756年。

◇(乾隆)二十二年[1]丁丑,六岁。

[1] 即1757年。

◇(乾隆)二十三年[1]戊寅,七岁。公先世清贫,旧产惟香河县[2]薄田三百二十亩。一日,公考赠光禄公[3],有客至,命公至内室大橱帽簏内取田契出。客去,夫人问状,赠公曰:"有友顾姓,其父系刑部狱,须交官项[4],乃得释。吾度田价足偿,故举契赠之。"夫人曰:"家贫,赖租入养赡,今去之,若何?"赠公指公曰:"此子若不贤,田终当质于人。种田不如种德也。"[5]

[1] 即1758年。
[2] 今属河北省廊坊市,仍用此名。本书并未记录松筠出生在何地。从行文看,其父在香河县有田产,且乾隆三十四年,松筠十八岁时,考中翻译生员,后又"就傅于故理藩院尚书留宝住家,与今大学士威勇公长龄为同砚之友",由此可推断,松筠应出生在北京。至于其祖或其父何时到京定居,则不详。
[3] 松筠父为赠光禄公,足见其家境一般,可能享受着祖上的荫德。
[4] 清代官项系指对官员的一项优惠政策。某官一旦触犯法律,可以

家中财产或俸禄抵消罪过,即以钱财赎罪。
[5] 重德不重财,足见松筠之父非常重视对后代道德的培养。

◇（乾隆）二十四年[1]己卯,八岁。布勒噶齐太夫人薨[2]。太夫人属纩[3]时,以公属叔母养之,诫公曰:"汝长,若不肖,吾殁不汝舍也。"公涕泣受教。

[1] 即1759年。
[2] 薨,原指诸侯及高官的死。这里指松筠母亲亡。
[3] 纩(kuàng),本为棉絮之类的丝绸。指人临近气绝身亡之时,以新棉置于其鼻前,验视其是否仍然有气息。此处指人之将亡。

◇（乾隆）二十五年[1]庚辰,九岁。

[1] 即1760年。

◇（乾隆）二十六年[1]辛巳,十岁。

[1] 即1761年。

◇（乾隆）二十七年[1]壬午,十一岁。

[1] 即1762年。

◇（乾隆）二十八年[1]癸未,十二岁。

[1] 即1763年。

◇（乾隆）二十九年[1]甲申,十三岁。

[1] 即1764年。

◇（乾隆）三十年[1]乙酉,十四岁。

[1] 即1765年。

◇（乾隆）三十一年[1]丙戌,十五岁。

[1] 即1766年。

◇（乾隆）三十二年[1]丁亥,十六岁,赠光禄公薨。赠光禄公尝观历朝捷录一书,病其大简,欲采史传补之,以课公,未及成书而见背[2]。

[1] 即1767年。
[2] 见背,此处指松筠父亲去世。

◇（乾隆）三十三年[1]戊子,十七岁。

[1] 即1768年。

◇（乾隆）三十四岁[1]己丑,十八岁,考中翻译生员。[2]

[1] 即1769年。
[2] 清代以少数民族掌握政权,其语言文字、风俗习惯、政治制度、经济发展水平等与汉族有着明显的不同。在社会的各个方面,满族都有自己的特色。为了顺利完成各项任务,中央及地方均设有满、蒙等少数民族翻译人才,这些人才一般为中央政府直接选调、使用。后来,为扩大少数民族的生存范围,清政府还设有翻译乡试、会试等。翻译生员即直接从满族、蒙古族等少数民族在中央供职的人中挑选的翻译人才,一方面满足了清朝统治的需要,另一方面,也在一定程度上维持了以满族为首的少数民族的民族特色。

◇（乾隆）三十五年[1]庚寅,十九岁。就傅于故理藩院[2]尚书留宝住[3]家,与今大学士[4]威勇公长龄[5]为同砚之友。

[1] 即1770年。

[2] 理藩院是清代特有的处理少数民族事务的国家机构。初名蒙古衙门,皇太极崇德三年(1638年)更名为理藩院。乾隆时期,理藩院各种机构趋于完善,设有尚书、侍郎、郎中、员外郎、笔帖式等官职,设有典属司、王会司、旗籍司、理刑司、柔远司、徕远司等机构,供职人员多为满、蒙等少数民族,汉族官员极少。俄罗斯事务也纳入其中,反映了清政府抚慰远人的藩属思想。理藩院掌管西、北边疆蒙古族、维吾尔族、藏族等少数民族居住区的众多事务,参与当地的议政和军事活动,审理和调节各族间的各类案件和纠纷,办理当地的赈灾、会盟等事宜,稽查户口、人丁,巡查驿站、卡伦事务,主持政府对少数民族的赏赐、封爵等事宜。清末(1906年),理藩院改称理藩部。1911年辛亥革命后废。具体可参见赵云田辑录:《清代理藩院资料辑录》,全国图书馆文献微缩中心,1988年版;还可参阅赵云田辑录:《清代治理边陲的枢纽——理藩院》,新疆人民出版社,1995年版。

[3] 留宝住,也作留保住。乾隆四十年十月,代理伍弥泰驻藏办事。乾隆四十九年十一月曾任驻藏大臣,乾隆五十年六月任理藩院尚书,嘉庆元年三月,免去理藩院尚书职衔。

[4] 大学士,设于唐朝,北宋时设置渐广。明太祖朱元璋废除丞相后,以大学士充顾问。明中叶后,大学士职权渐重,凡起草诏令,批答奏章等国家大事,均参与。清代满、汉均设大学士,谓之笔特赫达。大学士品级虽高,职权却不重。雍正朝军机处设立后,大学士之职权即为军机大臣代替,唯官员威高权重者,仍以大学士为其荣誉。乾隆朝后,满、汉大学士各定为两名,另各设协办大学士一至两名。除极少数人外,汉人非翰林出身,不授此官。福格《听雨丛谈·大学士》可供参考:

本朝相沿明制,不设宰相,而曰大学士。太祖甲寅年十一月,设理政听讼五大臣,后又设文馆八大臣、十六大臣,多以各旗都统兼之。其时大政皆秉于辅政、议政王大臣,内大臣集议入告,若文馆则备顾问,司簿稽,掌制诏,记起居,任撰拟也。天聪十年,改文馆为内三院,曰国史,曰秘书,曰弘文,各置大学士一人,此为设立大学士之始。顺治十五年,改内三院为内阁,始有殿阁大学士,秩仍正五品,照例兼衔。十八年复设内三院,康熙九年又改为内阁,及至乾隆十三年始定今制。从前翰林官属,或隶内院,或别置院署于外,时有改易,故至今内阁与翰林官名相同。而大学士初拜,皆至翰院上任,盖其初本为一署也。

大学士初只五品,亦沿明制也,或以重臣兼领,或赐尚书、侍郎职衔以崇之(明制大学士正五品,兼尚书则正二品)。康熙三年三月,始改定大学士为尚书、左都御史晋阶,六曹侍郎推阶,于是学士、启心郎等官,皆不得推转矣。今侍郎亦不能推转矣。初设大学士,无定名,无定员,皆出钦定。乾隆十三年,始定三殿:曰保和,曰文华,曰武英(裁去中和殿);三阁:曰东阁,曰文渊,曰体仁。其班位之次序,宣麻后,同列具请钦定,或改易殿阁名,或否,亦出中旨。然班位之序,不以殿阁为次。熊文端(赐履)、刘文正(统勋)、托文定(津)均终身东阁,首揆多年。先文肃初拜武英殿,后跻首辅,乃在东阁。

八旗武职大臣,亦叨枚卜,惟不似两汉专用武臣为相也。康熙年,马尔赛以都统授武英殿大学士。雍正年,汉军高其位,由江南提督署总督,内擢礼部尚书协办大学士。乾隆十三年,满洲领侍卫内大臣傅恒、兆惠、参赞大臣达尔党阿,道光年,蒙古伊犁将军长龄、盛京将军富俊,均由武秩入相。其他由武职出身转文员而跻揆席者尤多,未能悉载也。雍正七年,以礼部尚书陈元龙、左都御史尹泰为额外大学士,遂为协办大学士之始。

天聪五年,初设六部,以贝勒总理,后俱裁撤。顺治八年,复令亲郡王总理,九年亦撤。雍正元年间,有以亲郡王管理部务。今则总理六部之秩,均简满汉大学士任之,不兼尚书之职矣。惟协办大学士不开尚书本缺,是以部臣而佐阁务,与阁臣而总部务者不同也。

康熙三年已前,阁臣只五品,故李文勤(霨)年三十五岁,即拜大学士。以今视之,固觉超擢太易;以昔视之,亦未甚异也。

……本朝初年,仍沿明制,大学士级仍五品。顺治、康熙年间,再升为一品,并为六卿之晋阶,学士不得升擢,始与古公孤论道、六卿分曹之制符合矣。

按元纪天历二年三月,作奎章阁备燕闲之居,缉熙典学,乃置学士员。文宗复位,置大学士五员,并知经筵事,侍书学士、承制学士、供奉学士各二员,此大学士乃供奉之名也。(福格:《听雨丛谈·大学士》,汪北平点校,中华书局,1984年版,第12~16页。)

[5] 长龄(1758~1838),字懋亭,萨尔图克氏,蒙古正白旗人,尚书纳延泰之子。乾隆三十八年(1773年),由翻译生员捐纳笔帖式,历任军机章京、理藩院主事。乾隆四十九年(1781年),随钦差大臣阿桂镇压甘肃田五领导的回民起义。乾隆五十二年,随福康安渡海镇压台湾林爽文领导的起义军。乾隆五十六年,复随福康安赴后藏抗击廓尔喀入侵,

后参加镇压川、楚、陕白莲教起义军的战事。历任安徽、山东巡抚,陕甘总督,科布多参赞大臣,乌里雅苏台将军,河南巡抚等职。嘉庆十八年任乌鲁木齐都统,后充伊犁参赞大臣。嘉庆二十一年五月,补授伊犁将军衔。

道光六年(1826年)任扬威将军,率兵平定张格尔叛乱,因功晋公爵,戴三眼花翎。道光十年,浩罕挟持张格尔之兄玉素普入卡为乱,围攻喀什噶尔、叶尔羌等城,长龄再次任钦差大臣率兵平叛,逐敌出卡。事毕,奏移喀什噶尔参赞大臣于叶尔羌,喀什噶尔另设领队大臣统辖;于巴尔楚克、喀什噶尔招民垦荒,允许浩罕等中亚各国照旧通商等。道光十八年卒,谥文襄。著有《长文襄公自订年谱》、《长文襄公新疆善后奏稿》等。《清史稿》有传。

◇(乾隆)三十六年[1]辛卯,二十岁。

[1] 即1771年。

◇(乾隆)三十七年[1]壬辰,二十一岁。考中贴写笔帖式[2],在理藩院学习行走[3]。察哈尔氏夫人来归。

[1] 即1772年。
[2] 笔帖式为满语,有书记员之义,也有人认为是汉语"博士"音译。为掌理满、汉章奏文书翻译之官员,以满族、汉族、蒙古族人担任,品级较低。福格《听雨丛谈·笔帖式》可供参考:

笔帖式为文臣储材之地,是以将相大僚,多由此途历阶。清语称笔帖式曰笔特赫式,大学士曰笔特赫达,称翰林院曰笔特赫衙门,盖皆文学之称也。天命年,文馆大学士俱加巴克什之号。天聪五年七月,谕曰:文臣称巴克什者,俱停止,均称笔帖式;如本赐名巴克什者,仍其名。此笔帖式设官之制也。

国初都沈阳时,未备文学翰林之职,凡制诰簿籍,皆笔帖式司之,其阶级有五品、六品,七、八、九品分别,以比于学士编检。至雍正年间,各部院尚有六品笔帖式。今惟内府、理藩院有六品委署主事,即六品笔帖式之遗意也。

天聪三年四月,命巴克什(谙习文学之称)达海同笔帖式刚林(刚林后官大学士)等翻译汉字书籍,笔帖式吴巴什等四人记注本朝政事。雍正年,笔帖式仍转翰林编修等官。今则职视丞簿,惟内升主事、外补府贰而已。惟满洲进士、举人出身之笔帖式,可转赞善,犹存旧时体制。

  国初,笔帖式亦奉皇华之役,道光初年,仅存有赍颁制诰之差,今亦停矣。康熙四年,奉上谕曰:"朕前遣侍卫至铁索桥挂匾,还京回奏,彼处督抚馈银六千两。夫一侍卫而费用至此,则凡部院司员、笔帖式等差遣往来,又不知如何矣。"揆度当日情形,笔帖式一官,卑于侍卫,其权要声势,应重于侍卫矣。(福格:《听雨丛谈·笔帖式》,汪北平点校,中华书局,1984年版,第22页。)

[3] 行走为临时性的官职,理藩院行走也即在理藩院临时任职。

  ◇(乾隆)三十八年[1]癸巳,二十二岁。

[1] 即1773年。

  ◇(乾隆)三十九年[1]甲午,二十三岁。

[1] 即1774年。

  ◇(乾隆)四十年[1]乙未,二十四岁,补笔帖式[2]。

[1] 即1775年。
[2] 笔帖式,系指理藩院笔帖式。清制:理藩院笔帖式一般为满族三十六人,蒙古族五十五人,汉军六人。(参见黄本骥:《历代职官表》卷二"理藩院")《清史稿》载有松筠"考授理藩院笔帖式",但未载年月。结合《松文清公升官录》乾隆三十七年所载,松筠先考中理藩院贴写笔帖式,后又考授笔帖式。

  ◇(乾隆)四十一年[1]丙申,二十五岁,挑补军机章京[2]。

[1] 即1776年。
[2] 军机章京系指军机处章京,为军机处属官。初无定额,嘉庆四年(1800年)定为满、汉各十六人,"缺由内阁、六部、理藩院堂官于司员、

中书、笔帖式内,选择品方年富、字画端楷者,送军机带领引见"(姚元之:《竹叶亭杂记》卷一,李解民点校,中华书局,1982年版,第18~19页)。光绪三十二年(1906年)定为三十六人,满洲人十六人,汉人十八人。章京,清代军职多称章京,系汉语"将军"之音译。军机处章京,也称为小军机。《清史稿》对松筠任军机章京未载有年月,《清史列传》、《国朝耆献类征初编》等与《松文清公升官录》相同。

军机处,初起于康熙中期南书房。雍正年间,用兵西北两路,出于事务机密需要,特选取贴身满、汉大臣,于隆宗门内成立"军机处"。军机大臣皆亲臣重臣。本章归内阁,机务及用兵皆军机大臣承旨,以"廷寄"、"明发"等方式指挥和处理。天子无一日不与大臣相见,只是军机大臣并不能有自己的主观意见渗透其中,"即承旨诸大臣,亦只供传述缮撰,而不能稍有赞画于其间也",足见专制的程度。乾隆时军机处又有了进一步发展。清赵翼《簷曝杂记》立有专章,供参考。《清史稿》卷一百七十六,《军机大臣年表》一载:"军机处名不师古,而丝纶出纳,职居密勿。初只秉庙谟商戎略而已,厥后军国大计,罔不总揽。自雍、乾后百八十年,威命所寄,不于内阁而于军机处,盖隐然执政之府矣。"又载:乾隆五十八年四月,松筠"以户部左侍郎在军机处行走";嘉庆十七年九月,松筠"复以太子少保、协办大学士、吏部尚书在军机大臣上行走"。嘉庆十八年正月乙亥,松筠被"罢直"。

《郎潜纪闻初笔》中载有《军机处行走》一节,可供参考:"乾隆朝,大臣入军机者,亦曰军机处行走。今则章京曰军机处行走,大臣曰军机大臣上行走。其初入者,加学习二字。傅文忠公恒,乾隆八年由户部侍郎预政府,当时诏旨尚曰军机处行走也。又乾隆已前,别有议政处行走。文忠于十二年擢户部尚书、议政处行走。嘉庆十六年,卢文肃公荫溥时为光禄寺少卿,特旨令在军机大臣上学习行走。以五品卿超拜大枢,前此未有也。"(陈康祺:《郎潜纪闻初笔·军机处行走》,晋石点校,中华书局,1984年版,第23~24页。)

◇(乾隆)四十二年[1]丁酉,二十六岁,补主事[2]。

[1] 即1777年。
[2] 主事系指理藩院主事。理藩院有堂主事,包括满族二人,蒙古族三人,汉军一人;又有题署主事,满族三人,蒙古族五人,无有汉军人选,以

笔帖式充任。松筠由理藩院的笔帖式升为理藩院的主事,上升了一级。《清史列传》卷三十二、《国朝耆献类征初编》卷三十六均载:松筠于乾隆四十二年,升主事。而《国朝先正事略》卷二十二却不载。

◇(乾隆)四十三年[1]戊戌,二十七岁,补员外郎[2]。

[1] 即1778年。
[2] 员外郎,系指理藩院员外郎。理藩院设有六司员外郎,六司系指旗籍司、王会司、理刑司、典属司、柔远司、徕远司等,均由满、蒙人士担任,一般没有汉人。《清史列传》卷三十二、《国朝耆献类征初编》卷三十六均载:松筠于乾隆四十三年,升员外郎。而《国朝先正事略》卷二十二却不载。

◇(乾隆)四十四年[1]己亥,二十八岁,派赴三座塔[2]理事司员。长子熙昌[3]生。

[1] 即1779年。
[2] 三座塔,地名,在今辽宁省朝阳市。据乾隆朝《清会典》载,清代理藩院在乌兰哈达、三座塔、八沟驻扎有司官各一员,处理当地蒙古部族间事务与俄罗斯等的事务。
[3] 熙昌,松筠长子,生于乾隆四十四年(1779年),卒于嘉庆二十三年(1818年)十月,享年39岁(虚岁为40岁)。他的事迹一般见于与松筠的合传中。曾任刑部郎中、内阁学士、礼部侍郎、镶白旗汉军副都统、刑部侍郎、镶黄旗满洲副都统、理藩院侍郎、工部侍郎、吏部侍郎,署热河都统兼正白旗护军统领等职。《清实录》中熙昌的事迹最先见于《清仁宗实录》卷一七六,嘉庆十二年三月壬申,熙昌等以京察一等觐见皇帝,"著交军机处记名,以道府用"。

◇(乾隆)四十五年[1]庚子,二十九岁,调户部[2]银库员外郎。旧例:蒙古司员不与提督衙门[3]及银库之选。时公经军机大臣保荐,奉旨简用银库,自此兼用蒙古司员。[4]

[1] 即1780年。

[2] 户部掌管全国财政和户役等事务,置尚书、左右侍郎、郎中、员外郎、主事等官位。光绪三十二年(1906年)更名为度支部。
[3] 提督军务总兵官简称,为行省武职之最高长官,有陆路提督、水师提督和水陆提督;光绪年间创设海军后,亦设海军提督。下辖有总兵、副将、参军、游击、都司、守备、千总、把总、外委等官员。
[4]《清高宗实录》卷一一〇八,乾隆四十五年六月戊午载:"吏部带领京察一等刑部郎中景禄等九十二员引见。得旨:梁英佐准其一等,景禄、文光……全福、松筠、索住……俱准其一等加一级。"这是《清实录》中首次记载松筠的活动。松筠开了蒙古司员任银库之职的先河,表明他在处理银库事务方面博取了乾隆皇帝的认可。《清史列传》和《清代名人传》俱载有此事,"蒙古司员之掌银库,自松筠始也",足见松筠的才干非寻常可比。

◇ (乾隆)四十六年[1]辛丑,三十岁。

[1] 即1781年。

◇ (乾隆)四十七年[1]壬寅,三十一岁,次子熙庆[2]生。

[1] 即1782年。
[2] 熙庆,曾任二等侍卫。清代侍卫分一、二、三等,由满、蒙勋戚子弟及武进士担任,其中御前侍卫及乾清门侍卫为最高级的侍卫,另有一、二、三等侍卫及蓝翎侍卫等。

◇ (乾隆)四十八年[1]癸卯,三十二岁。补授内阁学士[2],赏戴花翎[3],补授镶黄旗蒙古副都统[4]。

[1] 即1783年。
[2]《清史列传》卷三十二载,松筠此次补授内阁学士的原因在于:京察一等,超擢内阁学士,兼礼部侍郎衔,授镶黄旗蒙古副都统,赏戴花翎。《清高宗实录》卷一一七七,乾隆四十八年三月癸丑载:"吏部带领京察保送一等之户部银库员外郎松筠等一百十三员,引见。得旨:松筠、德明、六十五……俱准其一等,加一级。"乾隆四十八年三月己未载:"以正

蓝旗蒙古副都统巴忠、户部银库员外郎松筠俱为内阁学士,兼礼部侍郎。"《松文清公升官录》对松筠兼礼部侍郎一事未载。

内阁源于明成祖朱棣得位之初,选拔解缙、胡广、杨荣等七人入文渊阁,参与机务之时。其时内阁与六部百司并无统属关系,职权亦不甚重。明仁宗以后,阁臣之位始尊崇。明宣宗时期的"三杨"始将阁臣推向一个较高位置。嘉靖以后,内阁首辅为皇帝倚重,如严嵩、徐阶、高拱、张居正等人俨然权相。虽如此,内阁之权力常受宦官掣肘。清代内阁肇始于关外太宗时期,天聪二年(1629年),建文馆,命儒臣分值。天聪十年,文馆更名为内三院,即内国史院、内秘书院和内弘文院。清入关后,于顺治十五年(1658年)更名为内阁。乾隆时,定三殿三阁之制,即保和殿、文华殿、武英殿、文渊阁、体仁阁和东阁,满、汉大学士各二人,执掌军国机要。然国之实权操纵于皇帝、议政王大臣会议和后来的军机处手中,内阁仅存命而已,其发挥的作用远不及明朝。

内阁学士具体办理本章事务,初制:满员二品,汉员三品。顺治时改为正五品,雍正八年(1730年),定为从二品,后皆兼礼部侍郎衔。(参见《清史稿》卷一百十四)

[3] 清代官员的冠饰称为花翎。一般为孔雀翎装饰于冠后,翎眼多者为贵。清代福格《听雨丛谈》中有关于花翎的记载,可资参考:

本朝最重花翎,如古之珥貂也。其例应随秩戴翎者,宗室中贝勒、贝子三眼花翎,镇国公双眼花翎,辅国公、镇国将军、辅国将军单眼花翎。亲郡王爵秩虽崇,非蒙特赐,转不能戴。虽已赐有花翎,遇朝冠仍不戴用。凡皇子分封之亲郡王,皆不赐翎也。

……

品官之例有翎者,内廷王、御前大臣、领侍卫内大臣、直省将军、内大臣、各城参赞办事领队大臣、散秩大臣、武备院卿、上驷院卿、头二三四等侍卫、前锋护军健锐精捷各营之统领、参领、副参领、委参领、銮仪卫之满洲銮仪使、冠军使、云麾使、治仪正(汉军官无翎)、御茶膳房之尚膳正、尚茶正、二三等侍卫、上虞备用处之三四五品官,皆准戴花翎。各项蓝翎侍卫、六品苑丞、满洲整仪尉、鸣赞鞭官、前锋校、护军校、蓝翎长、各府邸四五六品护卫,皆准戴蓝翎。

此外翎枝最为难得,非军功不准保荐。若建绩大臣及赏赐王公宗室大员子弟,并行围、较射、射牲、赞礼娴熟等项,皆出自特恩,非臣下所可拟请者也。道光二十八年,恭修玉牒告成,提调官宗室增庆,经定亲王载铨奏奖赏戴花翎,此为别项劳绩保翎之始。此例一开,则山陵奉安、海运事宜、劝捐、抽厘,均相率奉行矣。

按从前无捐花翎之例,广东洋商伍崇曜、潘仕成捐输十数万金,无可加奖,始蒙赏戴花翎,一时荣之。自海疆军兴以来,乃有捐翎之例,花翎实银一万两,蓝翎五千两。后又援照捐官之项折扣,其数甚少,捐者遂多。自咸丰九年,又条奏捐翎改为实银,不准折扣,花翎七千两,蓝翎四千两。

按从前各省兼提督衔之巡抚,皆准戴用花翎,升调他缺后,即撤去,谓之例翎。道光二十年,两江总督宗室耆英奏称,兼提督之巡抚既有花翎,而直省提督转无花翎,似未允协,应请将江南提督尤渤,赏换花翎,以肃观瞻。奉旨,尤渤准其赏换花翎。直省兼提督之巡抚应否戴翎,于放缺后临时请旨。此后未闻有请旨者,遂一概不敢戴用。其有戴者,皆军功特赐者也。(福格:《听雨丛谈》,汪北平点校,中华书局,1984年版,第9~10页。)

另外,《郎潜纪闻初笔》载施琅也戴有花翎:康熙间,福建提督施琅,平定台湾功第一,诏封琅靖海侯,世袭罔替。琅疏辞侯爵,恳照前此在内大臣之列,赐戴花翎。部臣议:在外将军、提督,无给翎例。圣祖特旨赐戴。以开疆海外,削平僭伪之元勋,赏翎弗及;以泽延后世、巍巍五等之崇封,愿易一翎,而格于廷议,当时之重花翎如此。(陈康祺:《郎潜纪闻初笔·花翎郑重》,晋石点校,中华书局,1984年版,第32页。)

[4] 本处所载与《清高宗实录》卷一一八六,乾隆四十八年八月癸酉所载相同,"以内阁学士松筠,为镶黄旗蒙古副都统"。但此处未载具体时间,且与前面的"补授内阁学士,赏戴花翎"放在一起,易使人产生误解,认为这些事情是同时发生的。

◇(乾隆)四十九年[1]甲辰,三十三岁。调补正红旗满洲副都统,赏穿黄马褂。[2]是冬,高宗纯皇帝命赴吉林查办参务。[3]

[1] 即1784年。
[2] 都统为八旗中各旗之最高长官,满语为"固山额真",即旗主之意。顺治十七年(1660年)定为此名。满、蒙、汉各旗均为一人,共二十四人,职掌本旗户籍、田宅、教养、营制、兵械以及选官序爵、操练演习等事务。副都统共四十八名,满、蒙、汉各旗均二人,协理都统处理本旗事

务。

　　黄马褂为一种荣誉的象征。清福格《听雨丛谈·黄马褂》可供参考："巡行扈从大臣,如御前大臣、内大臣、内廷王大臣、侍卫什长,皆例准穿黄马褂,用明黄色。正黄旗官员、兵丁之马褂,用金黄色。勋臣军功有赏给黄马褂、赏穿黄马褂之分,赏给只所赐一件,赏穿则可按时自做服用,亦明黄色。"(福格:《听雨丛谈》,汪北平点校,中华书局,1984年版,第18页。)

　　《清高宗实录》卷一二一五,乾隆四十九年九月丙子载:"调镶黄旗蒙古副都统松筠,为正红旗满洲副都统。"本年,松筠还因参与镇压甘肃回民起义,多方筹划,与和珅等人一起俱得功。《清高宗实录》卷一二一四,乾隆四十九年九月乙卯载:"吏部奏:剿灭甘肃逆回,办理妥速之军机大臣等遵旨议叙。得旨:和珅著为一等男,梁国治、福长安、董诰俱著军功加三级,松筠、吴熊光俱著军功加一级,史梦琦著军功纪录二次。"[3] 为保证统治者之特权,东北地区设有参场为之服务,周围设有卡伦以示警戒。松筠到吉林后,处理了一桩盗卖官参案。《清高宗实录》卷一二二一,乾隆四十九年十二月丁未载:"谕曰:三姓地方协领奇兰保,伙同参夫舞弊一案,岂得谓明英不知情而无罪耶?著将伊公爵并副都统之职革去。派松筠、都尔嘉质审,其所遗三姓副都统员缺,即著富珠礼调补。"《清高宗实录》中所载奇兰保盗卖官参案的大致案情如下:三姓地方协领奇兰保等伙同他人舞弊,盗卖官参,被发觉。乾隆谕旨松筠等到吉林,严加审讯查拿。松筠审讯确实,又发现有其他人员参与,奇兰保被缉获,余犯有的逃脱。朝廷下令严惩不贷。后又拿获一干人犯。《清高宗实录》卷一二二四,乾隆五十年二月己丑载:"谕军机大臣等,据松筠等奏:盗卖官参案内之盛京正黄旗汉军人朱梅公,前往济宁售卖人参,又王瑞龙之子王鼎远,或逃往山东,或逃往山西,现已咨缉等语。三姓协领奇兰保,盗卖官参案内民犯王从龙等八名,前经降旨查拿,业经直隶、山东拿获王从龙、王瑞龙、王敬义三犯,已有旨令将该犯押解来京,严审定拟。其在逃之徐达、程焕彰、杨天培、姚起顺、赵明等五犯及现在应行续拿之朱梅公、王鼎远,俱系要犯,著该督抚严饬各属,实力上紧蹑缉,务期弋获,毋任远飏漏网。将此由五百里各谕令知之。"

　　◇(乾隆)五十年[1]乙巳,三十四岁。春,自吉林旋京复命。是日[2],派往库伦[3]办俄罗斯事务。[4]上年有库伦商民靳明者,贩货于附

32

近卡伦[5],之乌梁海[6]游牧贸易,被俄罗斯所属之布哩雅特等数人劫去货物。时库伦办事大臣[7]勒保[8]同喀尔喀副将军、郡王蕴敦多尔济[9],盟长、贝子逊都布多尔济,访知盗首,檄行俄罗斯驻劄额尔口城之固毕纳托尔名拉木巴者,饬令捕盗。拉木巴旋遣其咭那喇尔,送所获之盗乌拉尔斋等赴恰克图[10],同该处驻劄司员审明,照例罚赔十倍货物。其事尚未拟结,而咭那喇尔并不知会恰克图司员,率将盗犯鞭笞发遣。库伦大臣发檄往询,拉木巴仍行推诿。高宗纯皇帝饬典属行文与俄罗斯办事之萨那忒,令其换回固毕纳托尔等秉公治罪。是年春,萨那忒申文,仍未遵办,高宗纯皇帝发檄责饬,撤恰克图贸易,命公协理其事。[11]

[1] 即1785年。

[2] 作者于此使用"是日"一词,指代不明,借用别处材料的可能性极大。"是日"疑为"是月"之误。

[3] 库伦,今蒙古人民共和国首都乌兰巴托。

[4] 《清史稿》卷三百四十二载:乾隆五十年,松筠往库伦治俄罗斯贸易事。"先是,俄属布哩雅特人劫掠库伦商货,俄官不依例交犯,仅罚偿,流之远地,檄问未听命,诏停恰克图贸易。松筠至,寻充办事大臣。闭关后,边禁严而不扰,遇俄人皆开诚待之。"俄罗斯以贸易久停,屡请开市,我方未许。后,我方卡伦兵出巡,复为俄属布哩雅特人所杀。松筠曰:"旧事未了,又生旁支,然亦了事之机也。"遂决定将前事与此事合并处置。他将俄官缚送来的三人,两人斩首,一人流放。乾隆皇帝诏斥他专擅,褫其职,仍让他留库伦效力。

又《清史稿》卷五百二十一载:乾隆"四十九年,以俄罗斯属布里雅特人劫内地往乌梁海贸易商民,赔货而不交犯,屡檄其国。五十年春,以俄罗斯覆文支吾推宕,复停恰克图互市。办事大臣松筠因定沿边蒙古需用烟茶布疋章程"。此处所述事件与松筠本传比较,略去了双方交涉的过程,增加了松筠制订"沿边蒙古需用烟茶布疋章程"事,互为补充。

[5] 卡伦是边防哨所、边境工作站,清人西清认为:"更番候望之所曰台,国语谓之喀伦,俗称卡路,古区脱遗制。"(西清:《黑龙江外记》卷二,梁信义、周诚望注释,黑龙江人民出版社,1984年版,第22页。)何秋涛亦认为"更番候望之所曰台,国语谓之喀伦,亦作卡伦,又有称卡路、喀龙者,皆翻译对音之转也"(何秋涛:《朔方备乘》卷十,考四,北京大学图

书馆藏光绪七年刻本)。徐松认为卡伦是"边界戍守之所"(徐松:《西域水道记》卷一,沈云龙《中国边疆丛书》,海文出版社,1968年版,第36页)。清代卡伦遍布北疆地区,为守卫边疆立下了较大的功劳。俄国人侵占中国西北领土,即先从占领卡伦开始,足见其地位之重要。详见宝音朝克图:《清代北疆卡伦制度研究》,中国人民大学出版社,2005年版;马长泉《清代卡伦制度研究》,哈尔滨出版社,2005年版。

[6] 乌梁海,在清代版图的西北边,所辖共分唐努乌梁海、阿尔泰乌梁海、阿尔泰淖尔乌梁海三部,时属科布多参赞大臣和乌里雅苏台定边左副将军管辖。清政府在此编立旗佐,置官管理,屯兵驻守,课征赋税。唐努乌梁海设有五个总管。1864年,沙俄通过《中俄勘分西北界约记》,割占了阿尔泰淖尔乌梁海等地。唐努乌梁海地区,1921年在苏联的策动下宣布"独立",1944年为苏联兼并,成为俄罗斯联邦的一部分,名曰"图瓦人民共和国"。(参见樊明方:《唐努乌梁海历史资料汇编》,西北大学出版社,1999年版。)

[7] 库伦办事大臣,乾隆时设,负责中俄两国交涉事宜和贸易问题。嘉庆后,车臣汗等部落民事、军事也一并纳入管理。

[8] 勒保,字宜轩,费莫氏,满洲镶红旗人,由中书科笔帖式充军机章京。乾隆三十四年,出为归化城理事同知。乾隆四十五年,充库伦办事大臣。历任兵部侍郎、山西巡抚、陕甘总督、云贵总督、湖广总督、四川提督兼署总督等职,后加太子太保。嘉庆十八年,充军机大臣,兼管藩院。嘉庆二十四年,卒,诏赠一等侯,谥文襄。(《清史稿》卷三百四十四"勒保")

[9] 桑斋多尔济之子蕴敦多尔济(也作蕴端多尔济),被封为多罗郡王。曾驻扎库伦办事,与库伦办事大臣松筠一同处理对俄事务。

[10] 恰克图为清政府与俄国政府开展贸易的边界城市,原属于中国政府管辖,雍正五年(1727年)的《恰克图条约》即签订于此。后,一部分归俄国管理。乾隆为管理俄国商人并对俄国政府施压,曾经三次停止恰克图贸易。

[11] 乾隆五十年十月,松筠奉旨从库伦回京。《清高宗实录》卷一二四〇,乾隆五十年十月丁丑朔载:"谕:库伦现在无事,勒保驻彼亦久,勒保、松筠俱著回京,仍在军机章京上行走。所有库伦事务,即著副都统佛住驻彼,会同蕴端多尔济妥协办理。"《清史稿》卷十四,《高宗本纪》五所载与此相同:"(乾隆五十年)冬十月丁丑朔,召勒保、松筠回京,命佛

住驻库伦,会同蕴端多尔济办事。"

本年十一月,松筠因与他人捏造假契、诓骗银两,事发被查。《松文清公升官录》并不载此事,他书也未见记载,唯《清高宗实录》卷一二四二,乾隆五十年十一月辛亥载:"又谕:前因留京王大臣等,审拟宗室珠丰阿、庆爱及松筠等捏造假契、诓骗银两一案,定拟罪名,失之宽纵,曾经降旨申饬。珠丰阿、庆爱身系宗室,乃不思安分自爱,辄敢捏契诓借,骗至回子钱文,如此败类,岂容其仍列宗支?又旗人永清等,既已知情分用银两,何得止照例折枷,经朕降旨,逐一分别加重问拟定案。兹阅刑部所进松筠朝审黄册,该犯与珠丰阿等捏造假契,串通诓骗,是珠丰阿、庆爱等,寡廉辱宗,莫此为甚。朕心深为愤懑。细阅情形,从前定拟之处,尚觉罪浮于法,因复令军机大臣,会同刑部堂官,详核案犯情罪,以次递加。除宗室昙林、奎璧,虽经作保,究不知情,仍照前拟圈禁一年,毋庸加增外,其余各犯,从重加拟,始足蔽辜负,似此定罪,方足以惩诈伪而安良善。且办理刑名案件,自应会同刑部堂官,于律例较为谙悉,留京王大臣及宗人府堂官等办理此案,未经会同刑部,殊属非是。况缘情定罪,经朕两次核改,始为平允。所有承办此案之王大臣等,俱著交各该衙门议处。"

◇(乾隆)五十一年[1]丙午,三十五岁,补授户部右侍郎。[2]公自赠光禄公见背,依从叔以居,从叔遇之,或不如礼,公事之益谨。每年俸[3]入,悉归从叔家,不蓄私财。是时,公奉差在库伦,户部堂官例有饭食银两,户部尚书、故相和珅[4]属吏以公应得饭银存诸署,俟公归为养赡,盖知公家事,且欲以利啖公也。公闻即致书,却其议,仍致之从叔,不取铢毫。[5]

[1] 即1786年。
[2] 松筠补授户部右侍郎时,并不在京,仍在库伦办差。见《清高宗实录》卷一二六一,乾隆五十一年闰七月乙未载:"谕曰:户部左侍郎,著诺穆亲转补,其右侍郎员缺,著松筠补授。松筠现在出差,钱法堂事务,仍著诺穆亲兼署。"《清高宗实录》卷一二七三,乾隆五十二年正月辛卯又载:"又谕:松筠著即在库伦办事,佛住著调补察哈尔副都统,佛住所遗正黄旗蒙古副都统员缺,著伊龄阿补授。"松筠仍留在库伦办事。
[3] 清代官员的俸禄包括俸银与禄米两种,每年春秋两季发给,春季以

正月二十为限,秋季以七月二十为限。这里的俸应指银两。雍正时期曾将耗羡归公,提高官员的俸禄,希望以此杜绝贪污腐败。

[4]和珅(1750~1799),钮祜禄氏,满洲正红旗人。从家境贫穷,到户部侍郎、军机大臣、内务府大臣等,随着乾隆越来越崇信他,他的职位不断攀升,陆续掌管了吏部、刑部、户部、理藩院、御药房等衙门,且兼翰林院掌院学士,屡任殿试读卷官,贪渎和弄权之事接连发生,最后嘉庆上台后即将其抄家。其家产已折合白银八亿两之多,相当于清政府当时二十年的财政收入,他因此成为中国乃至世界历史上著名的贪官。和珅亦少有诗才,其子丰绅殷德将他的诗刊刻为《嘉乐堂集》出版,"诗颇清婉"(参见陈康祺:《郎潜纪闻四笔·和珅亦少有诗才》,褚家伟、张文玲点校,中华书局,1990年版,第31页)。

[5]《松文清公升官录》本年不载他事,兹据《清高宗实录》及他书补录如下:松筠处理与俄罗斯的外交事务,乾隆皇帝较为满意。《清高宗实录》卷一二五〇,乾隆五十一年三月庚戌载:"又谕:据松筠奏称,官设卡座马一匹,惊入俄罗斯卡座,经俄罗斯等寻获交还。即通行传知各卡,如有俄罗斯马匹,误入官卡者,务须寻获,交还俄罗斯,以示大方,会同蕴端多尔济商办等语。松筠所办,殊属尽心妥协。上年松筠前往库伦时,曾经奏准,不领盘费银两。今著加恩,松筠驻劄彼处,应得盘费银两,照例支给。其以前未经支领盘费银两,亦著按月、照数全行补给,以示鼓励。"以此推断,松筠上任前到库伦的盘费银两,也照数补给。结合《松文清公升官录》记载看,松筠将自己应得银两如数交还其从叔,以示尊老。史载松筠与和珅意见相左,《松文清公升官录》却载,和珅嘱下属为松筠贮藏应得饭银,或许以此交结松筠。

◇(乾隆)五十二年[1]丁未,三十六岁。先是乾隆四十五年,圣驾南巡[2],回銮涿州,有僧人以民人刘六之甥郭二格假称皇孙,道旁呈诉,审明将僧人正法,郭二格发遣伊犁。五十年,福郡王由喀什噶尔回京,以郭二格煽惑厄鲁特具奏,高宗纯皇帝命将郭二格改发黑龙江,如有中途逃逸情形,即奏请正法。是春,行至库伦,公查知沿途不法事,奏将郭二格绞决,高宗纯皇帝以明断深嘉之。[3]

[1]即1787年。

[2]出巡是帝王为巩固政权采取的措施,从秦始皇出巡全国开始,历代

帝王皆有此举。《清史稿》卷十四《高宗本纪》五载有乾隆出巡的情况：乾隆四十五年春正月辛卯，"上巡幸江、浙，免直隶、山东经过地方本年额赋十分之三"。涿州在今河北涿州境内。

[3] 此事见于《国朝耆献类征初编》和《国朝先正事略》，《清实录》与《清史列传》未载。《清史稿》卷二百二十言及此事：乾隆四十二年，高宗南巡时，有僧携童子迎驾于涿州，称言童子乃皇孙。后查证乃虚妄之语，"斩僧，戍童子伊犁，仍自称皇孙，所为多不法。上命改戍黑龙江，道库伦，库伦办事大臣松筠责其不法，缚出，绞杀之，高宗嘉其明决"。前述松筠自主处置与俄罗斯的外交事务，遭到乾隆皇帝斥责，这次，乾隆皇帝却对松筠的处置感到满意，足见其内心早想处理此事，正好借松筠之手了结。唯本处所载"乾隆四十五年"与《清史稿》所说的"乾隆四十二年"并不相同。查乾隆南巡，一般认为有六次，分别为乾隆十六年、二十二年、二十七年、三十年、四十五年和四十九年，四十二年并未南巡，因此，《清史稿》所言"乾隆四十二年"怀疑有误。

另：《清史稿》卷十五，《高宗本纪》六载，"乾隆五十二年春正月辛卯，命松筠往库伦办事"，与《松文清公升官录》这里所载"行至库伦"相符。这是松筠在乾隆五十年后又一次到库伦。

◇（乾隆）五十三年[1]戊申，三十七岁。时喀尔喀戈壁数旗缺雨，向例：凡内外扎萨克游牧，倘遇灾荒，查其被灾轻重，轻则许该扎萨克借贷发恤，重则许奏请赈济。公方在查办间，著扎萨克头等台吉乌尔湛札布报称，该族被旱，已将扎萨克本年例收所属之牛羊及自畜之牛羊，散给属下之穷人。其不敷者，饬令有力之台吉、官兵互为赈济，仍率所属虔诚祈雨。公素其好施，行文被旱之处，得旨：照所议叙。余活者甚众。

[1] 即1788年。

◇（乾隆）五十四年[1]己酉，三十八岁。是秋，有卫勒干卡伦巡兵齐巴克等出卡跺踪，被俄罗斯打牲之哈哩雅特等所害，奏檄俄罗斯严缉。[2]

[1] 即1789年。
[2]《清史列传》载："（乾隆）五十五年，有术勒干卡伦巡兵为鄂罗斯打

牲人所害,松筠檄缉各犯,先行治罪,然后具奏。上切责之,革退侍郎、副都统,拔去花翎,以四品顶带留库伦效力赎罪。"此处的"乾隆五十五年",系指此事的后果发生于乾隆五十五年。《国朝耆献类征初编》所载与此同。《清史稿》卷三百四十二也载有此事,但未载具体年份。各书所言"术勒干卡伦"与《松文清公升官录》所载"卫勒干卡伦"并不一致。查何秋涛《朔方备乘》一书对卡伦的记载,亦未见术勒干卡伦这一名称。《绥服纪略》中也载为"卫勒干卡伦",待考。

◇(乾隆)五十五年[1]庚戌,三十九岁。是年春,俄罗斯固毕纳托尔将伤害齐巴克之正、从各犯缚送恰克图。公督同司员审明,即于界所将正犯二名处死示众,从犯一名重责发遣。未经先行具奏,奉旨革退侍郎、副都统,拔去花翎,赏给四品顶戴,仍留库伦办事。[2]

[1] 即1790年。
[2]《清高宗实录》卷一三五一,乾隆五十五年三月壬寅载有此事的处理过程。乾隆皇帝不满意蕴端多尔济与松筠对此事的处理,言蕴端多尔济一时心无主见,松筠草率行事,"任意自专,孟浪妄行,甚属不堪",过早了结与俄罗斯的纠纷显示不出天朝上国的威严。"从前朕以松筠似有出息,尚堪倚任,看来竟甚糊涂福薄,辜负朕恩。试思此案不完,不通贸易,于我国家有何关涉?即我蒙古小民,亦无伤碍。且松筠曾向俄罗斯等,屡经提及今年朕八旬万寿之期,亦甚无谓,此亦我国大庆盛典,普欢祝嘏耳,于俄罗斯等有何干涉耶?即如俄罗斯国内有何喜事,告知我国,尚为事乎?松筠办理此事,如此孟浪自专,草率完结,显系思念家属,藉朕万寿大庆为词,此案后即可回京之意耳。松筠著革去侍郎、副都统并花翎,赏给四品职衔,仍留该处办事,效力赎罪。今由此代蕴端多尔济等缮写行知固毕尔纳托尔咨文稿底寄去。蕴端多尔济接得后,照例缮写,发交俄罗斯固毕尔纳托尔。"《清史列传》、《国朝耆献类征初编》和《清史稿》所载大体相同,都较为简略。相较而言,《清史稿》卷三百四十二记述得较为详细:"俄罗斯以贸易久停,有悔意,撤旧官,屡请开市,未许。卡伦兵出巡,复为布哩雅特人所杀。松筠曰:'旧事未了,又生旁支,然亦了事之机也。'檄俄官缚送三人,亲讯于界上,斩其二,流其一,请两案并结。诏斥专擅,褫职,仍留库伦效力。"

◇（乾隆）五十六年[1]辛亥，四十岁。补授工部右侍郎[2]，正白旗满洲副都统。俄罗斯悔罪乞恩贸易。是冬，奉旨准其所请，开关市易。钦奉谕旨：此次开关市易，必须详查情形，妥为定拟章程，明白晓谕，俾俄罗斯永远遵奉，方为尽善。[3]

[1] 即1791年。
[2]《清高宗实录》卷一三八八，乾隆五十六年十月乙卯载："以左副都御史刘权之为礼部侍郎，原任库伦办事大臣松筠为工部侍郎。"此处所载为工部侍郎，非工部右侍郎。参阅《国朝耆献类征初编》、《国朝先正事略》、《清史列传》等载，乾隆五十六年，松筠授为工部左侍郎、正白旗满洲副都统。据《清高宗实录》卷一三八九，乾隆五十六年十月甲子载，"调工部侍郎松筠为户部左侍郎"。《清高宗实录》卷一三九一，乾隆五十六年十一月辛卯载："以工部左侍郎松筠，为正白旗满洲副都统。"又，《清高宗实录》卷一三九八，乾隆五十七年三月辛未载，"谕曰：和琳现在出差，所有兵部右侍郎员缺，著铁保兼署，其所署松筠工部左侍郎员缺，著伊龄阿兼署。"可见，松筠在担任正白旗满洲副都统前，担任的职务是工部左侍郎，而非工部右侍郎，《松文清公升官录》此处所载疑有误。《清高宗实录》卷一四〇〇，乾隆五十七年四月甲辰载，"调工部右侍郎松筠为户部右侍郎，以总管内务府大臣巴宁阿为工部右侍郎"，与《松文清公升官录》相同。据此推断，松筠或于其间担任过工部右侍郎。
[3] 乾隆五十六年（1791年），清政府恢复与俄罗斯的恰克图贸易。《清高宗实录》卷一三八九，乾隆五十六年十月丁巳载："又谕：前土尔扈特喇嘛萨迈林所供各款，令理藩院行文俄罗斯萨纳特衙门查询。今据该衙门覆称：前信系属伪造。向来此等书信，从无用印两颗之例。况钤盖之处不合款式，并非边界头目手记。我国于天朝，素习恭顺，不敢稍存异念。所有从前未结各案，恳求早为剖断。至土尔扈特，久已投诚大国，生聚有年，安居得所，岂敢冀其复还故土？想蒙大皇帝俯念忧悃，信其无他。干犯边界之说，实无其事。从前恰克图贸易通商，于俄罗斯大有裨益，敢乞施恩复准开市等语。此事前据特成额奏到之时，朕即疑其语属无稽，不足凭信。是以明降谕旨，令将萨迈林解京审讯。嗣因该犯不能确指实据，随行文俄罗斯萨纳特衙门查询明确，据实登覆。今既覆称并无其事，是萨迈林前次带投书信，其为捏造无疑。而俄罗斯并无诱致土尔扈特之心，尤可概见。至所恳求通贸易，措词恭顺，已降旨，准其

通市矣。并著保宁、永保、将萨迈林假造书信及俄罗斯恳求开市之处，传谕车凌乌巴什，令其不必心存疑惑。再伊属下人等，前次闻知萨迈林捏造谣言，未免各怀畏惧，即著车凌乌巴什明白宣谕，令伊等疑怀尽释，守分安居，以期承受朕惠爱深恩，永绥边境至意。"

　　松筠在禁止与俄罗斯的贸易时，出力颇多。《清史稿》卷五百二十一，《藩部列传》四载："（乾隆）五十六年，松筠奏俄守边目力辨其诬，诏诛萨麻林，许俄复市。松筠与接任办事大臣普福、协办贝子逊都布多尔济赴恰克图，晓谕俄固毕纳托尔，嗣后如遇会办事件，应如例迅速完结，命盗案犯，应送恰克图鞫实正法，彼此约束商贩，毋有积欠，因与立约，永为遵守。"乾隆五十六年十一月己丑，又谕：现在已准恰克图通商，著普福前往库伦，协同松筠办理通商，事妥，即换松筠来京。（《清高宗实录》卷一三九一）

　　◇（乾隆）五十七年[1]壬子，四十一岁。调户部右侍郎[2]，赏戴花翎，转补左侍郎。正月，公与贝子逊都布多尔济、副都统普福赴恰克图，俄罗斯之固毕纳托尔，名曰色勒裴特前来听命[3]，因即立约，互相收执，随设宴款待。色勒裴特言，向来会办事件，俱于界所安设毡庐会议，事毕即各回寓。[4]今蒙大皇帝天恩，诸事协和，故我日前亲来市圈衙门会议，又蒙如此款待，深为感激，欲请大人下临，俾我稍申诚悃。公许之，即与贝子、副都统同诣彼帐，屏驺从，仅以办事司员及蒙古台吉等随行。自市圈至彼帐，约里许，色勒裴特预派小头人步行，摆对远迎。时雪大天寒，人皆大帽重裘，其俗见其汗时，脱帽去裘，以为至敬。是日，色勒裴特脱帽去裘，先于门外迎立。其室内北壁上悬其哈屯汗图像，公与贝子、副都统背依图像上坐，色勒裴特陪司员旁坐，优加赏赉，终宴极欢。随据情列款具奏，奉旨于孟夏望日[5]开关。公于事毕回京。[6]

[1] 即1792年。
[2]《清高宗实录》卷一四○○，乾隆五十七年四月甲辰载："调工部右侍郎松筠为户部右侍郎，以总管内务府大臣巴宁阿为工部右侍郎。"《清史列传》载："五十七年四月，调户部右侍郎，复赏戴花翎。七月，充蒙古翻译考试官。十月，转左侍郎。"与《国朝耆献类征初编》的记载相同。《清史稿》不见记载。
[3] 双方会晤，清方记载为"听命"，天朝上国心理仍在作祟。《清史稿》

载有这次双方会晤的情形："五十七年,召俄官会议定约,亲莅俄帐宴饮,谕以恩信,大悦服。"《清史列传》、《清朝先正事略》、《国朝耆献类征初编》等并不见载。

[4] 中俄双方的边界会晤,原多在边界附近搭一临时帐篷举行。

[5] 孟夏望日,指阴历四月十五日,时值春暖花开之季。

[6]《清高宗实录》卷一四一四,乾隆五十七年十月壬申载,松筠署理刑部右侍郎之职。"谕曰:穆精阿熟谙刑名,调任吏部以来,亦属勤慎,今患病溘逝,著加恩赏给银二百两,以示轸恤。所有吏部右侍郎员缺,著额勒春调补,其所署明兴之刑部右侍郎事务,著松筠兼署。"

乾隆五十七年十月十二日奉旨:松筠著转左侍郎,阿迪斯著补右侍郎。其钱法堂事务,仍著松筠兼管。钦此。(《乾隆朝上谕档》第17册,第60页。)此处并未载明松筠调为哪个部门的侍郎,从《清高宗实录》乾隆五十八年七月庚子和《清史列传》所载看,应为户部左侍郎。

◇(乾隆)五十八年[1]癸丑,四十二岁。补授御前侍卫、内务府大臣[2]、军机大臣[3]。大西洋暎咭唎国王遣使玛嘎尔呢等朝贡,事毕,公奉命送至海上。[4]

[1] 即1793年。本年三月,松筠代车登多尔济谢恩。"臣等遵旨将松筠代车登多尔济谢恩折并译出汉文交王大臣等阅看。据礼亲王永恩等会称,我皇上德威远播,廓尔喀抒诚归顺,卫藏乂宁。因念及蒙古番民崇奉黄教,所有指认呼毕勒罕,每致徇情妄指,弊窦丛生。若令赴藏掣签,路程遥远。命于京城雍和宫内供设金本巴瓶。如找认蒙古地方呼毕勒罕,即报明理藩院,在佛前公同掣签。其从前王公子弟内,私自作为呼毕勒罕之陋习,永行禁止,仰见我皇上保护黄教,湔除积弊,立法最为尽善。乃车登多尔济授意那旺达什,将伊子指为呼毕勒罕,于奉旨饬禁之初,辄敢巧为尝试,惟知图利,其咎实无可辞。皇上念其身未出痘,恐来京质讯,或有传染,即交松筠就近讯问,复因其据实供明,可量从末减,仅革去汗爵花翎黄褂,仍加悬赏留顶戴,遵即令伊子敏珠罗济恭袭汗爵,于惩创之中备加体恤。伏思蒙古外扎萨克喀尔喀部落,远在漠北,遵奉轨度,竟与齐民无异,实我皇上声教覃敷,恩威并用,无远弗届。臣等不胜钦仰,欣忭之至等语。谨奏。"(《乾隆朝上谕档》第17册,第269~270页。)

[2] 乾隆五十八年四月壬申载:松筠著授为内务府大臣,在御前侍卫上行走。(《清高宗实录》卷一四二六)《清史稿》载:"乾隆五十八年夏四月壬申,命松筠为内务府总管大臣,在御前侍卫上行走。"(卷十五,《高宗本纪》六)乾隆五十八年七月庚子载:"命户部左侍郎松筠充国史馆纂办蒙古王公表传副总裁。"(《清高宗实录》卷一四三二)《松文清公升官录》未载此事。

[3] 乾隆五十八年四月庚寅载,命户部侍郎松筠在军机处行走。(《清高宗实录》卷一四二七)

[4] 英使马戛尔尼访华,后被喻为"两个世界的撞击"。玛噶尔呢,现多译为马戛尔尼。早在乾隆五十八年四月初一日,清廷就已经接到英使来华的消息。据郭世勋奏,嘆咭唎国遣使进贡,"该国贡船系上年八月间起程,不在广东,经过大概,由福建、浙江、山东等处外海洋面,直往天津等语。嘆咭唎国遣使纳贡,甚为恭顺,前恐该贡使船只或于闽浙江南山东等处近海口岸收泊,是以降旨,令各该督抚等,遇该国贡船到口时,稽查照料,妥为经理。今该贡船于上年八月间起程,由闽浙等处外海洋面,直抵天津,计算此时将次可到。著传谕梁肯堂等,即行派委委员,赶赴前远迎探,所有应行预备之处,即先为备办。一俟该国贡船进口时,遵照前旨,妥协办理。"(《乾隆朝上谕档》第17册,第284页。)松筠在马戛尔尼访华期间,尽心陪同,取得不少与外国人打交道的经验。《清史列传》卷三十二载:时英吉利人入贡,请于天津、宁波海口贸易,并求给附近珠山小海岛、附近广东省城地方一处,居商存货。上既严谕指驳,复虑其沿途生事,特命松筠护行,凡所要求严词拒绝,途中安谧。有旨嘉其得体。九月……松筠奏遵旨令该英人在船顺道观览,俾知民物康阜,景象恬熙。惟有随时随事加意斟酌体会,务令知感知畏,勉期妥办得中。奉谕:"命汝去,可谓得人,勉之!望汝回来面奏耳。"《清史稿》载:"九月……命松筠护送英吉利使臣等至浙江定海。"(卷十五,《高宗本纪》六)松筠言行,在《停滞的帝国——两个世界的撞击》中有所体现(见附录)。根据乾隆皇帝的谕旨,松筠所负职责,主要是监督英使的活动。

《清高宗实录》中对松筠护送英使的情况多有描述,兹简录如下:

乾隆五十八年八月庚寅,英国使臣归国,"已派侍郎松筠沿途照料,所有经过各省,须专派大员,管领兵弁,接替护送"(卷一四三五)。《乾隆朝上谕档》也载:"乾隆五十八年八月三十日,内阁奉上谕:现在嘆咭唎国贡使瞻觐事竣,于九月初三日即令起程,由内河水路前赴广东澳门。附该国贸易船只放洋回国,已派侍郎松筠沿途照料,所有经过各省,须专派大员,管领兵弁,接替护送。"(《乾隆朝上谕档》第17册,第545页。)

《乾隆朝上谕档》载:乾隆五十八年九月初四日,奉上谕:昨日松筠业已带同嘆咭唎贡使,于未刻自京起身,想晚间自可抵通,上船开行。该贡使一路行文情形及上船之后光景若何,松筠自必留心体察,即可详悉共奏,并著随便传知。该贡使等以浙江递到该国夷官来信,内称到浙夷船五只,先令四只开行回国,其一只暂留珠山地方等候吗庚多斯到后,方可开行等语。当经大皇帝传谕浙江巡抚,令其查明该夷船五只是否全闻,抑尚留等待之处,迅速覆奏。俟覆奏到日,如原船尚未开行,仍在浙等候该贡使,即可取道浙江,乘坐原船回国,于行程较为便适。或浙江原船俱已开行,再由江西前赴广东澳门附该处贸易船只回国,亦属顺便。此皆大皇帝轸念远人,倍加体恤之意。如此详悉告知,想必倍加感戴,安静遄行也。(《乾隆朝上谕档》第17册,第549页。)

乾隆五十八年九月初七日奉上谕:长麟奏,嘆咭唎夷船五只,尚令在定海停候,并查出从前该国夷人曾在浙江贸易,现已密行晓谕绣户严行禁止各折片,所办甚为周到,可嘉之至,已于折内详悉批示。……昨因嘆咭唎夷船五只先后到定海停泊,尚无开行,确信已降旨谕令长(麟)等,如夷船五只全未放洋,即可令其停待,以便传知该贡使等,径赴浙江来坐原船回国,较为简便。今据长麟所奏,该船夷人尚有患病,未痊愈,请在定海暂停,情词极为恭谨。现已准令暂为停泊,听候谕旨。是该夷船五只,俱未开行,松筠正可护送该贡使,径由水路赴浙,到定海上船,旋国实为省便。通州至浙,系一水之地,不过三千馀里,较之由江南、江西一带赴粤,可省过半路程。即著松筠于途次面谕该贡使,以尔等初次恳求,由内河赴粤,附便船回国,并寄信船内夷人,将原船驶至浙江定海,令其先行放洋;嗣又恳求仍至浙江上原船旋国。大皇帝因尔等初次所给该夷船书信,系令尔原船先行回国,不必等待,恐船只业已开行,故令护送尔等仍由内河至粤。今据浙江巡抚奏闻,原船五只尚在定海停待,调治患病之人,未经开行,尔等正可仍至定海上船,较之到粤路程,可少大半,并可省行走大江及起岸经过梅岭之烦;且管船人吗庚多斯饬原欲恳求,令其先赴定海,今与尔等一同行走俱至原船,岂不更为省事?尔临行之前留寄夷船之信,欲令原船等候,即由定海放洋,兹更如尔之愿,所有原信,现已发浙江巡抚转给,该贡使等自必感激乐从。但该贡使到定海时,想所买茶叶丝觔,不过几日即可购办齐集,松筠务须会同长麟、吉庆妥协办理,即令开船回国,勿任藉词,稍有逗留。松筠到浙,与长麟会晤,即将朕面谕一切详细告知,体贴妥行,不可稍有遗漏。松筠俟该贡使开洋后,即可回京覆命,封印以前自可赶到,又可省由内地至粤之劳,长麟亦即赴粤,遵照节次谕旨,密为妥办。(《乾隆朝上谕档》第17册,第553~554页。)

乾隆五十八年九月初八日奉上谕:据松筠奏,嘆咭唎贡使称,珠山停留船只,如尚未开行,我等得以赶上乘坐原船回国,实所情愿,或已开行,即遵由内河行走,前赴澳门亦甚便适等语。松筠此折尚系覆奏。初四日谕旨:昨据长麟奏,嘆咭唎原船五只,尚在定海停待,未经开行,复于初七日有旨,谕令松筠护送该贡使经由水路赴浙,到定海上船矣。著再传谕松筠,即遵昨旨面谕该贡使,以尔等原恳求仍至浙江上原船旋国,尔临行之前留寄夷船之信,欲令原船等候,由定海放洋,兹适如尔之愿,所有原信已发交浙江巡抚转给,该贡使等自必感激乐从。但该贡使到定海时所买茶叶丝觔,想不过数日即可购办齐集。松筠务须会同长麟、吉庆妥协办理,即令开船回国,勿任藉词逗留,尤不可使之与牙行铺户人等私相贸易,致启奸商勾结情弊,此为最要。将此谕令知之。(《乾隆朝上谕档》第17册,第556页。)

乾隆五十八年九月辛丑,谕军机大臣曰:松筠奏,遵旨传示该贡使等欣感情形一折,内称:该贡使向松筠述称,意欲沿途买物。当经松筠谕以尔等需买茶叶丝觔,业奉恩旨准在宁波置买,沿途地方贸易商人,向不与外国交易,若欲在途买物,断不可行等语。所谕甚当,该贡使等见小贪利,实为可笑。松筠遵旨严辞阻止,谅不敢再行渎请。至伊等到定海后,购买茶叶丝觔等物,必须官为经理,定立价值,公平交易,勿令牙行铺户人等经手,致启奸商勾结等弊。想松筠等自能妥协办理。此等外夷,在内地购买物件,若令其自行交易,诚恐人地生疏,铺户等不无居奇苛刻,且奸商市侩,易于暗中勾结,是以不得不派员为之经理。但伊等贸易之事,若竟官为经手,则似伊等私事,官为承办,不足以昭体制。惟当令其自行交易,从中弹压,勿令铺户牙行,故为昂贵,并有私相勾结等事,以昭严肃而示体恤。又据松筠奏:经过各处城乡市镇,不令该贡使随从人等上岸,亦不许民人近船观看,稍滋事端一节。但该贡使等万里远来,旋回本国,经由内地,所过城乡市镇,自不应令伊等上岸游观。至于临清、济宁及淮安、镇江、苏扬一带,人烟辐辏,商旅云集,亦不妨令在船顺道观览,俾知天朝富庶。只须留心防范,毋致藉词登岸逗留,致滋他弊。若竟闭置舟中,亦非体恤远人之意。但从来内外大小臣工,办事难得适中,非过即不及,松筠等不可不加意体会。总须于严切之中,仍寓怀柔,俾其知感知畏,方为得当。(《清高宗实录》卷一四三六)

九月丁未,谕军机大臣曰:松筠奏,暎咭唎贡使于十四日行抵德州,并沿途钦遵谕旨,随时妥办各折,诸凡皆妥,览奏欣慰。此事松筠在军机处行走,面聆谕旨,其颠末系所深悉。松筠起身时,朕复详加面谕。今该贡使等沿途行走,甚为安静,能知小心畏法,自无虑其耽延。但其人心志诡诈,总宜持之以法,毋任使巧。现据吉庆奏,于初五日已抵浙任事。长麟因其细心,亦已有旨令其回浙同办。计松筠于十月半间,可抵浙江,与长麟、吉庆会晤,松筠将朕面为指示之处,详悉告知伊等。三人公同商办,自然诸事合宜,副朕委任。如该贡使置买茶叶丝觔,即行回国,固属甚善。倘藉词逗留,松筠等定能面为晓谕也。(《清高宗实录》卷一四三七)

九月壬子,谕军机大臣等:据吉庆奏,暎咭唎船只,因连日风顺,小船于初八日开行。大船三只,亦拟于初九日开行。经总兵马瑀晓谕该夷官等,以业经奏准等待贡使,必须候旨遵行。随据该夷官等答称,原欲等候贡使,今因病体沉重,难以久留。倘贡使就到,我留大船一只,并舵水人等共一百二十馀名,在此等候。吉庆飞咨马瑀等,将所留大船一只,派员看守,不令开行等语。暎咭唎船只到定海时,因患病人多,恳留调治。经长麟准其暂留候旨,今又藉称病重,忽欲先行,固属夷性反覆靡常。现据吉庆,谕令留船一只,甚为宽大,足供贡使乘坐之用,亦只可如此办理。著传谕松筠,即向该贡使谕知,仍赴浙乘坐原船归国。倘或该贡使等藉称船少,又欲迁延观望,即应严辞斥驳,谕以此系尔等夷官不肯停待,自欲先行,并非浙江地方官饬令开船。今已留大船一只,足敷乘坐,自应速赴浙江登舟,毋得托故逗留,别生枝节。(《清高宗实录》卷一四三七)

九月癸丑,谕军机大臣曰:松筠奏,连日途次泊舟时,该贡使过船求见,款曲禀述,似有冀图转达天听之意等语。该使臣连次过船求见松筠,婉词禀述,自以松筠系钦差照料伊等之人,可将其感激悔惧之意,代为奏达。但朕此时不值特降谕旨,计该贡使十月望间,方可到杭州省城,再由省城前往宁波上船,候风放洋,已在十月底十一月初间。……

此一节,著松筠于到宁波后,届期会同长麟、吉庆遵照办理。松筠仍先向该贡使面谕,以尔等前此在京所请各条,不但与天朝体制不符,亦于尔国无益,是以未便准行。已于敕谕内逐条明白晓示,尔国王素属晓事,断不因所请未遂,致怪尔等。至天津宁波等处,向无洋行通事,与外夷交易之例,是以未允所请。其岙门贸易,已百有馀年,况此次尔国王又遣尔航海远来,输诚纳贽,极为恭顺,岂有不准尔国贸易之理?尔等尽可安心旋国,一一转告尔国王知悉,将来尔国夷商到岙门贸易者,仍与各国一体公平抽税,照料体恤,尔等转不必过虑也。如此详悉谕知,该贡使自当益知感畏,敬谨遵奉,将此由五百里谕令知之。(《清高宗实录》卷一四三七)

九月乙卯,谕军机大臣曰:松筠奏,嘆咭唎贡使只领恩赏奶饼,感激欢忭,及松筠晓谕该贡使情形一折,所办甚是。但松筠所言西洋各国夷商,俱在岙门交易,而红毛各船,不当在黄埔湾泊一节。今据福康安称,前在广东时,即于黄埔地方查勘,本系该国货船停泊之处,岙门转无嘆咭唎船只。今松筠所言,竟属知其一,不知其二,松筠未曾到过广东,于彼处情形,自未能熟谙,即长麟亦恐不能知悉。……今松筠请令长麟在杭州省城见过使臣后,即驰赴粤省。该使臣由杭城前赴宁波,置买茶叶丝觔,再迟二十馀日,开船放洋。长麟自必先到粤东,会同郭世勋豫为筹办,诸事得以从容。自当如此。著传谕长麟,即照松筠所请,于会晤松筠商定一切后,即驰赴粤东先为料理。将此由六百里谕令知之。(《清高宗实录》卷一四三七)

九月己未,谕军机大臣等:据松筠奏,嘆咭唎贡使,恳请仍由广东行走等语。前因吉庆奏,嘆咭唎夷船,已在定海开行四只,留大船一只,等候贡使,足敷乘坐。是以谕令松筠,传谕该贡使等,仍当赴浙乘坐原船归国。今据松筠奏,遵旨传谕后,该贡使又称,现在行李物件甚多,人数亦复不少,海内有极热之处,若我等都上原船拥挤一处,易生疾病;只求代奏格外施恩,准将沉重箱件,分拨从人照料,由定海上船,我等止带随身行李,仍走广东等语。当经松筠峻辞斥驳,而该贡使等泪随言下,看来尚系实情,亦只可准其所请。著松筠再向该贡使等传谕,以尔国原船,现留大船一只,在浙停泊等候。原可由浙放洋回国,不应迂道广东,今大皇帝俯念尔等下情,或致拥挤患病,曲加体恤,准尔等携带随身行李,仍由广东行走。其沉重物件,即著尔等分拨从人照料,由定海上船回国。此系大皇帝轸恤远人,逾格恩施,尔等当倍加感激。但尔国船只,系尔等乘坐前来,别船虽有头领,其停泊开行,自应听尔正副使分付,方为正理。即如本部堂乘坐之船,令其在何处等候,断无不凛遵指示。若在船官役兵丁,擅自开行,必将官员参究,兵役治罪。今尔等在浙船只,并不候尔等之信,辄敢先行开洋,可见尔国法度不能严肃,任其来去自便。尔等回国后,当告知尔国王,加以惩治,俾该贡使闻知,感激之下,益加凛畏也。松筠到浙,会同吉庆,前赴定海,将该贡使分拨从人及沉重物件照料开船后,松筠即当自浙回京复命,毋庸再赴广东。长麟即带同贡使,由水路行走,至江西过岭赴粤,令其附搭该国贸易便船回国。长麟惟当遵照即次松筠所告训谕,妥协办理,以副委任。将此由六百里加紧谕令知之。(《清高宗实录》卷一四三七)

十月癸亥,又谕曰:松筠奏,遵旨详谕嘆咭唎贡使,欣感悦服情形一折,诸凡皆妥。至该贡使等又向松筠言及,欲照俄罗斯之例,留人在京学艺,实属妄行干渎,总不知足,殊为可恶。虽松筠严词拒绝,所驳甚是。……此事前据吉庆奏到后,即令松筠谕知该贡使等,以现留船只足敷乘坐,仍当赴浙,上其原船归国。嗣据松筠奏,该贡使等以行李物件甚多,人数不少,若拥挤一处,易生疾病,求将沉重箱件分拨从人照料,由定海上船,贡使等止带随身行李,仍由河路前赴广东行走。经松筠峻词斥驳,而该贡使等泪随言下,似系实情,是以姑准所请办理。今据吉庆奏,现留大船即系该贡使原坐之船,则该贡使等,前向松筠所称船小人多,易生疾病之处,或系托辞。著再传谕松筠等察看情形,如可设法向贡使等好言开谕,令其乘坐原船,即由定海放洋,及早归国,岂不更为省便?倘该贡使等再三陈恳,必欲由广东行走,有不得已之实情,难以拒绝,亦止可俯从所请,不过沿途稍费供支而已。仍当令长麟带同贡使,由水路至江西,过岭赴粤,附搭该国贸易便船回国,以示怀柔。(《清高宗实录》卷一四三八)

十月庚午,谕军机大臣等:据松筠奏,遵旨传谕该贡使等,感激凛畏缘由一折。据称贡使等向松筠告称,前蒙恩准在宁波置买茶叶丝觔,但我等所带银两无多。现在浙省停泊之船,原系货船,不知可否将洋货兑换等语。前因该贡使恳请在宁波置买茶叶丝觔,原已降旨允准。今该贡使等又以银两无多为词,欲将洋货在彼兑换,总不知足,实为可鄙。经松筠谕以宁波地方向无洋行,无从交易,应赴奥门黄埔将货物交易。自应如此办理。……该贡使等,欲将货物兑换茶叶丝觔,业经松筠驳饬。今吉庆已将丝觔购备运往。如该贡使等购买无多,不妨酌量准其交易。倘伊等因松筠所饬谕,不复在彼置办,即听其前赴岙门黄埔购买,更觉省事。若听其一事,彼又生法求恩不已矣。将此各五百里传谕知之。(《清高宗实录》卷一四三八)

十月癸酉,钦差侍郎松筠、两广总督觉罗长麟、浙江巡抚觉罗吉庆奏:据𠸄咭唎贡使禀称,原乘船开赴岙门,现在定海止存一舟,舟中人多病,同行拥挤,又虑传染,仍恳由广东赴岙门原船。察其语出至诚,已遵前奉谕旨,俯从所请。臣长麟于初十日,管押贡使赴粤。臣松筠、吉庆同日督令夷官等,将所拨重载前抵宁波,候风妥速开洋,并咨浙江提督王汇,赴定海整肃营伍,以昭威重。再前赏𠸄咭唎国王及贡使御书福字、袍缎荷包等件,臣等公同商酌,在浙先行传旨颁赏毕,该贡使等免冠屈膝,欢悦感激倍常。得旨:诸凡皆妥,欣悦览之。(《清高宗实录》卷一四三八)

十月甲戌,谕军机大臣等:据松筠等奏,拨令𠸄咭唎贡使等分道起程一折,所办诸凡皆妥,已于折内批示。(《清高宗实录》卷一四三八)

十月丙子,谕军机大臣曰:郭世勋等奏,𠸄咭唎小贡船二只,于九月二十七日抵粤,现令其在虎门内壕墩地方停泊。又据覆奏,𠸄咭唎贡使到粤后,若希图在黄埔地方盖屋居住,当严行斥饬,并禁止内地奸人指引各等语,所办均妥。(《清高宗实录》卷一四三九)

十月丁丑,谕军机大臣等……本日复据郭世勋等奏,贡使虽赴浙江,而贡船四只先行到粤,长麟自必令该贡使等仍由内地赴粤,不若即将现到贡船令其等候装载贡使等语。所奏恰与昨旨相符,自应如此办理。且现据松筠等具奏,该贡使等恳请赶赴岙门,仍坐原船回国,并写具夷信,即求发到岙门,交给船上夷人,令其等候。可见该贡使等,亦欲令原船在粤湾泊等候。今闻船只未开,适如所愿,想亦无可藉口。(《清高宗实录》卷一四三九)

是月(乾隆五十八年十月),钦差侍郎松筠、浙江巡抚觉罗吉庆奏,臣等于本月二十三日至夷船泊处,颁赐牛羊面食,其附夷船愿进京当差之安拉、讷弥勒特二人,系佛兰西人与否,无从辨识。谕以浙江海口,无西洋人进京例,令仍附𠸄咭唎贡船回,于二十七日起碇,计前途得风,十一月初旬内,可抵黄埔,其时长麟带同贡使亦可抵粤。该夷人已悉宁波不产丝茶,无洋行交易,自不萌来浙之念,奸商亦无从勾结。臣吉庆仍随时密访,申严海口之禁。得旨嘉奖。(《清高宗实录》卷一四三九)

◇（乾隆）五十九年[1]甲寅，四十三岁。补授工部尚书、驻藏大臣[2]、镶白旗汉军都统。[3]

[1] 即1794年。本年正月，松筠署理吉林军机。《清史稿》载："五十九年春正月……乙卯，恒秀以侵帑褫职，调宝琳为吉林将军，松筠署之。"（卷十五，《高宗本纪》六）恒秀侵帑案，在《清高宗实录》中有所反映，兹录如下：

乾隆五十九年正月乙卯，又谕曰：福康安等奏，询问恒秀供词，请旨先行革职一折。此案恒秀于到任后，查知库项亏短情节，既不据实参奏，迨因循日久难以掩盖，辄向无干之民户勒派弥补，实属无此情理。即将来讯无受贿染指情弊，亦有应得之咎。恒秀著即革职，以便同案内人证一并质讯。至恒秀所供库项亏短，系因设法补放额票，并援三十二年以前久废不行之例，私自通融办理各情节，亦系一面之词，殊不可信，其中难保无别项情弊。现在福康安等已带同恒秀前抵吉林，著将此案实在亏短若干，是否均系刨夫辗转拖欠，及铺户已交银三万馀两有无影射侵冒之处，提同人证案卷，逐一质对，并向承办参务之协领等严切根究，务得实情，不使稍有遁饰，以成信谳。其琳宁、宁泰如有应询事件，亦著随时酌调，以便质对，并将办理参务通盘筹核，妥定章程，以期终久无弊。所有吉林将军员缺，现已降旨宝琳调补，并著驰驿前赴新任。其宝琳未到以前，即著松筠暂行署理。福康安等审办此案完竣时，如宝琳尚未抵任，福康安、胡季堂即先行起程回京，松筠暂留该处，俟与宝琳交代后，再行起程。其恒秀等分别定拟后，即著福康安等管带来京。如宝琳业已抵任，松筠即可与福康安等一同回京复命。将此各谕令知之。（《清高宗实录》卷一四四五）

乾隆五十九年二月甲申，谕：昨据福康安等将查审吉林办理参务、亏缺库项、勒派民户一案，分别定拟一折。此案前经副都统秀林查讯参奏，该管协领诺穆三、托蒙阿早知此事破露，必干查究。先将档册私行改换，并向同案人证及铺户等串合供词，希图掩饰。迨至福康安到彼传提讯问，伊等豫经商定，遂尔扶同供认，众口如一，谁肯首先吐露。福康安等折内声称遍加质对，所供俱属相符之处，原不足信。诺穆三、托蒙阿经管参务有年，参局一切事宜系其专办，乃并不妥协经理，以致刨夫借欠日重，库项亏缺滋多；又复恣意摊派，累及无干民户，实为此案罪魁。兹福康安等将诺穆三问拟斩候，托蒙阿问拟发遣新疆，业属将就完

49

事。此事因系参务,近于言利,是以朕不加深究,即照拟完结。该协领等已为侥幸,乃福康安等另片奏称。诺穆三等本身虽查抄入官,但有兄弟亲族,拟请将该二犯照例监禁,责令将现筹接济刨夫银三万两,勒限措交,准其减等发落等语,实不免意存开脱,且近言利矣。即如复康安等查出诺穆三家赀内,各有数千两私银存店。据该犯等供称,俱系未亏官项以前,先行入本。及阅福康安等另折,又称诺穆三家住宁古塔,置有产业,典当卖产而来,移住吉林等语。试思诺穆三原住宁古塔,久已安居乐业,若非因吉林办理参务,可得赢馀沾润,人情安土重迁,又岂肯变弃产业,远去其乡,至吉林居住?即如两淮商人,在扬州贸易,积有厚赀,又岂肯无故将其盐产概行变卖,迁住长芦之理?即此一端而论,可见承办参务之员,显有从中沾润之事。其存店私银,必非尽属伊等赀本。乃福康安等于此一节,并未一语究诘,伊等更事有年,不应如此疏漏。即以此询之福康安,亦无词可对。至恒秀身为将军,到任后明知参局亏短缘由,并未据实参奏,复私派无干民户,其罪实无可逭。试思各省地方官,如有亏短库项,私行摊派,累及百姓者,应得何罪,福康安等岂不知之?乃仅将恒秀于托蒙阿流罪上减一等,问拟杖徒,又以伊系宗室,押带赴京,交宗人府照例办理,显系福康安于恒秀谊属姑表弟兄,有心徇庇,从宽定拟,希图含混了事。至胡季堂因其系汉大臣,无可瞻顾,是以派令前往,会同审办。即云吉林官员,多习清语,伊未能通晓,参务亦非所悉。但如诺穆三祖居宁古塔,若非贪图参局沾润,因何变产移居吉林?此等情节显然,朕一经披阅,即行看出。胡季堂久办刑名,岂竟见不及此?乃亦置之不问。是此事胡季堂、松筠不过随同附和,联衔入奏,又安用派令伊等前往会办为耶?福康安受朕厚恩,特加简派,自应秉公持正,方为无负任使。乃瞻顾亲谊,曲庇局员,本应治以应得之罪,因念其办理廓尔喀一事不辞艰险,著有劳绩,是以姑从宽宥。但伊审办此案,种种瞻徇,岂能于朕前调停混过?若朕必欲彻底根究,无难再派和珅前往覆审。设和珅又复瞻徇情面,将就完案,朕即可提至京中,亲加研鞫,一经得实,又何难一并治以徇隐之罪?朕特以此事究因参务起见,且不为已甚,是以不复深加究诘。福康安、胡季堂、松筠,著严行申饬。至此案昨经福康安等奏到,经朕看出,详细指斥,即令军机大臣缮写饬谕。而军机大臣亦复意存瞻顾,迁延观望,并未即日拟旨进呈。现距归政之期,尚有二年,朕一日临御,即一日倍加兢业,岂容大臣等颠预从事?阿桂、和珅、王杰、福长安、董诰俱著交部议处。朕今年八十有四,幸叨昊眷,精神强固,办理庶务巨细靡不躬亲,于臣下功过,权衡至当。虽现值盼雨焦劳,亦不肯因此倦勤,稍有忽略。且亦非因心不怡,办理从严也。内外大臣,尤当仰体朕心,倍思勤惕,以期无负朕谆谆训诫至意。(《清高宗实录》卷一四四七)

半年后,又发现此案审查有误,但出于各种缘由,松筠等人免于处罚。乾隆五十九年九月丁亥,谕:现在秋审官犯册内,吉林乌拉原任协领诺穆三核其情罪,原系福康安、胡季堂、松筠审办之时,并未究出实在情节,拟以死罪。试思诺穆三只一协领,乃伊家产何至丰厚倍常,自因办理人参、侵渔入已所致。福康安等未将此案情节审讯得实,殊属草率! 但念福康安前在军营,颇为奋勉,现又有缉捕邪教、查拿私铸之事,松筠业经派赴西藏,胡季堂平日办事尚好,朕亦不加深究矣。若将诺穆三子勾无知之徒,或妄议伊罪不至于死,以为负屈。况协领托蒙阿与诺穆三公同办事之人,托蒙阿已经发往伊犁,诺穆三虽拟绞候,并未离原籍,转似为侥幸。著加恩将诺穆三绞罪宽免,亦发往伊犁。朕办理庶务,权衡轻重,一秉至公,断不使稍有枉屈,亦不肯令获咎之人得以依恋故土,无所警惩也! 将此通谕知之。(《清高宗实录》卷一四六〇)

另外,本年四月,松筠赴保定审理抗粮殴官案。乾隆五十九年四月甲申,谕军机大臣曰:梁肯堂奏,审明劣监抗粮殴官,分别办理一折。胡发等抗粮不完,复敢聚众殴官,罪无可逭。梁肯堂审明后,即将为首及逞凶各犯,先行正法。所办虽是,但此等聚众重案,该督奏到后,朕尚当特派大臣前往覆审,以昭信谳。直隶距京甚近,该督审拟具奏,自应候旨遵行,乃即恭请王命,未免过急。自因目下尚未得有透雨,该督盼望焦迫,以致思虑不到。但现在问拟绞候之程老质等,尚在省城监禁,已派胡季堂、松筠迅速前往保定,提同案内人证,严鞫得实。所有程老质等犯,亦应押至犯事地方正法示众。其各该犯赀产,并著查抄,给与该村安分民人,使知朕扶绥兆庶,刁悍者法所必加,而善良者亦恩所必逮。如此劝惩并用,更足以彰宪典而服舆情。至该犯等殴官时,所有向前拿获匪徒,救护知县之衙役,著胡季堂等传知梁肯堂查明,酌量奖赏,以示鼓励。(《清高宗实录》卷一四五一)

[2] 驻藏大臣为清代中央政府派驻西藏的行政长官。一般认为设于雍正五年(1727 年),有清一代皆沿袭之。驻藏大臣是中央政府在西藏的代表,会同达赖喇嘛等处理西藏地方事务,诸如任免高级僧俗官员,稽核财政收支,指挥地方军队,处理涉外事务,督察司法、户口、差役等项

政务,均须经驻藏大臣批准。特别是监督有关达赖喇嘛、班禅及其他大呼图克图(活佛)转世的金瓶掣签事宜,更体现了中央政府对西藏地方事务的掌控与指导。

乾隆皇帝原欲让松筠担任驻藏大臣,时间是乾隆五十七年十一月,只是由于他刚卸任库伦办事大臣,才延至五十九年七月,始诏命松筠为军机大臣。《清史稿》载:"秋七月……甲辰……以驻藏办事松筠为工部尚书。"(卷十五,《高宗本纪》六)乾隆五十七年十一月戊戌载:"此时藏内诸务,正当整饬之际,关系紧要。朕意原欲令松筠前往办事,但伊在库伦驻劄七年,甫经换回,未便即令远出。而成德才具,亦止可在藏帮办,不能总理一切。目下有和琳在彼主持经理,自可倚恃。俟二三年后,松筠亦已在京休息数年,伊系军机章京,尚为更事,维时再令松筠前往,更换和琳,而成德随同和琳办事二三年,于藏务渐能熟悉,令其帮同松筠,亦可无误。"(《清高宗实录》卷一四一六)乾隆五十九年七月乙巳,令松筠前往办理驻藏事务。"至松筠前在库伦办理边务,甚为妥协。……今令前赴西藏接代和琳,自能胜任。卫藏地方,经和琳悉心整顿,定立章程,一切驾驭各部落,训练番兵,所办俱有条理。仍著和琳再向松筠将巨细事宜,面为告知,俾得循照成规经理,倍臻妥协,以副委任也。将此五百里各谕令知之。"(卷一四五七)

[3]乾隆五十九年八月丙子,又谕曰:镶白旗汉军都统员缺,著松筠补授,仍令庆桂署理。(《清高宗实录》卷一四五九)但松筠并未就任。

乾隆五十九年七月,松筠在赴任驻藏大臣的途中,办理彰德、卫辉两府的水灾情况。《乾隆朝上谕档》载:乾隆五十九年七月初二日奉上谕:松筠奏,卫辉被水,督同查办,拟暂留数日,俟抚臣或藩司到后,再行起程等语,所办甚是。河南卫辉府向年多旱,今又因雨水稍多,卫河泛涨,以致浐域各门皆有积水,附近村庄大半被淹,实堪悯恻!已经松筠督同该丞倅知县等查明被水民人,赏给口食,并委该员等遍行查勘办理。穆和蔺得信后,自必迅速起身,谅已早抵该处。此时水已消落,地亩渐干涸出,但恐被水贫民究多拮据。著传谕该抚,即将被淹处所所有居民、房屋、田地详悉查明,妥为抚恤,如有应行赈济者,即督率办理,毋使一人失所。至该同知李舟、知县黄肇彤、郎正达等于被水民人用船拨款,设法安顿,并捐赀赏给口食,所办尚为认真,著穆和蔺查明实在出力者,咨部照例议叙。松筠于该抚及藩司到彼后,自即前赴荆州,将来审案事竣,回程经过卫辉时,仍著将议处被水居民,经抚恤赈济之后,是否一律安堵,口食有资,民情宁谧情形,留心察看,据实迅速具奏。松筠著赏给大荷包一对,小荷包四个,以示眷注。将此由六百里谕令知之,钦此！遵旨寄信前来。(《乾隆朝上谕档》第18册,第11页。)

同日,又有上谕:据松筠奏,河南彰德、卫辉所属安阳、汲县一带因雨水稍多,山水陡发,卫河泛涨,于六月二十四日长至数丈,附近居民、房屋多被淹浸等语。豫省河北三府,节年多被干旱,今岁又因雨水较多,以致卫河泛涨,淹浸田庐,现已降旨,令穆和蔺实力查明,分别抚恤赈济矣。豫省卫河虽系由临清以北运河入海,但河南地方,如伊洛瀍涧及沁河、贾鲁等河者,不少均系归入黄河,下注今彰德、卫辉一带。既因积雨较多,水势涨发,该处各河亦难保其不同时改水注入大河。此时南北两河,虽已据该河督等奏报,堤埽工程一律巩固,但伏汛甫过,秋汛又长,所有南北两河处处均关紧要,尤应先事防范。著传谕兰第锡李奉翰,务须实力督饬,敬慎加意巡防,以期堤埽各工巩固无虞,河流顺轨,不可稍有疏忽,方为妥善。至著将黄河上下游,现在曾否长水,志桩尺寸增长若干之处,一并查明,迅速具奏,以慰廑注。将此由六百里之使各传谕知之,钦此！遵旨寄信前来。(《乾隆朝上谕档》第18册,第11～12页。)

乾隆五十九年七月初六日,内阁奉上谕:松筠奏,查办卫辉被水情形一折。据称:连日乘船在府城及附近村庄周遭察看,自晴霁后,水已渐消。即督率各员查看,分别酌给米谷,散给饶饼钱文,并令该县开仓出谷,将存公银两先行动用,俟恩旨到后,归入普赈项下,作正开销。民情甚为宁贴。同日,又据吴璥奏:查看河北被淹处所,堵筑塌堰,备船扎筏,救度居民,散给干粮席片,并酌拨存公银两、贮仓谷石,查明户口,概给一月口粮,坍塌房间,给以修贽。其武陟、河内等七县被淹地亩,尚多秋禾,仍可有收,不容藉责捏冒各等语。此次豫省卫辉、彰德、怀庆等属,因丹沁、卫河水势骤涨,田庐多被淹浸。松筠适因奉差湖北,经过该处,即督同地方官亲自往来查看,分别散给米谷钱文,并即一面奏闻,一面令该县开仓动项,速为抚恤,并不置身事外,实心查办,实属可嘉……松筠、吴璥俱著交部,从优议叙。(《乾隆朝上谕档》第18册,第19～20页。)

《清高宗实录》卷一四五六,乾隆五十九年七月丁亥也载有松筠救灾之事。松筠奏:"卫辉被水,督同查办,拟留数日,俟抚臣或藩司到后,再行起程等语,所办甚是。"松筠适因奉差湖北,经过该处,即督同地方官亲自往来查勘,分别散给米谷钱文,并即一面奏闻,一面令该县开仓动项,速为抚恤,并不置身事外,实心办理,实属可嘉。"松筠著赏给大荷包一对,小荷包四个,以示眷注。"乾隆五十九年七月乙巳,"此次奉差湖北,路过卫辉,督办水灾抚恤事宜,实为尽心,朕所深嘉"(《清高宗实录》卷一四五七)。

《清史列传》卷三十三载:(乾隆)五十九年"六月,命查办湖北荆州税务,道出河南卫辉,值淫雨,卫河水骤长数丈,淹浸民居。松筠躬率牧令开仓赈恤,疏入,上以松筠奉差经过,并不置身事外,实心可嘉,赏给大小荷包,下部优叙。七月,升工部尚书,授镶白旗汉军都统"。《清史稿》卷三百四十二载,"诏嘉奖,授工部尚书兼都统",叙事略显笼统。

因为办理此次赈灾事宜,松筠深得乾隆的欢心。乾隆五十九年七月十九日奉上谕:将松筠升授工部尚书,即由荆州驰驿前赴西藏办理驻藏事务,所有一切抚辑事宜,关系紧要。节理和琳在彼实力整顿,悉心筹办,均为妥协。松筠在军机处,日闻朕训,职中一切皆所素知。到彼后,务须仿照章程,妥协办理,用副委任,不必有意更张,不可日久而懈。(《乾隆朝上谕档》第18册,第49页)

本年底,松筠抵藏,开始料理事务。《乾隆朝上谕档》载:御前侍卫、工部尚书兼镶白旗汉军都统、驻藏办事大臣松(筠),檄谕廓尔喀额尔德尼、卫拉特纳巴都尔知悉,照得前任总理卫藏事务和(琳)大人,特奉简命复授四川总督兼本部堂;感奉大皇帝恩命,接替和大人总理卫藏事务,业于十二月内抵藏接印任事。总督和大人已经遵奉恩旨,起程前赴新任。现在本部堂驻藏,俱照和大人办定章程,妥协经理,钦遵大皇帝训谕,均如和大人驻藏时秉公核办照看。尔国商与尔叔巴都尔萨野仰受大皇帝覆育生成,自应倍加顶感。一切事务,悉照旧画,不得妄有陈乞。若果遵照约束,永矢恭顺,自能常受天恩,尔部落民人亦得安居乐业,得享升平之福。和大人现任四川总督,藏地亦其统辖。四川与西藏接壤,声息仍可相通也,为此檄谕知悉外省。(《乾隆朝上谕档》第18册,第395页)

◇(乾隆)六十年[1]乙卯,四十四岁。是年抚巡藏地[2],著《西招纪行诗》[3]一卷,又著《古品节录》[4]六卷。

[1] 即1795年。

[2] 松筠出任驻藏大臣前,因是蒙古族,信奉黄教,乾隆皇帝曾仔细晓谕,要他代表朝廷行事,切不可因小失大,因私废公。《清高宗实录》卷一四五八,乾隆五十九年八月丙寅载:"谕军机大臣等:据成德来京奏称,和琳办事甚妥,且见达赖喇嘛,不行叩拜,达赖喇嘛,惟命是听等语。和琳如此举动,甚为得体。数年以来,藏内风气日下,诸事废弛。今经和琳整顿,权归而令自易行。现派松筠赴藏办事,伊系蒙古,素遵黄教,倘不知自重,恐将来办事,仍虞掣肘。著传谕松筠抵藏后,接见达赖喇嘛等,不可叩拜。即使遵奉黄教,俟年满回京之日,再行礼拜,亦无不可。"乾隆考虑问题之周到、细致,于此可见。《清史列传》载:"嘉庆四年正月,召还京,调户部尚书。"可见,松筠在驻藏大臣任上前后有五个年头。

乾隆六十年闰二月庚寅,又谕:据松筠等奏,达赖喇嘛、班禅额尔德尼等,请将伊等所属唐古忒等应交粮石及旧欠钱粮宽免,并赈济贫人,修理倒坏房屋之处请旨等语。达赖喇嘛、班禅额尔德尼等,一闻朕降旨蠲免天下钱粮,伊等亦请将唐古忒等抚恤办理,实属善举,朕深为嘉悦。达赖喇嘛、班禅额尔德尼著各赏给哈达一个,紫金俐玛无量寿佛各一尊,碧玉手串各一卦,大荷包各一对,小荷包各三对。松筠等接奉时,即转为赏给。但前藏地广,所交之项较多,达赖喇嘛既请宽免一年,即著照所请办理。后藏地狭,所交之项较少,恐不足班禅额尔德尼一年之用,即著免其一半。但赈济贫人,修理倒坏房屋等项,由达赖喇嘛之商中拨银三万两,由班禅额尔德尼之商中拨银几万两之处,并未声明。达赖喇嘛等仰体朕意,既将唐古忒等抚恤办理,自不必拨用达赖喇嘛银两,著即动用该处正项,赏给前藏银三万两,后藏银一万两。松筠等务须悉心办理,毋致一人遗漏,以副朕一体轸恤番仆之意。(《清高宗实录》卷一四七二)

六月丁未,驻藏办事大臣松筠奏:聂拉木、宗喀济咙及沿边一带番民贫苦,俱系达赖喇嘛所属,自应轻其赋税。臣因阅边,沿途面询此数处百姓,并称每年应纳钱粮之外,尚有别项折色,而济咙番民赋税尤重。前此曾向达赖喇嘛言及番民穷苦情形。据云如查有苦累之处,即应随时调剂。臣因向边民等谕以达赖喇嘛之意,每年止令交纳正项钱粮,其馀概行豁免。其聂拉木百姓钱粮过重,已量为减额,尚有沿边各处番民,赋纳皆属较重,概行查减。再途次有番民禀诉,每年达赖喇嘛商上及大寺庙差人赴聂拉木等处贸易者,具系边地百姓应付乌拉,随出示严谕。嗣后此项贸易者,所需乌拉人夫,俱著发价雇用。其唐古忒各世家及达赖喇嘛亲属人等,概不准私用乌拉。再查前藏所属番民,每年差派杂役烦多。除边远游牧者,尚无从摊派,其馀种地番民,一年交纳各项钱粮外,每户另出银帮贴夫费。此项差役,除洒扫布达拉等处寺院及秋季豆草交庙上应用,实属苦累。查庙上日需之草束,原有百姓一年所交折色银一万两,应用尚有赢馀,尽可顾募应役。其格外苛派,概请严禁。得旨:览奏俱悉。(《清高宗实录》卷一四八一)

乾隆六十年九月十二日奉上谕:松筠等奏,廓尔喀贡使到藏起程一折,内称巴都尔萨野,住庙焚修,所有部落中事务,俱系该王拉特纳巴都尔自行管理等语。此等边徼外藩,归诚向化,天朝怀柔体统,不过示以羁縻。至其部落中事务,作何办理,原无事深求,已于折内批示。嗣后松筠等只可行所无事,不必过问也。将此谕令知之。(《乾隆朝上谕档》第18册,第775页;《清高宗实录》卷一四八六,乾隆六十年九月庚申。)

刘忠在《试论清代驻藏大臣松筠对西藏的改革》中,论述了松筠对西藏进行改革的内容:减免赋役债务,让藏民休息,赈济藏民,扶助逃亡户恢复生产,限制使用乌拉,规定支付雇费,严禁霸占水渠农田和乘机敲诈勒索,减轻达赖商上①庄田百姓的差役负担等;分析了改革的原因和意义,认为松筠的改革有助于农牧业生产的恢复和藏民生活的安定,推动了农奴制关系的解体和雇佣关系的发展,减轻了封建地租剥削,一定程度上触动了世家大户的特权地位。(《中央民族学院学报》,1987年第6期,第12~18页)

康建国、赵学东在《驻藏大臣松筠的治藏功绩及其治边思想》中,从经济方面、宗教事务方面、边贸方面、文化方面、军事和外交方面较为全面地介绍了松筠在藏期间的功绩,并提出了他的治边思想,包括以民为本的为官思想,抑强除苛的执政思想,谨慎务实的刑狱思想,平等互利的边贸思想,固我疆隅、化彼觊觎的边防思想。(见《西北民族大学学报》,2007年第1期,第124~127页)

[3]《西招纪行诗》反映了松筠在西藏的所见所闻和对藏族人民的体恤之情。在诗序中他讲了写作目的:"夫诗有六义:一曰赋,盖敷陈其事而直言之也。余因抚巡志实,次第为诗,共八十有一韵,虽拙于文藻,或亦敷陈其事之义,名曰《西招纪行诗》,后之君子奉命驻藏者,庶易于观览,

---

① 商上,指由达赖控制的官府。

且于边防政务不无小补云。"诗中写道:"治道无奇特,本知黎庶苦。卫藏番民类,实因频耗蠹。达赖免粟征,班禅蠲田赋。皇仁被遐荒,穷黎湛雨露。奉敕曰钦哉,尽心伺待哺。敬副恩纶宣,咸使膏泽布。度地招流亡,游手拾农具。譬犹医大病,既愈宜调护。仁以厉风俗,教之已革故。圣慈活西番,蛮生咸恬裕。谁云措置难,应识有先务。安边惟自治,莫使民时误。凛然常恪守,西招气自固。阁部抚东北,余赈西南路。巡边轻骑从,民力始从容。曲水岩疆道,秦关百二同。西招第一隘,战守事倍功。较阅江孜汛,行看沃野田。西远班禅庙,南通帕里边。是为南大门,屏藩有巨川。水深溜且急,廓番无敢前。更有千坝隘,迤西定结连。路皆称险要,防边宜慎焉。后招本坚固,新戍气颇雄。忆昔贼侥幸,未遇此劲戎。佛法波罗密,岂其欠圆通?今也班禅惠,可冀布仁风。既安莫妄危,慎初且慎终。策马彭错岭,观山胄次开。天险不可升,曷禁意徘徊。进发甲错麓,罡风拂面来。雪岩相络绎,闻阎险隘哉。协噶山突兀,官寨临浮屠。僧俗善守御,失利穷贼渠。假道萨迦庙,潜抵班禅庐。回巢惧由此,径窜喀达墟。定日当要冲,量为设防汛。西南近边隘,独立三关镇。通拉果荒凉,峭壁参天长。遥观摩顶台,遗迹门宝床。迤暮至巴都,始见小蛮庄。极边聂拉木,隘口旧无墙。孤立营官寨,民居仅数行。在德不在险,休养成堤疆。转之达结岭,伯孜水草芳。路经巩塘拉,上下马彷徨。云峰削不成,沙碛浩茫茫。西旁琼噶寺,南抵宗喀塘。堡寨称坚固,疑谍守有方。衮达人烟少,卓党饶圃场。中接察木卡,三桥跨虹梁。自此茂林木,飞瀑悬瑶光。济咙番黎聚,田肥稞麦良。民俗微有异,人情两面望。厥端果安在,无名榷税伤。惟德可固结,众志坚城防。萨喀临宗喀,北接阿里阳。游牧缺禾稼,生计惟牛羊。民力苦竭蹶,背盐以易粮。昔有千馀户,今惟二百强。壹是苦征输,荡析任逃亡。幸遇皇恩溥,子惠救蛮荒。继以减赋纳,边虻乃阜康。伊昔半流亡,往往弃田间。甘心为乞丐,庶得稍安舒。乃因差徭繁,频年增役夫。出夫复不役,更欲折膏腴。凡居通衢户,乌拉鞭催呼。耕牛尽为役,番庶果何辜!敬以广皇仁,严革积弊除。济咙通拉孜,萨迦达后招。中有曲江地,要隘筹新碉。察咙产稞麦,时籴储仓廒。旋过阳巴井,德庆有平皋。往复频略地,绘图佐戈韬。宽裕保斯民,禁暴警贪饕。抚巡宣圣德,纪行托挥毫。"

云峰在《松筠及其〈西招纪行诗〉、〈丁巳秋阅吟〉诗评述》中认为,"长篇叙事纪行诗《西招纪行诗》以及《丁巳秋阅吟》诗,详细描写了藏族人民在徭役赋税、外患内祸煎熬下,流离失所、饥寒交迫的悲惨境况,以及他提出的一整套统治办法和藏族地区的宗教风俗、边防哨卡、自然风光等。内容丰富,艺术手法纯熟,对扩大边塞诗的描写范围,介绍西藏地区的自然风光、人民习俗、生活等作出了贡献,具有一定的艺术价值和史料价值"(《西藏研究》,1986年第3期)。顾浙秦在《松筠和他的〈西招纪行诗〉》中根据松筠的长诗《西招纪行诗》分析了他的治边思想及其表现,论证了这首诗不可替代的史料价值、文学价值,它在清代咏藏诗苑的地位。这两篇文章对于《西招纪行诗》的写作及内容具有一定的参考价值。

松筠关心边防,著有《西藏图说》。每绘完一图,他便加以解说,在总图后讲:"国家幅员远迈前古,前卫后藏,特西南一隅耳。绘为此图者,就巡阅之所经识山川之扼要,特俾驻藏汉番官兵熟其形势,故分图于西、南、北三面,为稍详,至于东抵鱼通。此六千馀里中向化者,百数十馀年,与隶版图供赋役者,毫无以异,则但记其道里程站,而余悉在所略焉。"

[4]《古品节录》内容不详,待考。

◇ 嘉庆元年[1]丙辰,四十五岁。

[1] 本年(1796年),乾隆将帝位传于嘉庆,自己作了太上皇,松筠仍在驻藏大臣任上。《清高宗实录》卷一四九四,嘉庆元年五月辛未,嘉庆敕谕:"据松筠奏,达赖喇嘛、班禅额尔德尼、济咙呼图克图等,因朕传位嗣皇帝,请嗣后加倍呈递丹书克并佛像等语。具见伊等诚悃,朕嘉悦览之。但卫藏距京遥远,伊等如年班遣堪布喇嘛等加倍呈递丹书克,不无糜费,且朕与嗣皇帝本无区别,照进一分,亦尽足以抒其庆赞之诚。著松筠传谕达赖喇嘛、班禅额尔德尼等,遵照向例,仍进一分,毋庸加倍,示朕体恤至意。"

◇ 嘉庆二年[1]丁巳,四十六岁。是年查阅藏地,著《秋阅吟》一卷。[2]

[1] 即1797年。
[2] 松筠查阅藏地,是其履行职责的体现。《秋阅吟》作于本年,反映了

松筠查阅边地的一些情况,如自然环境、边防建设、风俗、赋役等诸方面的情况。嘉庆二年孟冬,松筠在《秋阅吟》序中讲:"乾隆乙卯岁,高宗纯皇帝发帑金四万两赈恤卫藏番民,恩至渥也。余照例巡阅周览边城,敬布皇仁,凡所经行,既著篇什。洎丁巳之秋,又因稽核赈务,重阅招西,见民气之已苏,钦圣慈之广被,窃幸恭际盛时,遍历佛地,按程缓辔,偶述见闻,以补前纪之末云。"《秋阅吟》的具体内容见《附录》。参见云峰的《松筠及其〈西招纪行诗〉、〈丁巳秋阅吟〉诗评述》,《西藏研究》,1986年第3期。

◇ 嘉庆三年[1]戊午,四十七岁。

[1] 即1798年。

《清仁宗实录》嘉庆三年并未载松筠的活动。《清史列传》载:"寻充驻藏办事大臣。嘉庆四年正月,召还京,调户部尚书。"可知在嘉庆三年时,松筠正在西藏办事大臣任上,他在处理因廓尔喀扰边带来的问题:"初,松筠驻藏时,达赖喇嘛、济咙呼图克图等报称,西南边界有廓尔喀之兵,松筠访知廓尔喀系向定结边外等部,带兵索欠,并无他故,恐唐古忒番民疑惧,特于喀达、定结、帕克哩等处亲往拊循,并借川省藩库银五千两,筹议抚恤穷番,修建鄂博、寨卡各事宜。"《清史稿》对此也有记载:"(松筠)充驻藏大臣,抚番多惠政。和珅用事,松筠不为屈,遂久留边地。在藏凡五年。"松筠与和珅的嫌隙由来已久,由此可见松筠不畏权贵、刚正不阿的性格。《国朝耆献类征初编》所载与《清史列传》大体相同。

另外,《郎潜纪闻四笔》载有松筠仗义救人一事,由此亦可看出他据理力争、刚直不阿的性格:

嘉庆中敕修《明鉴》,杭州戚蓉台太史充分纂官,其所撰稿中,述本朝与明搆兵事,上怒其诽谤,下之狱。松文清公入对,谕旨偶及之,公即奏云:"纯皇帝尝有明谕,以前明之事,宜直书不宜避忌。"上惊异曰:"先帝果有是乎?"令检《实录》进呈,戚始免罪。文清出谓曹文正公曰:"他人固不知,公亦岂失记哉?曷勿上闻?"曹曰:"上愠甚,何敢言?"文清曰:"公自此休矣。一言是惜,几累圣明,大臣之谓何?"曹默然。(陈康祺《郎潜纪闻四笔·松筠一言救戚人镜》,褚家伟、张文玲点校,中华书局,1990年版,第107页)

本年中秋之日,松筠写成《西招图略》一书。松筠在嘉庆三年中秋日,于《西招图略》的序中讲:"安边之要,忠信笃敬也,而忠信笃敬莫不本乎格致诚正,故格物所以穷理,致知所以通俗,诚意所以不欺,正心所以寡欲,忠信笃敬,于是乎行。以之钦承圣训,教以宽柔,无分遐迩,一皆羁縻而向化怀德,是在修德也。然修德者,必矜细行,而图治者宜防未然。回书二十有八条,以叙其事略,复绘之图以明其方舆,名之曰西招图略。庶便于交代,以代口述之,未尝尽者,后之奉命驻藏君子,其尚有以发于予所言而不及者,尤厚望焉。"《西招图略》共有《安边》、《厉俗》、《制师》、《善始》、《抚藩》、《慎刑》、《量敌》、《绥远》、《合操》、《练兵》、《倡勇》、《除苛》、《申律》、《谨胜》等篇章。

《安边》中讲:"安边之策,贵于审势而行权。盖势有强弱,强甚而不已则折,弱甚而不已则屈。所以权之使甚不至折,与屈者威,与惠也威,惠施之得当则安,失当则危。譬之我既强矣,仍示以威,则威竭而不振;我既弱矣,仍施以惠,则惠亵而不德。故处弱者利用威,而处强者利用惠。惠宜公而含垢,威宜慎而戒怒,否则虽有杀人之威,而下不惧,虽有生人之惠,而下不喜,夫复何济?故宜审势而行权,宜威则威,宜惠则惠。然后仁以厉其俗(《左传》:仁以厉之,所以厉风俗也),义以作其气,惩贪除苛,使知节用而爱人,并教以诚敬,示以忠信,虽蛮夷可冀知感知畏矣!久之,众心我同,则民胞物与之化成,于时保之小心翼翼,固可永安乐利也。若夫汉之任尚不听定远之言而偾事者,尤宜深戒。(后汉任尚代班超于西域。超曰:君性严急,水清无大鱼,察政不得下和,宜荡佚简易,宽小过总大纲而已。超去后,尚曰:我谓班君当有奇策,今所言平平耳。尚后竟失边和,如超言。)"

《抚藩》中讲:"藩之所以宜抚者,羁縻而教之者也,譬如卫藏达赖、班禅亦藩也,其性惟知诵经阐教,至其属下百姓如何教养,素本未悉。是故圣皇钦派大臣驻藏,为之教,为之养,所以安边抚藩也。抚者,循循导其为善也。达赖、班禅原以慈悲为本,似不必导。然其慈悲,本释氏之无为,知为己,而不知为政。其属下噶布伦、僧俗营官、第巴头人,或有苛敛,以致百姓散亡,而不之知,若因其不知而率为,诋斥则又非抚,亦必宜推广皇仁。将内地百姓如何教养,遇有偏灾,如何赈恤,使之闻之,而后劝之,严束营官,安养百姓,恤灾散赈,一切告示皆谕以圣主皇仁,及达赖、班禅慈悲,仍使百姓感彼之德,则其欣然由我治理而无梗矣。所谓纳约自牖,是必宜导者也。达赖有噶布伦等官,班禅仅有商卓特巴一人,伊等或有逢迎于我,而蔑视达赖、班禅者,应即教诫,无使达赖、班禅寒心,可期各寺僧众悦服。盖其僧众强胜多于百姓,而百姓惟僧是敬且信,故宜羁縻善抚而善教。即以其人之道还治其人之身者,此也。"

◇ 嘉庆四年[1]己未,四十八岁。调户部尚书,放陕甘总督加太子少保衔,寻革去太子少保、御前侍卫,拔去花翎。[2]

[1] 即1799年。本年初,乾隆皇帝去世,嘉庆正式接收权力。
[2] 嘉庆四年,朝廷调松筠回内地,镇压白莲教起义。《清史稿》载:嘉庆四年春正月己卯,"松筠为户部尚书"(卷十六,《仁宗本纪》)。

正月戊辰,命驻藏大臣松筠为户部尚书,成亲王永瑆暂署。(《清仁宗实录》卷三七)同月庚辰,命户部尚书、驻藏大臣松筠来京供职,以兵部侍郎英善为驻藏大臣。(《清仁宗实录》卷三八)

二月己丑,以松筠为陕甘总督,布彦达赉为户部尚书。(《清史稿》卷十六,《仁宗本纪》)《清仁宗实录》载:嘉庆四年二月己丑朔,以户部尚书松筠为陕甘总督。二月己亥,谕内阁:加大学士保宁、前任大学士署尚书董诰、协办大学士尚书庆桂、直隶总督胡季堂太子太保。大学士刘墉、吏部尚书书麟、朱圭、陕甘总督松筠太子少保。(《清仁宗实录》卷三九)

松筠上任后,悉心处置,为稳定清政府的统治作出了极大的贡献。嘉庆四年三月庚午载:"陕甘总督松筠到任后,尚能认真,后有藩司马慧裕帮同办理,自臻妥善。"(《清仁宗实录》卷四〇)

三月丙戌,谕军机大臣等:"松筠因剿洗贼匪,陈其所见,具奏前来。松筠所见甚是,与朕前降谕旨吻合,朕甚嘉焉。计此时松筠自已由藏起程,令即直赴陕西恒瑞一路先行接印,暂且不必赴甘。松筠到时,张汉潮、张映祥二股贼匪,倘尚未剿净,即同明亮、恒瑞商同迎击;若已剿净,所有安民善后事宜,必须留心妥办。现今松筠尚未接奉朕前所降谕旨,即能如此熟计具奏,可见并非迎合。伊到陕省,得见前旨,必更畅惬也。再折内又称,请比照甘省回案,将此次教匪剿净后,其馀党类,遍行晓谕,宽免其罪,以安百姓之心一节,所见亦属甚善。将来便中寄谕勒保知之。"(《清仁宗实录》卷四一)

"五月,松筠抵陕后,疏陈贼匪情形,因言:'前奉恩旨,招谕胁从,虽已謄黄晓谕,恐贼队中尚未尽知。现遣妥人潜入贼队,谕令被胁良民能捕献首逆,则当宥罪施恩,即临阵投降,亦令给资回籍。又复遍谕村镇,与其避贼而焚掠一空,莫若团集而势操全胜。抵御杀贼者,定加奖赏;擒获渠魁者,奏予职官。'疏入,谕曰:'松筠甫入陕境,所办已得要领。留心军务,忠悃可嘉!'时有千总向明山带同乡勇五十二人巡缉,被秦州乡勇萧复有等疑其为贼,尽遮杀之。松筠奏言:'此案若问以拟抵,恐各路乡勇心怀畏怯,遇有真贼不敢堵截,但向明山无辜被戕,情殊可矜,请照阵亡例议恤。萧复有等照过失律拟绞收赎。'从之。

"陕西自嘉庆元年军兴以来,共拨饷银一千一百万两。至是续拨银一百五十万两,上命松筠驻扎汉中督办粮饷。松筠请移西安军需局于汉中,清查旧款,另立新规,查明各路官兵数目,酌定每日支用银数,由粮员按旬开折呈局,每月汇奏咨部,庶案牍易清,饬查不难得实。得旨:'所办甚是!松筠平日廉洁自持,故能正己率属,总理粮运,必能胜任矣。'又奏高河梁、金家山阵亡义首张奎、樊雄秀请以把总、外委议恤;其阵亡乡勇一并造册咨部。上是之,并谕嗣后各路乡勇打仗阵亡,俱著照松筠所奏一体议恤。"(《清史列传》卷三十二)

六月庚寅,嘉庆帝命勒保、松筠、吴熊光等,于川陕豫各省,晓谕居民,坚壁清野,加意防护,"以期贼踪敛戢,不敢肆行侵扰,于堵剿机宜,自为有益"(《清仁宗实录》卷四六)。

七月辛酉,据松筠等奏,官兵剿贼,为时已久,衣敝履穿,并有用牛皮裹足者。嘉庆传谕:"军需动支款项,有一定则例,原不许额外滥用,但亦不可因例难开销,过事苛刻。今从征者前有锋镝之危,后有饥寒之困,何以使之效命疆场,克敌致果耶?军营一切赏需,自应略为宽裕,加之体恤,使士马饱腾,人思敌忾,而发扬蹈厉之气,更可壮军容而寒贼胆,果大功速竣。即有例外动用之项,朕自当酌核情节,特加恩准。将此传谕知之。"(《清仁宗实录》卷四八)

九月丙寅,松筠奏:明亮素称知兵,此次剿办张逆,所言似合机宜,其实罔有成效。恒瑞前在湖北,颇知奋勉,又将蓝白二号贼匪兜剿,肃清甘境。近日稍不如前,因年力渐衰之故。所奏俱是,至其称额勒登保勇而且廉,德楞泰打仗奋勇,评论得当。(《清仁宗实录》卷五一)

《清史列传》卷三十二载:先是,有旨命访查领兵各员优劣,据实密陈。九月,松筠密疏:"副都统明亮久历戎行,素称知兵,所言似合机宜,其实罔有成效。西安将军恒瑞前在湖北战功为最,后剿蓝、白两号贼匪,亦著劳绩,惟年近六旬,精力大减。固原提督庆成身先士卒,然中无主见,领队则可,出谋发虑,非其所长。署陕西巡抚永保无谋无勇,惟知利己,过则归人。惟额勒登保英勇出群,其次则德楞泰亦称奋勇。"上嘉其评论得当。此段记载较《清实录》为详。

十月戊戌,嘉庆谕松筠等筹划万全之策,以保民人生计。因陕省白莲教起义已被肃清,山内地方需严加管理,着松筠、台布实心经理,妥协筹办。"朕意南山内既有可耕之地,莫若将山内老林,量加砍伐。其地亩既可拨给流民,自行垦种,而所伐材木,即可作为建盖庐舍之用;并察看山内地方形势广狭,或分建县治,或设立厅署;并安设营汛,移驻弁兵,以资管束弹压。其官廨所需木植,取给老林,亦属甚便。且就抚之民,又可佣工觅食,亦以工代赈之一法。从此作为土著,各安本业,既有恒产,必有恒心,于招徕安抚及因地制宜之道,岂不两有裨益?"(《清仁宗实录》卷五三)

十一月甲子,以陕甘总督松筠办事殊多谬错,着革退松筠太子少保及御前侍卫,拔去花翎,以示惩戒。"本年朕亲政之始,闻松筠为人尚能持正,即擢用陕甘总督,晋加官衔。乃伊数月以来,办理殊多错谬,即如庆成系革职拿问、尚未定罪之人,辄令带领撒拉尔回兵前赴西乡。既已檄调,一经奉到谕旨,旋即彻回。回兵素性骄悍,倘因此心生疑畏,别滋衅端,更复成何事体?又如恒瑞,本在甘境专办蓝号贼,松筠令其回陕,致蓝号贼乘间他窜,至今贻害。本日据额勒登保奏:游击阿克东阿原在甘省,追剿杨开甲等股贼匪,经松筠饬回西乡,行抵界牌,遇贼阵亡。是阿克东阿之死及杨开甲之遗孽未尽,实皆松筠之咎。其种种调度失宜,殊负委任。著先将太子少保及御前侍卫革退,拔去花翎,用示薄惩。仍留顶带,以观后效,并传旨严行申饬。"(《清仁宗实录》卷五四)《清史列传》载:"十一月,审结明亮等拟罪如律。时工部尚书那彦成奏参恒瑞前弃蓝号垂尽之贼,折回陕省,系接松筠知会。上以松筠种种错谬,革去太子少保衔、御前侍卫,拔去花翎。"(《清史列传》卷三十二)

松筠被革职后,仍留在当地协助镇压白莲教起义。嘉庆四年十二月甲午,谕军机大臣等:"朕闻陕省地方,屡被贼匪往来滋事。汉中兴安一带,赤地千里,人户萧条,流移转徙,情形不堪入目,岂可不速为绥辑,使难民各归本业,及时耕种,以期渐复旧观?松筠、台布系该省督抚,抚辑事宜,是其专责。现经降旨询问,该督等务须将该处实在情形详悉奏闻,转不必有所避饰,或虑及费用不支,稍涉含混。倘松筠、台布此时不行查办,以致所管地方日久残毁,民人流困,则玩视民瘼,废弛地方之责,惟该督抚等是问。将此谕令知之。"(《清仁宗实录》卷五六)

另,《清史稿》载:嘉庆四年十月,"以松筠奏命青海蒙古王公抚绥所属,毋致勾引番子抢劫"。后于嘉庆六年十月,以勘定青海卡伦,禁蒙古擅出,番子擅入。(《清史稿》卷五百二十二,《列传》三百九,《藩部》五)

◇ 嘉庆五年[1]己未,四十九岁。补授伊犁将军[2],旋赏给副都统,作为伊犁领队大臣。[3]

[1] 即1800年。
[2] 伊犁将军即总统伊犁等处将军,乾隆二十七年设,管理新疆军政事务,统辖天山南北、新疆各个地方驻防官兵遣调事务,下设参赞大臣一员、领队大臣五人等。辛亥革命后废。
[3] 嘉庆五年正月辛酉,命大学士、伊犁将军保宁来京供职,以陕甘总督松筠为伊犁将军,"仍留陕省帮办剿贼事宜";调闽浙总督长麟为陕甘总督,驰往陕西会同松筠办理军务。

嘉庆五年庚申春正月辛酉,"以松筠为伊犁将军,仍留陕西剿贼。调长麟为陕甘总督,以玉德为闽浙总督,阮元为江苏巡抚"(《清史稿》卷十六,《仁宗本纪》)。

嘉庆五年正月壬戌,帝责那彦成、松筠等统兵大员,不知天时、地利、人和,以致坐误时日。"任贼来往,以致攻守两难,徒疲兵力。""前此明亮、永保等,遇公事则彼此观望,于私忿则互相倾轧。似此猜疑交搆,人各一心,将士岂能用命?即现在之统兵大员,如额勒登保、那彦成、松筠等亦皆各顾各路,彼此不相知会,以致此处馀匪未能剿尽,而他处之贼,又复乘间蔓延。彼此各存私见,甚至两不相下,互相推诿,不能和衷。""伊等务须知愧知惧,同心协力。无论经略、钦差与将军督抚等,皆系同办国事。惟当屏除私见,悉心筹办,以期于春令内克日蒇功,力图自赎。倘仍前观望迁延,顾此失彼,勒保、明亮、永保即前车之鉴,毋谓教诫之不早也。将此谕令知之。"(《清仁宗实录》卷五七)

正月辛未,命伊犁将军松筠驰赴湖北督兵剿办白莲教起义。"以湖广总督倭什布不能办贼,命来京候旨。命伊犁将军松筠驰赴湖北督兵剿贼。"(《清仁宗实录》卷五八)

二月丁未,责成各路领兵大员,"自奉到谕旨之日为始,各将未办贼匪,即于本境剿尽"(《清仁宗实录》卷六十)。楚省专交松筠、明亮、倭什布剿办。

三月辛巳,松筠患病回京,所有湖北征剿事务,专交明亮督办。(《清仁宗实录》卷六二)

闰四月甲子,松筠奏请宽禁私盐、私铸事,遭嘉庆训斥。"松筠上年在陕甘总督任内曾经条奏,请将私盐、私铸二项悉行弛禁,所见殊属迂谬,断不可行。本应降旨交部严议,特以松筠平日尚能持正,为有用之材,是以不加深责,特令军机大臣亲书谕旨,密为训饬,即军机章京等,亦未令闻知。此乃朕欲保全松筠不得已之苦心,曾经详悉示知。而松筠自任总督以来,屡称患病,于一切防堵事宜,并不能妥为布置,致任川省窜匪于今春阑入甘境,又不能实力拦截,以致辗转奔突,蔓延至今。本应治以应得之罪,即不至如魁伦之重,较之倭什布之疏于防范,其咎正复相等,宁不应予以降调处分。犹念其居官声名尚好,且不似楚省之屡任贼匪窜入,是以从宽免议:令长麟接办总督事务,将松筠授为伊犁将军,仍令赴湖北暂署督篆,并令居首督办剿贼之事。而松筠甫经到楚,仍即称病,漫无展布,辄行恳请陛见。朕于伊初奏到时,尚以松筠在彼或能得力,未经允准,而伊又称有恩出自上之事,必须面奏,具折恳请,随经降旨准行。及松筠到京,经朕日日召见,面加询问,则其所欲面陈者,仍系私盐、私铸请宽禁例二项,并无奇谋秘策。经朕详加开导,平心静气,反覆譬晓,以此事碍难施行。松筠固执己见,将此事又复怀折渎奏,并不由奏事处呈递。试思私盐、私铸,律有明禁,系开国以来祖宗定制,岂得轻议更张?设朕有不循成法之意,妄思更改,在廷诸臣,尚当直言极谏。松筠安可以一人臆说,妄欲纷更?且如松筠所奏,将私盐、私铸概宽其禁,则自盐政以下各官皆当裁去,另派专司盐税之官,纷纷更制。且现在私盐有禁,不过官役巡拦,尚有私枭拒捕等事。若设立税口,是向日贩私者转需交纳官税,倘贩私之徒逞其刁悍,不肯交税,又将如何办理?至川省若弛私铸之禁,则各省亦必相率效尤,岂有国家泉币之权操之自下?隳纪纲而弛法度,莫此为甚。而松筠以为所铸系嘉庆通宝,即非私铸,是何言耶?且分设各厂,聚集多人,更恐酿成事端,其流弊将不可胜言。又贼匪即有私盐、私铸之徒,闻风散出,为数亦属无几。此外,如松筠折内所称啯匪赌棍及白莲教匪,又岂皆令其各回本地、作奸犯科乎?是所奏种种纰谬,实为迂腐无识,倘朕轻听其言,贻误不小。且似此议论纷纭,岂非谋夫孔多是用不集之明验乎?若将原折发交大学士九卿核议,自为公论所不韪,必将松筠议以变乱成法之罪,革职示惩。今朕姑念松筠所言虽属失当,而其心究为国家公事,尚属无他,是以仍令军机大臣明白传知,不复交议。松筠经朕指示,虽自知糊涂冒昧,恳请仍赴军营效力,但伊平素未经行阵,弓马平常,带兵既非所长,即令督率防堵。而伊前在陕省时,一任川匪窜入甘境,其不能实力堵御,已可概见。至于办理粮饷,松筠前此虽未请拨帑银,屡将解川饷项路经陕省者,任意截留至九十馀万之多,亦未见经理得当。是松筠前往军营,实属无益。而似此识见迂疏,亦岂能胜伊犁将军之任?松筠著加恩赏给副都统职衔,前往伊犁作为领队大臣,并赏戴花翎,替换珠尔杭阿回京。其伊犁将军员缺,仍著保宁实授,俟简放有人,再行更换。松筠当力改前非,随同保宁学习办事,以期稍赎罪戾,无负朕格外矜全教诲至意。"(《清仁宗实录》卷六五)于此可见,《松文清公升官录》讲"旋赏给副都统",实乃为尊者讳。

《清史列传》、《国朝耆献类征初编》、《清朝先正事略》均载有松筠奏请宽禁私盐、私铸事,唯较《清实录》简略。《清史稿》最为简略。

另外,《清史列传》卷三十二载:"七月,复授伊犁将军",似有误。《清仁宗实录》并未载此事。《清仁宗实录》卷九三,嘉庆七年正月壬午载:"命大学士伊犁将军保宁来京供职,以伊犁领队大臣松筠为将军",松筠在嘉庆七年才升为伊犁将军,嘉庆五年七月时,仍是伊犁领队大臣。《清史稿》卷十六,《仁宗本纪》载:嘉庆七年正月壬午,"以松筠为伊犁将军"。《清史稿》卷三百四十二载"七年,擢伊犁将军",与《清实录》所载一致,似为正确之论。

◇ 嘉庆六年[1]辛酉,五十岁。

[1] 即1801年。

嘉庆六年三月甲申,谕内阁、军机大臣议驳保宁等奏请开采金砂一折,所驳甚是。乾隆年间,塔尔巴哈台参赞大臣伍弥乌逊等奏请采挖该地区金砂矿,被严行禁止。今伊犁将军保宁奏请在塔尔巴哈台所属各处开矿,也被军机大臣议驳。嘉庆认为保宁受到了松筠的影响。塔尔巴哈台所属各处金矿,"今若官为开采,势必招集多人,奸良莫辨,并恐内地甘凉一带游民纷纷踵至。此等无藉之徒,聚之甚易,散之则难,于边地殊有关系。此事本系保宁令贡楚克扎布、松筠前往察看,奏请开采,而主见必系松筠所出。伊前此再三恳弛私枭、私铸,其事断不可行。经朕降旨严饬,今采金之议,仍然胶执前见,沾沾目前小利,并不计及久远。保宁等辄附和其言,联衔具奏,均属非是。保宁、贡楚克扎布、松筠俱著传旨申饬,仍著保宁等将产金处所严行封禁,勿令偷挖滋事"(《清仁宗实录》卷八〇)。

保宁,图伯特氏,蒙古正白旗人,靖逆将军纳穆札勒之子。保宁由亲军袭爵,授乾清门侍卫。参加平定金川战争,后调河南南阳镇、直隶马兰镇,兼总管内务府大臣。历任江南提督、成都将军、四川总督、伊犁将军等职,主张在伊犁屯田。曾授御前大臣、吏部尚书,拜武英殿大学士,加太子太保。嘉庆十三年,卒,谥文端,祠祀伊犁。(《清史稿》卷三百四十二"保宁")

◇ 嘉庆七年[1]壬戌,五十一岁,补授伊犁将军。[2]

[1] 即1802年。
[2] 伊犁将军初设之际,总统新疆南北两路事务。"凡乌鲁木齐、巴里坤所有满洲、索伦、察哈尔、绿旗官兵,皆听将军总统调遣。至回部与伊犁相通,自叶尔羌、喀什噶尔,以至哈密等处驻劄官兵,亦归将军兼管。其地方事务,有各处驻劄大臣,仍照旧办理。再叶尔羌、喀什噶尔等回城,皆在边陲,如有应调伊犁官兵之处,亦准各处大臣咨商将军,就近调拨。"(《平定准噶尔方略》续编,卷十九,乾隆二十七年十月壬子)

嘉庆七年正月壬午载,"命大学士伊犁将军保宁来京供职,以伊犁领队大臣松筠为将军"(《清仁宗实录》卷九三)。《清史稿》卷十六,卷三百四十二所载与此同。松筠任职伊犁将军时,嘉庆寄予厚望。嘉庆七年二月,新授伊犁将军松筠谢恩请训。得旨:"公正居心,廉明任事,宽猛相济,仁育义行,训兵宜勤,法严令肃,切忌姑息,亦勿刚愎自用。能此数件,自然福被要荒,新疆永定矣!勉之。"(《清仁宗实录》卷九四)

嘉庆七年十月壬子,伊犁将军松筠等奏请:"于塔尔巴哈台二十二卡,每届冬寒,添派额鲁特散丁四百四十名,分驻会哨。另设四小卡,派绿营兵六十名常川驻劄,护运贡物,并设立官铺,改用车辆,借给马匹,支放口粮等款。均应如所请行,惟兵丁护运贡物,每站给车二辆已足敷用。所请另派察哈尔散丁六十名运送物件及兵丁每名赏马二匹之处,应毋庸议,从之。"(《清仁宗实录》卷一〇四)

◇ 嘉庆八年癸亥，五十二岁。[1]

[1] 嘉庆八年（1803年）正月丁丑，于新疆设旗屯。伊犁将军松筠疏言：臣自上年接任后，探明近水可耕之田，由惠远、惠宁两城酌派闲散试种，通计所获十分有余。本年秋麦又布种一千余石，急当广行汲引，因于惠远城东伊犁河北岸，新开大渠，迤逦数十里；又于城西北草湖中觅得泉源，设法开渠，修筑堤岸，疏引支流，其地即分给惠远城八旗耕种。至惠宁城八旗所耕，本系裁撤绿营屯地，原有渠泉足资灌溉，惟种地必资牛力，请于官厂内赏借惠远城每旗牛八十只，惠宁城每旗牛四十只。所需器具等项，于公设官铺息银内动用，庶令边地驻防兵农并习。（《清史列传》卷三十二"松筠"，《清仁宗实录》卷一〇七）

嘉庆八年，伊犁将军松筠言："伊犁土田肥润，可耕之地甚多，向因乏水，今拟设法疏渠引泉，以资汲灌。应请广益耕屯，以裕满兵生计，并借官款备办耕种器物。"如所请行。（《清史稿》卷一百二十九，《河渠》四）

"惟松筠请于养息闲壤移驻旗人，以费绌而罢。"（《清史稿》卷一百二十，《食货》一）

"初，伊犁多可耕田，令惠远、惠宁两满城派闲散旗人分地试种，借给牛具，成效昭然。九年，松筠因言照锡伯营屯种例，分界旗兵地亩，各使自耕，永为世产。以有妨操务，只令转交闲散代耕。""自嘉、道以来，数十年中，伊犁屯垦，后先其事者，将军松筠、那彦成、布彦泰等，而林则徐遣戍日，履勘诸地，又兴水利于伊拉里克，厥绩尤伟焉。"（《清史稿》卷一百二十，《食货》一）松筠屯田，为众多学者所肯定，是其一生中的最大业绩之一。纪大椿《松筠在新疆》（《喀什师范学院学报》，1988年第1期）和贾允河《发展民族经济、开发建设新疆——松筠的改革思想及其在新疆的实践》（《西北师范大学学报》，1995年第2期）均给予较高的评价。

松筠主张屯田，不只在新疆，在吉林将军任上，也主张屯田，显示了他勇于任事的气魄。《清史稿》卷一百二十，《食货》一言：富俊在吉林将军任上，屯田成效显著，"道光五年，移驻户七十七，垦熟地三万三千一百馀晌，盖富俊、松筠始终其事，故其效甚著"。

松筠重视文教，于史已有赞誉。为解决谪犯的生计，松筠试图通过设立学额的方式加以解决。嘉庆八年二月丁巳,松筠奏请设伊犁学额,未果。嘉庆认为:"伊犁地处边陲,毗连外域,非乌鲁木齐建立府厅州县、设有学额者可比,自应以武备边防为重。若令专习汉文,必至艺勇生疏,风气日趋于弱。且眷兵户口及种地商民,又安能尽令通晓文义?近日给事中永祚条奏此事,经大学士会同礼部议驳,降旨明白宣示。今松筠此奏,即与永祚之见无异。试思伊犁设立学额,则入学生童文字去取,必须派人阅看。向来迪化州等处试卷,系封寄陕甘学政衙门校阅,已觉路途纡远。若再将伊犁生童应试之卷一并解送,则长途往返,更费周张,益难保无情人顶替、更换等弊。至教授生童,请于废员内择有科甲出身者,妥为教习一节,系为伊犁官犯希冀邀恩地步,此事断不可行。松筠系该处将军,尤应留意边防,整饬武备,何不晓事体若此?著传旨申饬。"(《清仁宗实录》卷一〇八)

嘉庆八年十月癸未,伊犁将军松筠奏:每年操演伊犁八旗兵丁,日久恐致废弛,请于岁终将劝惩之处具奏。报可。(《清仁宗实录》卷一二二)

◇ 嘉庆九年甲子,五十三岁。[1]

[1] 嘉庆九年(1804年)四月辛酉,松筠奏请于伊犁两满城内,添设委前锋翼长三员、委前锋校十二员、虚蓝翎十二缺,遭嘉庆否定,降旨令保宁会同军机大臣等核议。经保宁等会议,将松筠所请虚蓝翎缺减半,于该处两满城各添设四缺;前锋校缺亦减半,于该处两满城各添委署六缺;前锋翼长职分较大,请毋庸议。"松筠沽名市惠,著申饬。其所请添设委前锋校及虚蓝翎等缺,毋庸同时添设。著松筠于该处官员兵丁内,查明嗣后续有劳绩者,再行据实奏闻。照保宁等现定数目,陆续添设,俟足额后即行停止,不可滥增。"(《清仁宗实录》卷一二八)

嘉庆九年七月甲寅,从伊犁将军松筠所请,将哈什河南遣屯地亩,改拨伊犁种地之六千回民户耕种,仍将本年回子借种额鲁特之地一并拨给。此外,春稽地方有田二千余亩,亦准回子耕种,每年交纳小麦二千石,以供铜铅厂夫口食用。所有拨往种地之遣犯数十名,着即撤回归厂当差。(《清仁宗实录》卷一三二)

嘉庆九年十二月庚午,松筠陈请酌定分给八旗满洲田亩,自行耕种,永为世产。"伊犁驻防满洲兵丁,生齿日繁。松筠相度屯地,疏浚泉源,设法制备器具,借给牛只耕种。两年以来,试有成效。兹该将军犹恐满洲兵丁公同伙种,久而生懈,请照伊犁锡伯营屯种之例,按名分给地亩,各令自耕,永为世业。系为旗人生计起见,其事本属可行,惟是新疆重地,设兵驻防,武备最为紧要。此项田亩,即分给官兵,只可令其转交闲散馀丁代为耕种,不当令官兵亲身力作,有妨操练,转致技艺日就生疏。至闲散馀丁内老弱残病者,岂能令其耕作?势必仍需壮丁帮助。其汉仗强健者,一概驱之南亩,自必不能专心练习武艺。即充数入伍,亦难资得力,殊非慎重边陲之道。此事惟在该将军妥协经理,既使旗人有田可耕,永资养赡,而于新疆重镇设兵防守事宜,无少窒碍,始为尽善。至该官兵等将来生计宽裕,家有储蓄,即不便照锡伯之例停止口粮,亦当将供支款项量为撙节。著该将军于三五年后体察情形,再为详酌具奏。"(《清仁宗实录》卷一三八)《清史列传》与《清史稿》等书,均载有此事。

◇ 嘉庆十年乙丑,五十四岁。[1]

[1] 嘉庆十年(即1805年)正月甲寅,谕军机大臣等:"松筠、兴肇奏,验讯哈萨克命案,特参冒昧官员一折,所办失之轻纵。边外哈萨克等潜入卡伦游牧,倘驱之不去,该官兵即当报明查办,伊等必共知畏服,方为正办。乃此次哈萨克拜等,寻见潜入度冬之哈萨克,遂烧毁毡房,任令随行人等抢拾物件,以致哈萨克心怀不服,其咎岂止躁妄?即瞻台里一犯,向加那里借马乘骑,加那里借给时,亦未必知瞻台里有偷马情事。即以知情而论,其罪亦不至死。乃穆特布等辄将加那里鞭责致毙,岂得谓之擅杀罪人乎?此皆由松筠平日不能镇服属员,以致如此妄为,审办时犹不免意存回护,兴肇亦随同附和,何以折服外夷之心?松筠、兴肇,著传旨严行申饬,仍交部议处。佐领穆特布,著革职、枷号一年。锡伯佐领达明阿、额鲁特佐领沙喇、固尔佐领哈萨克拜、福珠灵阿均著革职,各枷号三个月。马甲莫尔根保等,均著革去披甲,各枷号三个月,以示惩儆。幸哈萨克畏威怀德,不致生事,此次姑从宽贷。若妄挑边隙,即正法亦不为过。著松筠谕知该台吉,以此案业经奏明大皇帝,以官兵等妄行骚扰,该将军等定拟罪名尚轻,特降旨从重褫革,分别枷号等因,详悉传谕,俾知感畏。至所称现在开齐之路,原系乾隆六十年新展卡伦,迤内十数里,向为哈萨克度冬游牧处所。著照所请,将该处大小卡伦迤

外约容百馀户人处所,赏给哈萨克冬春游牧,以示怀柔。"(《清仁宗实录》卷一三九)

嘉庆十年八月癸未,松筠等奏:伊犁阿奇木伯克鄂罗木咱布病故,请求以其子承袭爵位和称号,嘉庆不许。"阿奇木伯克办理回务,职任较大,遇有缺出,自应拟定正陪,奏请补放。兹若将承袭台吉之人一并补放阿奇木伯克,不惟回子不知感激,且竟似将阿奇木伯克员缺作为伊家世职矣。著传谕松筠,将伊犁阿奇木伯克一缺,另拟正陪,奏请补放。如密哩克咱特果素为回子等爱戴,又于屯田事宜均能熟习,松筠等将其拟正,奏请补放,候朕施恩,尚无不可。"(《清仁宗实录》卷一四八)

嘉庆十年九月丁卯,松筠奏酌裁水磨,加增屯粮。"伊犁塔尔奇地方,向设水磨,派拨弁兵,轮流磨运麦面,以给各项应差兵役口食。今因麦面陈积霉变,该官兵等情愿领麦易面,自系实在情形。且彻出此项,兵丁仍可分屯耕种,增交麦石,于仓储亦有裨益。著即照松筠所奏行。"至于其所请,令绿营屯工交纳粮石时,与回户一律加交斛面三升,并补足斤称,嘉庆并不同意。"绿营兵丁派拨屯田,仍须兼习操防,原与回户专事种艺者有别。所交粮石,但应令其照原定斛额交足斤数。若责令加交斛面三升,恐丁力不免拮据,且仓员等或藉辞勒索浮收,尤易滋弊。松筠所奏不可行。"(《清仁宗实录》卷一五○)

◇ 嘉庆十一年丙寅,五十五岁。[1]

[1] 嘉庆十一年(即 1806 年)三月壬戌,松筠、奇臣奏称:伊犁、乌鲁木齐等处粮饷、驼马章京,与回疆各城职掌不同,请仍照旧办理。"伊犁等处粮饷驼马,本有专司之员。各该章京仅司文案册籍,迥与回疆各城章京亲管钱粮、牧务者不同,自毋庸骤议更张。所有伊犁、乌噜木齐、塔尔巴哈台等处印务、粮饷、驼马等项章京员缺,嗣后每届年满更换之期,著仍照旧例办理。"(《清仁宗实录》卷一五八)

嘉庆十一年六月戊戌,松筠奏解决塔尔巴哈台换防官兵生计艰难之事,嘉庆同意。"塔尔巴哈台烧柴稀少,官兵采买维艰,未免有妨生计。北山既查有产煤处所,自当雇觅商民,勘定煤苗开采,以资各官兵日用之需。但该处密迩边界,采煤夫役,日集众多,不可不加之防范。著达庆等派委明干妥员,前往采煤处所严密稽查,毋任滋事。至所奏该官兵等尚须撙节盐菜银两,买补马匹,亦当量为调剂办理。著照所请,即于房租项下,准其领借银三千两,交粮饷、驼马两处章京采买布匹,换易哈萨克大羊一万只,分给额鲁特牧放,照例于经牧第三年为始取孳,分别给与出差、坐卡侍卫官兵,俾赡生计。仍著于孳生羊只内,分作六年变价归款。"(《清仁宗实录》卷一六三)

七月辛亥,因松筠、达庆奏,体察哈萨克穷苦情形,请将塔尔巴哈台北山、乌里雅苏图迤东,每年秋间设卡之处,著为定地,夏季不复展放,俾得常年在该处游牧,以资调剂。嘉庆觉其事不可行。"哈萨克部落,本各自有游牧之区,不应进至天朝边界。从前因哈萨克生计穷苦,特于每年冰冻后,将额尔齐斯河雅尔等处各卡稍向内挪,准其在彼游牧。至春融雪化之后,始将各卡展至原设处所,驱令出外,实属格外施恩。今松筠等,又以该哈萨克近来穷苦益甚,欲将夏季展设边卡之处一并停止,使得常川游牧,无论哈萨克穷苦之故,实缘连年风雪灾伤,不善牧养,是以较前苦累,非由每年搬徙所致。且以天朝兵力平定之地,竟委为哈萨克常年游牧之区,将来年复一年,哈萨克将视为己有。而附近之布噜特等,设亦相率效尤,纷纷呈请,又何以塞其无厌之求?此于新疆一带边务大有关系。达庆尚系甫经到彼,松筠则在新疆驻劄有年,情形较熟。此奏必系松筠主见,伊素喜市恩邀誉,今于塔尔巴哈台展卡一事,冒昧具奏,尤属不合。除所奏不准行外,伊二人均著传旨申饬。松筠并著交部议处,达庆著交部察议。"(《清仁宗实录》卷一六四)

七月丁巳,松筠覆奏伊犁山场设商给票、砍运木植一事。伊犁南北山场本系官地,所产木植,自未便任听私行砍伐,漫无稽核。"今松筠奏请设立商头,官给验票,并定抽分数目,即藉以管束民人,稽查逃犯。所议自属可行,著照所请办理。至此项木植,抽收十月已有四千八百五十一件,若收至一年,自尚不止此数。该处每年应用若干,馀剩若干。若将馀剩之项日久积存,岂不以有用之材徒致朽坏?或应留备工需,或应估变价值之处,统俟收过一年后,仍著松筠详议章程具奏,并另造清册,咨部存查。"(《清仁宗实录》卷一六四)

十二月丁亥,松筠奏请纂《伊犁总志》,大学士等议驳不允。嘉庆谕旨:"伊犁等处事宜,详载《西域图志》一书。即有应行续增之处,亦应在京开馆纂辑,如圣制诗文,有应接续恭载者,馆臣在京恭录编次,可期详备,断无颁发伊犁再行纂载之理。况伊犁办理屯防等事,是其本务,该处优通文义之人甚少,编纂书籍,亦非所长。松筠所奏,未免受人怂恿,事不可行。著方略馆存记,俟纂办《剿平三省邪匪方略》告成后,将《西域图志》再行续纂,其自乾隆四十七年以后应增各事宜,即著该将军详查,咨送方略馆,以备采辑。"(《清仁宗实录》卷一七二)松筠重视文化事业建设,于此可见一斑。

《西域图志》,全名为《钦定皇舆西域图志》,乾隆年间由军机大臣傅恒、刘统勋等人组织编写,全书由卷首四卷和四十八卷正文组成。卷首四卷为乾隆皇帝在平定西域过程中所咏诗句的汇总;正文则记载了西域的疆域、官制、贡赋、封爵、藩属、风俗、河流、山川等情况,反映了清政府在平定西域前后所采取的军政措施;最后两卷为杂录,记录了轶闻琐事。

◇ 嘉庆十二年丁卯,五十六岁。赏加太子少保衔。[1]

[1]《清仁宗实录》卷一七六,嘉庆十二年(即1807年)三月丙午,玉庆勒索土尔扈特汗台吉兄弟和属下等人的银两、财物,著松筠严饬属下,查办此事。"玉庆人本喜事,素不安静。自简任新疆办事后,屡欲讨好见长,纷更旧制。"

四月庚辰,松筠查明各回城虚设金顶数目,嘉庆谕旨:"俟额设金顶陆续缺出,即于虚设金顶人员内,择其奋勉者报部补用。一经足额,即行停止。""……此项虚额金顶,系历任各大臣沽名私赏,本应全行裁汰。今奉大皇帝谕旨格外施恩,将有差使者定为额缺,馀亦暂留陆续充补。该回子等宜各知感激,恪遵宪制,以图报效。"(《清仁宗实录》卷一七七)

八月辛卯,穆咙鄂托克地方哈萨克牲畜被窃,欲入塔尔巴哈台卡内索讨,哈萨克公卓勒齐阻止奏报,松筠拟于演围时,会同达庆、爱星阿办理。此事又引起嘉庆的警觉。"卡伦之设,原为禁止哈萨克等私行出入。朕闻从前塔尔巴哈台西北卡内,即有哈萨克人等私入游牧。今穆咙鄂托克地方哈萨克牲畜被窃,欲入塔尔巴哈台卡内,向私行游牧之哈萨克索讨。可见哈萨克等平日私入游牧,并未一律逐出。今卓勒齐阻止哈萨克不准入卡,尚属恭顺。著松筠于行围之便,前赴塔尔巴哈台,示以威重,实力严查,将私入游牧之哈萨克按名逐出,以肃卡伦,并将偷窃牲畜贼匪,查明办理。至此项哈萨克私入游牧始自何年,彼时容留之大臣均系何人,著一并查明参处。"(《清仁宗实录》卷一八四)后松筠办理此案,查参历任失察之参赞、领队大臣。嘉庆并不满意,遂决定:"嗣后每年夏季展卡时,所有哈萨克惟当尽数驱逐外徙,勿任仍有在卡内藏匿之事，庶可免偷窃而杜讼端。其从前驱逐不力、容留居住之参赞、领队大臣等，事阅多年，官非一任，应以年分之久暂，定获咎之轻重。著该将军查明各任年分，造册咨部，分别议处。"(《清仁宗实录》卷一八六，嘉庆十二年十月丙戌)

十二月丙子，嘉庆考察各地官员，评价松筠："伊犁将军松筠，简授迄今六载，安详镇静，边境绥宁。伊前在尚书任内，本曾加赏官衔，嗣经缘事革退，兹仍加恩赏给太子少保衔。"(《清仁宗实录》卷一八九)《清史列传》卷三十二载"十二年，赏还太子少保衔，并颁赐《御制明慎用刑说》"，即指此事。

◇嘉庆十三年[1]戊辰，五十七岁。

[1] 即1808年。《清史列传》卷三十二载："十三年正月，奏报惠宁城东，时出水泉荡漾，房屋多圮，请展筑城垣，移建教场，并于城东挑一大渠，引灌田亩。"从之。

四月丁卯朔，松筠奏，伊犁戏班嗣后不许再添一人。如有引诱入班者，审明惩处。嘉庆感到松筠办理此事，又失之软弱。"伊犁等处有官兵在彼驻劄。系属军营，自当专务训练，俾知学习技勇，敦崇习尚，何得有演戏等事？从前乾隆四十年，钦奉皇考高宗纯皇帝谕旨：倘有开设酒肆、唱戏等事，一经发觉，定将该将军、大臣等一并治罪，可见禁约綦严，圣心早虑及于此。乃历任将军等奉行不力，致现在聚有戏班，是该将军等已有应得之咎，犹不上紧驱逐，只议令嗣后不许添人。试思此时即不添人，而该处既有戏班，焉有农家子弟及驻防官兵不受其引诱之理？此于该处地方营伍大有关系，不可不力加整饬。著松筠即将该处戏班立行驱逐，速令自归内地，不准在彼逗遛。如尚敢潜留，即当治以违禁之罪，并通行南北各城一体凛遵，毋得纵容滋事。"(《清仁宗实录》卷一九四)

四月辛卯，松筠请将故大学士保宁、将军奎林附祀伊犁双烈祠。(《清仁宗实录》卷一九四)

闰五月己丑，因塔尔巴哈台参赞大臣爱星阿咨商调取玛纳斯兵丁四百名，赴塔尔巴哈台屯田，轮班更换，松筠参奏："据称，爱星阿请以来年伊犁换防满洲、索伦、锡伯等兵少拨二百名，又请按照从前屯田调派玛纳斯营兵四百名，以二百名垦种，二百名抵满洲兵在城操防，竟似满洲、索伦、锡伯操防不若汉兵。其每年冬间,分派南北各卡巡哨之额鲁特闲散壮丁四百四十名,因其不习弓箭,遽议裁彻。""爱星阿人似刚果有为,遇事颇欠镇静。虽非恇怯畏葸,实属任意纷更,不胜参赞大臣之任"等等。"爱星阿身为参赞大臣,理宜镇静抚绥,俾边疆益臻宁谧,乃辄将换防操防兵丁妄议减拨调取,并将练习枪矛之额鲁特闲散壮丁,因其不习弓箭,遽请裁彻。种种肆意更张,虽不至激开边衅,已不免稍涉烦扰,岂复胜参赞大臣之任?爱星阿著交兵部严加议处,即著来京听候部议。"(《清仁宗实录》卷一九六)嘉庆十三年九月乙丑,松筠又奏,已查明塔尔巴哈台仓贮屯粮并无亏缺,亦无含混搭放情弊,爱星阿前次折内,竟系糊涂冒昧声叙。又加上其他事情,应将爱星阿参办。"爱星阿种种昏庸错谬,咎无可辞。……爱星阿著革职,交刑部治罪。"(《清仁宗实录》卷二〇一)

六月丁酉,松筠奏,酌筹塔尔巴哈台拨兵加屯。"塔尔巴哈台屯兵每年收获粮石,既不敷支放,而乌噜木齐一带官兵为数尚多,且距该处较近,自应量为调拨。"朝廷同意所请。"著照所请,准其于乌噜木齐提属各营彻屯归操兵内调拨二百名,赴塔尔巴哈台屯种。其如何详立章程,定期调拨之处,著松筠会同和宁、祥保悉心妥议具奏。"结果是:"调拨屯兵二百名,拨酌派守备一员,千总、经制、外委各一员,额外外委四名,三年更换一次。先借给该官兵治装银两,于应领俸饷内分年扣还,其口粮由仓支领,每月盐菜银由镇迪道库经费项下解支。农具耕牛,官为给用,定于来年春暖起程赴屯,白露前后赶种秋麦,至十五年方可普行耕种。至农隙操演所需军伙、器械、号衣、号帽等项,亦照例拨给备用。"(《清仁宗实录》卷一九七)

六月,松筠奏请,塔尔巴哈台东北一带,夏间应设卡伦。查济默尔色克卡伦地处山阴,不生柴草,请移设于博洛呼济尔,又请于板厂沟安设塔布图小卡,于稽查哈萨克出入,最为有益。(《清史列传》卷三十二)

九月,松筠奏请塔尔巴哈台地方拨兵加屯,拨提督所属中、左、右三营兵二百名前往,农隙操演,派守备、千总、外委各一员管辖。(《清史列传》卷三十二)嘉庆十三年九月癸酉载:伊犁将军松筠等议奏塔尔巴哈台拨兵加屯事宜,请于提督所属中左右三营拨兵二百名前往耕作,于农隙时操演,酌派守备一员,千总、外委各一员,额外外委四员管辖,三年更换一次。(《清仁宗实录》卷二〇一)从之。

另外,松筠又奏"查禁达木达尔图金厂,请于通山路径安设卡伦,派兵防守,令塔尔巴哈台、库尔喀喇乌苏两处领队大臣,每年按季巡查"(《清史列传》卷三十二)。嘉庆十三年九月乙酉载:又谕,松筠等奏查禁达尔达木图金厂,酌定章程,永杜私采一折。达尔达木图金厂例禁民人私采。此次查获奸民庞顺偷挖金砂一案,业经照例惩办。该将军等派员赴山内巡查,出示晓谕,将私采民人驱逐净尽,妥为安插,并酌议章程,于通山路径安设卡伦,拨派弁兵防守稽察,申严禁令。俱著照所奏办理。惟所请令塔尔巴哈台、库尔喀喇乌苏两处领队大臣,每年冬夏轮替带兵巡查一次之处,仍未周密。著定为每年四季巡查四次,不必拘定月日,使守卡弁兵得以先期豫备,总须出其不意前往,实力查察。如有私挖金砂者,随时缉拿惩办,自不致日久聚集多人。倘守卡弁兵有私行卖放情弊,查出时尤应据实严参重惩。该将军责属总统,不时留心访察,毋令久而生懈,庶克永革弊端,以绥边境。(《清仁宗实录》卷二〇一)

上面所说"金厂",《清史列传》、《国朝耆献类征初编》所载均为"达木达尔图金厂",而《清仁宗实录》却载为"达尔达木图金厂",两者不同。查:"达尔达木图"为准噶尔语,意为"荫蔽"。该卡伦设立于乾隆五十四年(1789年),由锡伯营驻守,故址在苏联达尔达木特附近。(纪大椿:《新疆历史词典》,新疆人民出版社,1994年版,第183页。)由塔尔巴哈台参赞大臣永保纂于乾隆五十七年(1792年)的《塔尔巴哈台事宜》,虽经兴肇于嘉庆十年(1805年)增撰,但也将此卡伦记为"达尔达木图卡伦"(《塔尔巴哈台事宜》卷一,《中国方志丛书·西部地方》第15号,台北成文出版社,1969年版,第35页)。何秋涛《朔方备乘》中载:此卡伦,西距绰伦古尔卡伦五十里,北至札克鄂博八十里,为常设卡伦,由察哈尔营领队大臣管辖。另,伊犁营务处也设有一座同名的卡伦,为添撤卡伦①,位于锡伯营所辖沙巴尔托海西南一百余里。从此卡伦为防止私人采挖金砂而设来推断,《清实录》和《清史列传》等书中所载的金厂应为常设卡伦。我们有充足的理由断定,各书所载应为"达尔达木图卡伦","达木达尔图卡伦"应是在传抄过程中出现的错误。

---

① 卡伦分为常设、移设和添撤三种。常设卡伦是固定在一地的卡伦。移设卡伦是春夏在一地,秋冬移至另一地的卡伦,设立卡伦的地方也是固定的。添撤卡伦则是根据不同时间和任务的轻重临时在一个地方设立的卡伦,任务完成后即撤走。

◇ 嘉庆十四年[1]己巳,五十八岁。先是上年十一月,塔尔巴哈台参赞大臣[2]祥保密报,前所分戍之宁陕叛兵蒲大芳等谋为不轨。公思此项叛兵,本皆乡勇出身,怙恶不悛之徒,前在宁陕镇营戕害官员,肆行抢掠,彼时司事者剿办不果,奏请道戍塔尔巴哈台[3]、喀什噶尔、乌什、阿克苏等处,已属轻纵,理合及早惩办,不使外夷轻视边地。当即檄饬该参赞,并派伊犁领队大臣色尔观驰赴该处,会同查拿谋逆叛兵。蒲大芳等五十馀名概予骈诛,其分戍南路乌什、阿克苏、喀什噶尔三处之叛兵王文龙、周奉等同蒲大芳叛乱,曾破洋县,焚掠盩至[4]、鄠县[5],到戍后,桀骜尤甚。蒲大芳等既经正法,王文龙等闻信定至酿事。是年,公檄行南路参赞、办事大臣等,调各犯赴伊犁种地,一面拣派领队大臣色尔观、扬桑阿等,俟各犯解过冰岭,分起正法。公恐机事不密,未便先行入奏。奉旨革职,交刑部治罪。后遵旨,明白回奏,钦奉恩谕,若早如此明白具奏,何致遽离将军之任?蒙恩赏给头等侍卫,补授喀什噶尔参赞大臣。[6]未及到任,奉上谕,以二品顶戴补授陕甘总督,赏戴花翎。[7]又奉上谕,赏还一品顶戴,调补两江总督。[8]

[1] 即1809年。
[2] 塔尔巴哈台参赞大臣,设于乾隆二十九年(1764年),管辖当地军政事务,经理屯田、牧厂、台站、卡伦、巡边事宜,处置沿边少数民族政权的赏赐事项。光绪十四年(1888年),改设副都统。
[3] 简称塔城,以塔尔巴哈台山得名,旧系准噶尔游牧之地,乾隆时筑肇丰城和绥靖城,有参赞大臣和领队大臣驻扎。辖区范围东至乌隆古河与科布多交界,东南与喀喇乌苏接壤,南至沁达兰山接伊犁地区,西至爱古斯河与哈萨克诸部相连,北至额尔齐斯河。中俄《勘分西北界约记》签订后,斋桑湖及以东、以南原属塔尔巴哈台地区遂为俄国占领。光绪十六年(1890年)设塔城直隶厅,隶伊塔道。民国二年(1913年)改塔城直隶厅为塔城县。今为塔城地区,属伊犁哈萨克自治州管辖。(参见纪大椿:《新疆历史词典》,新疆人民出版社,1994年版,第611~612页。)

乾隆平定西域后,于此地驻总理回疆事务的参赞大臣、领队大臣、协办大臣各一名,并沿袭旧制,设伯克以利民事。其界东与界南均接叶尔羌,西接布鲁特喀尔提锦部,北邻布鲁特冲巴噶什部,喀什噶尔河自西而东横穿其境。光绪九年(1883年)置疏勒直隶州,辖疏附县,隶喀什噶尔道。光绪二十八年升格为府。民国二年(1913年),疏勒府本府改称疏勒县,今属喀什管辖。(参见纪大椿:《新疆历史词典》,新疆人民出版社,1994年版,第625~626页。)

[4] 盩至,在陕西省,现作周至。

[5] 鄠县,在陕西省,现作户县。

[6] 蒲大芳等人原系宁陕等处官兵,因哗变,被谪戍新疆等地。松筠上奏其欲再叛之事,遂分批将其诛杀。《清史列传》卷三十二载:嘉庆十四年正月,塔尔巴哈台有遣戍蒲大芳等三十馀人聚谋不轨,松筠侦知其事,密遣领队大臣色尔衮带兵前往,以巡查金厂为名,悉数擒戮,上嘉其妥速。松筠又以戍兵马友元、王文龙等一百六十九名,皆与逆谋,尽邀杀之。上责其办理苛刻,下部严议。谕曰:"松筠办理此案,并非滥及无辜。惟前奏既属含糊,而此一百馀人必应调至伊犁研鞫确实,明正典刑,原非过当,忽于半途截杀,成何政体?在松筠恐事机不密,酿成他患,然措置未免失当。姑念其平日操守尚好,熟悉新疆情形,著赏给头等侍卫,作为喀什噶尔参赞大臣。"前述可知,蒲大芳等人谋叛消息在嘉庆十三年十一月已被侦知,到次年正月,正式将其处斩。嘉庆十四年三月己卯,松筠奏遣戍叛兵蒲大芳、马友元等一百馀人在戍不法,均分起诛讫。上责其滥杀,夺职,以晋昌为伊犁将军,兴肇为荆州将军。(《清史稿》卷十六,《仁宗本纪》)《清史稿》卷三百四十八,《列传》一百三十五载:嘉庆十四年,叛兵蒲大芳等在戍所煽乱,"将军松筠令色尔滚往诛之,诏嘉所使得人,召来京,授镶蓝旗蒙古副都统"。

《清仁宗实录》亦载有此事的经过,可资参考:嘉庆十四年正月乙酉,"今塔尔巴哈台安插降匪蒲大芳等三十一人,果有聚谋不轨之事,可恨已极。松筠一得祥保之信,即密派伊犁领队大臣色尔衮前往,藉巡查金厂为名,不动声色,与祥保及本处领队大臣百顺、爱新布连夜带兵分赴各屯,将蒲大芳等悉数拿获。鞫讯之下,该犯无可置辩,立将该降匪等三十一名处斩枭示,所办妥速可嘉"。"至此外同在塔尔巴哈台当差之戍兵马友元等二十四名,松筠现在派令雷仁前往带赴伊犁安插,并请将南路分戍之宁陕归伍兵丁一百三十七名,一并陆续调赴伊犁安插。所办甚是。松筠仍当督饬各营将领留心防范,有犯即惩,不可稍存姑息。"(《清仁宗实录》卷二〇六)

接着,松筠又将马友元等二十四犯于中途正法,嘉庆对此不满。

"今松筠于未接谕旨之前,已令色尔衮于雅玛图台途次,将马友元等二十四犯陆续分起捆缚,概行正法,所办殊属草率。……岂有罪状不明,遽将二十四人骈诛之理?""该戍兵从前在宁陕谋叛,固属罪犯不赦。但彼时既已宽贷,安插新疆,岂有事隔数年、无故概行诛戮之理?昨已有旨,谕令各该处办事大臣,无庸照松筠所奏办理,系由五百里发往,此时谅均接奉遵行。"松筠"不可再有轻率冒昧"之举。(《清仁宗实录》卷二〇七,嘉庆十四年二月庚申)三月己卯,嘉庆又指斥松筠:"松筠于此一事,办理轻率冒昧至此,看来伊竟胸无把握,此外一切事务,又安望其能经理妥协,宽严得当乎?松筠不胜伊犁将军之任,著传旨严行申饬,交部严加议处,即来京候旨。"(《清仁宗实录》卷二〇八)经过松筠的辩解,嘉庆认定他处理此事有一定的道理:"是松筠办理此案,并非滥及无辜。若彼时松筠具奏,将供词声叙明确,断不加以严惩。即因其办理草率,亦尚可原恕,必不令遽离将军之任。今伊前奏既属含糊,而此一百馀人必应调至伊犁,覆加研鞫,使其供吐确实,明正典刑,原非过当。忽于半途山谷中截杀,成何政体?不知者转似酷暴滥刑矣。在松筠,自恐事机不密,酿成他患。然案关多命,措置未免失当。姑念松筠平日操守尚好,熟悉新疆情形,著加恩赏给头等侍卫,授为喀什噶尔参赞大臣。回疆事务紧要,松筠职司总辖,仍当认真整饬,办理诸事,宽严得宜,无负委任。"(《清仁宗实录》卷二一〇,嘉庆十四年四月戊申)

[7]《清仁宗实录》卷二一四,嘉庆十四年六月丁未,"赏喀什噶尔参赞大臣松筠二品顶带,为陕甘总督"。九月丁丑,"以五旬万寿,加恩内外一、二品文武大臣,凡降革留任处分在五案以内者,开复一案;十案以内者,开复两案。过此按数递加。……赏还尚书邹炳泰、总督温承惠、松筠、百龄一品顶带。"(《清仁宗实录》卷二一八)可见,松筠的顶戴由二品升为一品有三个月左右的时间,并非如《清史列传》卷三十二和《国朝耆献类征初编》所言:六月,以二品顶带复授陕甘总督,寻赏一品顶带。

十月甲寅,嘉庆希望面见松筠:"松筠久任伊犁将军,本年简用陕甘总督,应行来京祝釐。又因交审案件,谕令停止。松筠自嘉庆五年陛辞后,已阅多年,未能遂其瞻觐之忱。此时勒保由京回任,路过陕省,距兰州不远。甘省地接边隅,政务殷繁,勒保曾任该省总督,情形较熟,署任为宜,亦可就近前往,无须多迂道路。四川督篆,现有特清额署理,勒保接奉此旨,即缓程前赴兰州,将审办紧要事件与松筠面为商办。如旬馀之内俱能办竣,松筠俟办竣后,驰驿来京陛见。倘尚需时日,松筠可将印篆交勒保暂署,即驰驿来京,于陛见后仍驰驿回任。彼时勒保计算松筠回程不远,即带印迎至陕省,亲为交替,再赴四川可也。将此谕令知之。"(《清仁宗实录》卷二一九)

[8] 十二月壬辰载:"调陕甘总督松筠为两江总督。命喀什噶尔参赞大臣那彦成,以二品顶带为陕甘总督。"(《清仁宗实录》卷二二二)《清史列传》、《国朝耆献类征初编》所载与此同,《清史稿》不载月份。

◇ 嘉庆十五年[1]庚戌,五十九岁。

[1] 即1810年。

嘉庆十五年正月戊午,因塔尔巴哈台所属之额鲁特官兵生计日渐窘迫,松筠面奏,请将解送乌鲁木齐的滋生羊只折银售卖。"查从前伊犁所属之察哈尔额鲁特等牧放滋生之羊,作为该处满洲官兵口粮,日久不免拮据。松筠曾奏请每羊一只折银三钱,甚有裨益。请嗣后每年于草长时,由塔尔巴哈台拨羊一万五千馀只,派委官兵,或解赴玛纳斯,或解往科布多售卖,每羊一只可得银六钱,共计得银九千馀两。按每羊一只价银四钱,折给乌噜木齐官兵,其馀羊五千只,分给贫苦之额鲁特等度日。每年如此,则生计充裕,盗案自息。""松筠此奏于额鲁特生计,虽觉稍为宽裕,然究于乌噜木齐官兵是否有益,亦当熟筹。著寄知晋昌、祥保、兴奎等,将塔尔巴哈台牧放滋生羊只,照依如此折价,解送乌噜木齐官兵之处,互相商酌妥议具奏。"(《清仁宗实录》卷二二四)

正月甲戌,松筠赴两江总督任,行抵邳州,路过微山湖,请引沁入卫济运。嘉庆认为要慎重行事。松筠"河工则从未经手。此事重大,非可纸上空谈,轻于一试。如所陈引沁济运一节,看来即未必可行"。"但松筠既有此议,姑令豫东两省查明覆奏,再降谕旨。……至两江总督兼辖三省,事务綦繁,所司不止河工一事。向来定制:令总督兼管河务者,原以河工与地方相为表里,必须督臣与河臣同心协力,方不致彼此掣肘。今松筠膺此重任,三省政务均资经理。……其应办事宜,则当和衷商榷,集思广益,以期相与有成。若于全河情形不加深考,辄自出己见,轻率办理,一有贻误,身获咎戾,固不待言,而国事所关甚巨,悔何及乎?"(《清仁宗实录》卷二二四)正月甲申,朝廷未同意松筠的建议。"松筠惟当于河督呼应不灵之处,协力帮助,俾免掣肘。设其办理不妥,则随时查察纠劾。至于应办事宜,惟有与之和衷商榷,广咨博采,期于相与有成。今松筠甫入江境,未经履勘河工,即有前日引沁入卫之奏,朕披阅时即觉其事有格碍。""松筠或系误听人言,不加详察,率尔陈奏,所见甚左。"(《清仁宗实录》卷二二四)

嘉庆又派人查勘,引沁入卫以济运之议终不得行。嘉庆十五年二月甲辰,嘉庆谕旨:"松筠向来读书泥古,往往不顾事之难行,轻率陈奏,经朕屡次训诲,而情性未改。此次简任两江总督,尚未到任,在途翻阅旧书,辄以沁水引入卫河可以济运,亦不与总河等商榷,即以己见入奏。朕披阅时,即觉其事情有窒碍,仍交河东总河、河南巡抚详查咨访。前日陈凤翔已奏称断不可行。本日恩长覆奏之摺,亦甚详悉。……松筠于地势南北高下,何亦全然不知?运道民生,所关非细。松筠不谙今昔情形,冒昧入告,设如所奏办理,岂不大有贻误?此事本当加以惩处,念其究为急公起见,姑予宽免。著再传旨申饬,嗣后松筠于应办要件,惟当慎重熟思,周咨博采,体察时势,勿持偏见,勿泥前闻,于经理庶务方有成效。若不悉心讲求,再将此等窒碍难行之事率尔具奏,则不能宽其咎矣。将此谕令知之。"(《清仁宗实录》卷二二六)

《清史列传》较为简明地记载了松筠疏请引沁入卫,以济漕运的过程,最后使嘉庆在某种程度上接受了松筠的请求:上责松筠谬执己见,轻率陈奏,传旨申饬。既,松筠遵旨密疏吴璥、徐端议论河务不实,办理工程有虚捏开报情弊,另片自求调任总河,以便查核;又保荐蒋攸铦、孙玉庭堪胜此任。谕曰:"所奏各款,必应澈底详查,秉公参奏。河工敝坏已极,人人视为畏途。松筠不但不藉词推诿,转有锐意自任,全是一片公忠,实心为国,甚为可嘉!但松筠于河务素非所长,已降旨将蒋攸铦补授,松筠惟当与之实心讲求,相助为理。"十二月,兼署江南河道总督。十六年正月,奏报马港口堵闭合龙,河复故道,并请于南北新堤两岸各设同知、守备、把总、协办把总各一员,专驻巡防,增设淮海道驻扎中河,专管桃北中河、山安海防,及新设两厅河务,下部议行。(《清史列传》卷三十二,参考《清仁宗实录》卷二三六,嘉庆十五年十一月甲子)

二月丙戌,松筠奏查勘海口情形,应行修复正河,嘉庆认为并不可行。"前此吴璥差往南河时,曾力主挑复正河。迨至上年冬间,忽以工重费繁,时日紧迫,不能赶办,请先将北潮河入海之路权宜办理,试看一年。伊既筹度情形,力主此说,因亦降旨准行。今松筠到彼后,一经查勘会议,又仍请改挑正河,并称前估各工,尚可删繁就简……其所需帑项,先以前所请五十万两,将现在可办之处及早兴工,其馀覆估工程,亦较前有减无增等语。信如伊等所奏,则海口大局既归正办,可收永远之效。而前此估需三百六七十万两之数,今又可大加删减,于帑项又得无糜,岂不甚善?""何以前后所奏自相矛盾,种种互异?似此工用不繁又可迅速集事,伊等既为此奏,自应即照所奏办理。惟是全河大局,出海最关紧要。吴璥等久练河工,非松筠初到可比。……惟当各发天良,认真督办,详慎经理,用收一劳永逸之效。勉之。"(《清仁宗实录》卷二二五)

《清史列传》也载有松筠治河的事迹:(嘉庆)十五年二月,松筠偕江南河道总督吴璥查勘旧海口,请修复旧河,使全黄仍归故道,得旨允行。时南河有医生王勋诣松筠献疏沙器具图,以坚木为架,每架用铁百馀斤,钉镶铁齿,以巨绳系于船尾而行,能刷淤沙,使河流通畅。松筠仿其式制造四十架,亲自乘舟随处疏浚,果效。事闻,谕曰:"河口一带,连年黄水倒灌,动辄淤垫。松筠配制器具,督率疏涤。前水深一尺馀寸者,现已三四尺有馀,中泓宽有七八尺,实为可嘉!著仿照制造,愈多愈妙,以期积淤疏涤,河道深通,俾军船往来无误。"(《清史列传》卷三十二)

五月丁丑,松筠等奏,筹运江广重船,以期河漕交利。"前据吴璥奏,请将江广各帮在清江一带剥运。当经降旨,谕令各该督抚及漕运总督会同妥议。兹复据松筠等奏称,各省军船,惟江广各帮船身笨重,吃水最深,一遇河口淤浅之时即难挽运,请造剥船一千五百只,停泊御黄坝外以备剥运等语。河漕本相辅而行,近年来黄水倒漾,粮运递迟,所关于国计民生者至为重大,亟应随时酌剂,量为变通。所有应造剥船一千五百只,即著照所请行。其计需工费银一百馀万两,现在款项充馀,尽可敷用,亦均照所奏办理。至淮商等情殷报效,恳请捐银五十万两,亦著加恩赏收,并著阿克当阿查明捐输各该商,咨部照例议叙。此项剥船,该督等即咨会湖广、江西各督抚,饬令承办各员妥为制造,务期宽大结实,以济转运。"(《清仁宗实录》卷二二九)

《清史列传》也载有此事:松筠又以比年河口淤浅,粮运递迟,请造剥船一千只,停泊御黄坝外,以备拨运,并以江、广漕船笨重,请照江西漕船,一律改小,以利遄行。均如所请。七月,奏报重运全数渡黄日期,下部议叙。十一月,以回空漕船渡黄迅速,复下部议叙。是役也,上闻松筠亲赴河口,悬立赏格,督催重空,每帮数百两及一二千两不等。谕曰:"松筠自系为力趱漕运起见,但此项赏银出于何处,计其为数不少,非养廉所能敷用。松筠操守清廉,朕所深信,断不疑其取自官民,自系向人借贷。但借贷银两,必须完欠,势不得不藉资商力,又与取之于民何异?况赏之一事,非可滥施,得当则人皆感奋,过滥则视为泛常。军船浅阻,本所时有,惟在认真催趱,随时相机,其得赏可以挽渡者,不赏亦未必停搁。若专以赏项为事,年复一年,何所底止?嗣后务当相机经理,期臻经久可行,不得专以悬赏为事。"(《清史列传》卷三十二)

本年,松筠还弹劾铁保。《清史稿》载:"会伊犁将军松筠劾铁保前在喀什噶尔治叛裔玉素普之狱,误听人言,枉杀回民毛拉素皮等四人,上怒,追念江南李毓昌之狱,斥其屡蹈重咎,褫职,发往吉林效力。"(《清史稿》卷三百五十三,《列传》一百四十)

铁保,字冶亭,栋鄂氏,满洲正黄旗人,世为将家。乾隆三十七年进士,授吏部主事,袭恩骑尉世职。性格孤傲,所谓"於曹司中介然孤立,意有不可,争辩勿挠"。经大学士阿桂推荐,迁郎中,擢少詹事,后补户部员外郎,调吏部。擢翰林院侍讲学士,仍兼吏部行走,历翰林院侍讲学士、侍读学士、内阁学士、礼部侍郎兼副都统等职。曾建言治河事宜。嘉庆十四年,因运河决堤与吏治问题,被褫职,遣戍乌鲁木齐。后充叶尔羌办事大臣、翰林院侍讲学士、喀什噶尔参赞大臣、浙江巡抚、吏部侍郎、礼部尚书等职。林清之变时,进言内监通贼,且追查治罪,"内监多衔恨,遍腾谤言"。道光初,以疾乞休,赐三品卿衔。道光四年,卒。

另外,本年松筠还主持河工事宜。《清史稿》载吴璥于"十五年春,偕两江总督松筠合疏请修复正河,诏允行"。因吴璥无定见,前后矛盾,嘉庆"责其认真督治,不得以事由松筠主持为推诿之地"(《清史稿》卷三百六十,《列传》一百四十七)。

吴璥,字式如,浙江钱塘人,乾隆四十三年进士,选庶吉士,授编修。后擢侍讲学士,典陕西乡试。乾隆五十四年,督安徽学政。因其父曾为总河,高宗便委以河务,授河南开归陈许道。累迁布政使、光禄寺卿、吏部侍郎等职。后松筠等人弹劾他,说他与徐端等治河失宜,用人不当,垫款九十余万,恐有冒捏。两淮盐政阿克当阿劾扬河通判缪元淳浮冒工款,诏斥他知而不奏,失察误工。又私自疏浚淮北盐河,浚后复淤,故降四级调用,与徐端分赔盐河工款。乾隆六十年,署巡抚。寻因病乞假,诏解职,俟病愈以六部尚书用。

◇ 嘉庆十六年[1]辛未,六十岁。调补两广总督[2],奉上谕:松筠著协办大学士[3]，仍留两广总督之任。又奉上谕：松筠著兼内大臣[4]，赏加太子少保衔[5]，授吏部尚书[6]，来京供职。又授镶红旗满洲都统，崇文门正监督，赏在紫禁城内骑马。[7]是年，次子熙庆补授理藩院笔帖式，作为额外主事。

[1] 即1811年。
[2] 嘉庆十六年正月癸酉，两广总督百龄以病乞解任，命来京为刑部尚书。调两江总督松筠为两广总督，以刑部尚书勒保为两江总督。（《清仁宗实录》卷二三八）《清史稿》载嘉庆十六年春，"两江总督松筠调任，命托津暂代。寻回京，加太子少保，兼内大臣"（《清史稿》卷三百四十一，《列传》一百二十八）。两江总督与两广总督并不相同。结合嘉庆十四年所载，可知松筠于两江总督任上调补两广总督。
[3] 嘉庆十六年六月丙辰，命两广总督松筠协办大学士。（《清仁宗实录》卷二四四）《清史稿》载：嘉庆十六年六月壬午，"明亮以覆奏不实，降副都统。以松筠为协办大学士"（《清史稿》卷十六，《仁宗本纪》）。
[4] 嘉庆十六年六月丁巳，以协办大学士、尚书松筠兼内大臣。（《清仁宗实录》卷二四四）
[5] 嘉庆十六年八月戊辰，加两广总督松筠太子少保。（《清仁宗实录》卷二四七）八月辛亥，松筠等奏，雷琼道出缺委员递署，并称该处瘴热潮湿，水土恶劣，前任道海祥、清华二员，均因病出缺，必须谙练海疆、能耐烟瘴之员始克胜任，请以广州府知府陈镇升署等语。朝廷不同意所奏请之事。"雷琼道系请旨简放之缺，非例得在外题升者可比。该处虽孤悬海外，而设立道缺多年，历任简放之员不少，未闻有受瘴致病者。""松筠等所奏不准行。所有广东雷琼道员缺，著胡大成补授。"并从松筠之请，"改广东雷琼镇总兵官为琼州镇水师总兵官，镇标左右二营，万州、儋州原设陆路各营及水陆相兼之崖州营，均驻劄琼州，仍归琼州镇管辖。原辖之雷州左营、徐闻营及白沙塘雷州右营，改归陆路高州镇管辖。自阳江至东海西上路、阳江镇标左右二营、广海寨、吴川、硇洲、东山各营，归阳江镇统辖。自海口至龙门西下路海口、龙门、海安、崖州各协营，归琼州镇统辖。"（《清仁宗实录》卷二四七）

《清史列传》卷三十二载有松筠于两广总督任上的事迹："先是，粤洋患盗，筹议盐船，海陆兼运。至是，松筠以洋面肃清，请照旧全由海运，又疏称立法之严，尤贵行法之速。粤东惩办土匪，因部覆稽迟，有瘐毙狱中,幸逃显戮者,未能触目警心。请嗣后有伙众四十人以上,或不及四十人而有夺犯殴官各情,俱先行正法枭示。均从之。"

"九月,奏请增设佛冈厅直隶同知及照磨、司狱各一,并移设千总一、把总二、外委四,裁惠州、嘉应二府通判各一,复嘉应府为直隶州,复南雄州为府,均下部议行。"

[6] 嘉庆十六年九月乙未,以协办大学士、两广总督松筠为吏部尚书,兼镶红旗满洲都统。(《清仁宗实录》卷二四八)《松文清公升官录》所载与《清实录》略有不同。

[7] 嘉庆十六年十月辛酉,命协办大学士、吏部尚书松筠,礼部尚书福庆在紫禁城内骑马。(《清仁宗实录》卷二四九)

◇ 嘉庆十七年[1]壬申,六十一岁。充国史馆正总裁[2],专看《蒙古表传》,署理正白旗满洲都统,佩带武备院印钥,管理武英殿御书处事务,仍在军机大臣上行走[3],管理理藩院事务,充国史馆正总裁,管理咸安宫蒙古学、唐古忒等学事务。是年三月,察哈尔氏夫人薨。次子熙庆以回避,签掣兵部主事。

[1] 即1812年。
[2]《清仁宗实录》卷二五三,嘉庆十七年正月壬寅,以吏部尚书松筠为国史馆总裁官。六月庚午,命协办大学士、吏部尚书松筠赴盛京查办恭修永陵殿宇河道,并宫殿各工及建盖移驻宗室房屋,拨给地亩各事宜。(《清仁宗实录》卷二五八)
[3]《清史稿》卷十六,《仁宗本纪》载:嘉庆十七年九月甲午,庆桂以年老罢,以松筠为军机大臣。《清史稿》卷一百二十八,《河渠》三载:"(嘉庆)十五年十月,大风激浪,(淮河)义坝决,堰、盱两工掣坍千馀丈。议者谓宜筑碎石坦坡,以费巨不果。璥与端请加培大堤外靳辅所筑二堤,以为重门保障,亦为廷议所驳。及陈凤翔督南河,复申二堤之请。下江督百龄议。百龄言不若培修大堤。十七年,遣协办大学士松筠履勘,亦主百龄议。于是筑大堤子堰,自束清坝尾至信坝迤南止。凤翔以不知蓄清于湖未涨之先,即启智、礼两坝,致礼坝溃,下游淹,清水消耗,贻误全河,为百龄所劾,夺职遣戍。十八年,百龄及南河督黎世序以仁、义、礼三坝屡经开放,坏基跌塘,请移建三坝于蒋家坝南近山冈处,各挑引河,先建仁、义坝,因礼坝基改筑草坝,备本年宣泄。上命先建义坝,如

节宣得宜,再分年递修。二十三年,增建束清二坝于束清坝北,收蓄湖水。"

《清史稿》载:嘉庆十七年,初彭龄调户部侍郎。"时两江总督百龄劾南河总督陈凤翔误启智、礼两坝,凤翔已被谴,自诉辩,又评百龄信任盐巡道朱尔赓额督办苇荡失当,命彭龄、松筠往按。百龄於启坝时实同画诺,遂请薄惩百龄,而朱尔赓额被重谴,语详百龄等传。署南河总督,寻调仓场侍郎。"(《清史稿》卷三百五十五,《列传》一百四十二)初彭龄,字颐园,山东莱阳人。乾隆三十六年,乾隆皇帝巡幸山东之时,召试,赐举人。四十五年,成进士,选庶吉士,授编修。五十四年,迁江南道御史。历任兵部侍郎、户部侍郎、署南河总督、仓场侍郎等职。

嘉庆十七年春,礼坝又决,百龄劾:"凤翔急开迟闭,坝下冲动,不早亲勘堵筑,用帑二十七万两有奇;而坝工未竣,清水大泄,下河成灾。"严诏斥凤翔贻误,革职,罚赔银十万两,荷校两月,遣戍乌鲁木齐。寻凤翔诉辨,命大学士松筠、府尹初彭龄按讯,得百龄与凤翔同时批准开坝状;凤翔又评百龄信任盐巡道朱尔赓额督办苇荡柴料,捏报邀功。(《清史稿》卷三百六十,《列传》一百四十七)

陈凤翔,字竹香,江西崇仁人。腾录,议叙授县丞,发直隶河工,累迁永定河道。嘉庆六年,畿辅大水,河决者四,凤翔从侍郎那彦宝塞决,为仁宗所知。逾年,丁父忧,赐金治丧。后复授永定河道。因与百龄互相攻讦,发配至边塞地区,未行,病殁。

朱尔赓额,原名友桂,字白泉,汉军正红旗人。嘉庆十六年,百龄为两江总督治河事,朱尔赓额为江南盐巡道,佐百龄定计治河,使水有所归。在督治河工时,请以荡地不产柴者给樵兵,人四十亩,给牛具籽种,建棚厂以居,荡始有兵。浚沟渠便筏出入,采运始及远,建衙署,俾营员常年驻荡,民挟制偷窃者有禁,荡始有官。剥夺原有依靠河工材料发财的滩棍之利。后在署江宁布政使时,适逢河督陈凤翔为百龄所劾,自诉於朝,"命尚书松筠、侍郎初彭龄按讯,牵及苇荡事",遣戍伊犁。(《清史稿》卷三百六十二,《列传》一百四十九)

◇ 嘉庆十八年[1]癸酉,六十二岁。奉上谕:丹巴多尔济所出御前大臣缺,著松筠补授御前大臣,差使紧要,难以管理军机处事务,勒保著授为军机大臣。[2]又授正黄旗领侍卫内大臣、阅兵大臣,署銮仪卫銮仪使。[3]奉上谕:伊犁将军总理新疆,职任綦重,从前松筠莅任多年,镇抚有方，嗣简用总督、尚书、协办大学士、御前大臣、领侍卫内大臣办理，均属妥协。现在伊犁将军缺出，一时简用之人。松筠仍以御前大臣、领侍卫内大臣、协办大学士、吏部尚书兼任伊犁将军，俟数年后更代有人，松筠再回京入阁办事，钦此。旋授内阁大学士，仍兼伊犁将军。[4]又奉上谕：松筠著为东阁大学士，赏加太子太保衔。[5]是年，道经乌鲁木齐，审办原任领队恒杰控告乌鲁木齐都统兴奎之案。[6]次子熙庆赏给三等侍卫，随任伊犁。

[1] 即1813年。
[2] 嘉庆十八年正月乙亥，命协办大学士、吏部尚书松筠为御前大臣，大学士勒保为军机大臣。(《清仁宗实录》卷二六五)《清史稿》卷十六，《仁宗本纪》载：十八年癸酉春正月乙亥，军机大臣松筠罢为御前大臣，以勒保为军机大臣。
[3] 嘉庆十八年正月丙子，以大学士勒保为国史馆总裁官，以协办大学士、吏部尚书松筠，兼正黄旗领侍卫内大臣。(《清仁宗实录》卷二六五)
[4] 嘉庆十八年六月庚申，以协办大学士、吏部尚书松筠兼伊犁将军。(《清仁宗实录》卷二七〇)七月甲申记载了任用松筠为伊犁将军的理由："松筠熟悉该处事宜，设此时未经补授伊犁将军，亦必特派松筠赴彼查办。"(《清仁宗实录》卷二七一)

九月甲申，命协办大学士松筠为大学士，仍兼伊犁将军。(《清仁宗实录》卷二七四)《清史稿》卷十六，《仁宗本纪》载：九月癸未，以松筠、曹振镛为大学士，托津、百龄为协办大学士，铁保、章煦为吏部尚书。《清史列传》等不载日期，只言"九月，授东阁大学士"。

[5] 嘉庆十八年十二月丙午，松筠、曹振镛职任纶扉，俱著加恩晋加太子太保衔。(《清仁宗实录》卷二八〇)松筠等人此次得功，源于镇压天理教起义。

十二月丙申，命松筠、长龄筹议新疆经费。
[6] 《清仁宗实录》卷二七一，嘉庆十八年七月甲申载有此事：废员恒杰，投递呈词，控告乌鲁木齐都统兴奎，朝廷派松筠前往查办。"现将恒杰所控兴奎款折及呈出证据各件，俱发交松筠阅看。松筠晤长龄时，亦交伊公同详阅。伊二人即会同驰驿加紧速赴乌噜木齐秉公审办。原造恒杰，已谕令晋昌派委妥员押赴乌噜木齐备质。""恒杰人本虚浮，今被参之后列款讦诉。其呈内所称并非报复，原不足信，但款迹甚多，亦未

必尽由虚捏。松筠等务当一秉虚公,逐款确查。如所控虚多实少,恒杰系获罪之人,又捏词倾陷,应加重问拟。若所控多有实据,间有一二虚诬,但照例治以应得之咎。至兴奎年已衰老,即各款审系全虚,亦令其来京候旨,一经得实,松筠等即传旨将兴奎革职研讯,不必再行奏闻请旨,以致往返稽迟。审明后,即行按律定拟具奏,不可稍存姑息,将就了事。其所供各款内,矢公教一款,最关紧要。新疆地方,岂可令兵丁官员学习书符念咒之事?此风断不可开。究竟由何传习,果否煽惑多人,著松筠等确查严禁,不可张皇株累,务令革除敝习,以靖边疆。至其馀各款,如兵丁纵妻卖奸,佐领不行革退钱粮,任其冒领,而以子告父,原审官听情故出;又知县署内畜养女曲歌唱及废员朱栋毒毙跟役,委员检验不实。如果属实,该员等均应革职审拟。此外,关系官员营私舞弊之处,松筠等查明某款得实,即将该员一并革职严行审讯。其所控库尔喀喇乌苏领队大臣台斐音,于今岁上元前赴乌噜木齐看灯一节。该处领队大臣系台保,并非台斐音,著松筠等查明,台保如实有擅离职守,逢迎都统之事,亦即据实参奏。将此谕令知之。"

后查明,兴奎确有贪受银两之罪。《清仁宗实录》卷二七二,嘉庆十八年八月乙未载,据留京王大臣传讯兴奎之子额僧保供:"伊父除交给银二千八百两带京外,任所约尚有存蓄银三千馀两。伊父每逢年节,绿营官员公送礼物,间有银一二百两不等,伊父俱行收受,其州县等官年节送礼,只收紬缎食物,从未收受银两等语。兴奎以都统大员,不思洁己奉公,收受绿营官员馈送银两,殊属贪鄙。除已降旨吉纶等,令将兴奎及伊子额僧保名下在京赀产籍没外,松筠、长龄二人到彼后,即著传旨将兴奎革职,并将伊任所赀财严密查抄。现在兴奎任所赀财,是否仅如额僧保所供之数?兴奎平日有无得受州县馈送银两,及此外另有婪索之处?均再查讯明确,据实奏闻,勿任支饰。至此外恒杰所控各款,如矢公教并上元节点放烟火及协领成格醉骂公堂各款,现在讯问额僧保俱属有因,惟与原控情节轻重互异,并著松筠等同其馀所告各款一并彻底究明,核实办理。"

◇ 嘉庆十九年[1]甲戌,六十三岁。奉旨:松筠著为武英殿大学士。[2]时吐鲁番回子郡王伊斯堪达尔之子玉努斯,任喀什噶尔阿奇木伯克,应私取利,苦累回民,违例与霍罕伯克爱玛尔通好,致令爱玛尔遣使携带贸易者三百馀人,欲于喀什噶尔添设哈子伯克,抽收安集延买卖人家财,经喀什噶尔参赞大臣恩长、协办大臣玉福参办。公奏明赴喀什噶尔审讯。又查出玉努斯妻色奇纳巫蛊密情,将色奇纳正法,玉努斯发遣伊犁圈禁。[3]

[1] 即1814年。
[2]《清史列传》卷三十二载嘉庆十九年"八月,授武英殿大学士"。
[3] 玉努斯之事,详见于《清实录》。《清史列传》等书不见记载,《清史稿》卷三百四十二载有此事:"喀什噶尔阿奇木伯克玉努斯听其妻色奇纳言,多不法,私与浩罕酋爱玛尔交通。爱玛尔欲使尊为汗,遣使请自设哈子伯克,用浩罕税例征安集延商。十九年,松筠巡视回疆,诛色奇纳,械玉努斯,禁锢伊犁;拒浩罕之请,斥去其使。"

嘉庆十九年二月癸巳,松筠访知玉努斯遣人致送霍罕伯克爱玛尔礼物,与之通好,爱玛尔遂遣使呈请在喀什噶尔添设哈子伯克,自行办理安集延事务,不必阿奇木伯克管理。"玉努斯系回子郡王阿奇木伯克,前经松筠访有营私取利、苦累回民等款,因令松筠前往查办。今复有遣人与霍罕伯克通好,致送礼物,致该夷使有自设哈子伯克之请。著松筠将前后访出各款,逐细向玉努斯诘讯,务得真实情由,再行奏明办理。"二月戊戌,松筠将玉努斯摘去顶翎,在叶尔羌看守。(《清仁宗实录》卷二八四)

二月丙辰,松筠奏:查明喀什噶尔已革阿奇木伯克玉努斯,邀功妄杀四命,苦累回众,并将喀什噶尔参赞大臣铁保革职。"铁保前在两江总督任内,于王伸汉谋毒李毓昌一案,毫无觉察,将伊褫革发遣。旋又弃瑕录用,授为喀什噶尔参赞大臣,洊升吏部尚书。乃前于玉努斯编造谣言,刑求无辜,不加详勘,致成冤狱,枉杀四命,其咎甚重。且伊前此办理阿克苏钱局一案,现被革员官成控告多款。可见伊在新疆时,仍前溺职,自任吏部,所言甚属谬妄,毫无胆气,竟是无能废物,不能屡恕。"(《清仁宗实录》卷二八五)

闰二月甲戌,将玉努斯之妻色奇纳正法。"玉努斯著加恩免死,解往伊犁永远监禁。"(《清仁宗实录》卷二八六)

四月戊寅,松筠为玉努斯之子迈玛特玛哈苏特所奏袭封贝子及陆续加封贝勒郡王等项被驳。"玉努斯缘事获罪,所出王爵,系伊祖额敏和卓功勋所立,承袭自有定例。玉努斯之子,系罪人之子,例不应袭。松筠率为奏请,且令先袭贝子,尤属非宜。松筠系大学士兼任将军,办事历练有年,今如此游移软弱,锢疾难除,本应交部议处,姑念此系密奏,免其交议。著传旨严行申饬。其承袭王爵谱系,著该将军行知吐鲁番领队大臣,报明理藩院照例办理可也。"(《清仁宗实录》卷二八九)

◇ 嘉庆二十年[1]乙亥,六十四岁。八月,喀什噶尔回子阿珲孜牙墩戕害卡伦官兵,焚烧马厂。公赴回疆审办,讯出系布察克布鲁特比图尔第迈玛特怂恿,将图尔第迈玛伊特与孜牙墩并处极刑。[2]

[1] 即1815年。
[2] 孜牙墩事件,《清史列传》卷三十二载:嘉庆"二十年,以审办塔什密里克逆回仔牙墩一案,未候命下,将首从均置重辟,严旨切责,革去太子太保衔,仍革职留任"。《清史稿》等书也载有此事。

嘉庆二十年九月丁亥,旨令松筠带兵会同成宁办理塔什密里克回庄阿浑孜牙墩纠众滋扰之事。辛卯,成宁奏:塔什密里克回匪孜牙墩勾引布鲁特等焚烧马厂,戕害官兵,永芹带领官兵及回兵追捕,贼众奔窜出卡,逃往伪塔克地方固守。永芹在附近回庄山僻等处搜拿余匪,令侍卫副护军参领永明等带兵与回兵协剿,现拿到逆匪。讯据供称:孜牙墩于十九年二三月间,即说要夺南八城作王子等语。著松筠迅速驰往喀什噶尔兼署参赞大臣事务。"到彼后,如孜牙墩尚未就获,即先檄催图尔第迈莫特上紧追剿,如兵力不敷,即飞催富永等速带伊犁精锐五百名前来合剿。孜牙墩就擒后,即在喀什噶尔审讯,凌迟处死枭示。其随同谋逆者,皆按律斩决,俾边圉回众共知儆畏。再,此案孜牙墩潜蓄逆谋已久,所有十九年二三月以后喀什噶尔之参赞大臣等,均有失察之咎,著松筠查明,一并严参。成宁于事竣后,即令自备资斧来京,听候部议。永芹身系宗室,曾充乾清门侍卫,且年力方壮。伊既亲身带兵追贼,乃并未出卡,藉搜拿为名,在中途驻劄,实属畏葸无能,著即革职,自备资斧回京,无庸留彼效力。"(《清仁宗实录》卷三一〇)

十月庚申,命大学士、御前大臣、伊犁将军松筠回京,以伊犁参赞大臣长龄为将军。(《清仁宗实录》卷三一一)

十一月戊申,松筠等奏孜牙墩与布鲁特比图尔第迈莫特一同谋逆。皇帝生疑:"其图尔第迈莫特诡诈情形,成宁等屡次奏折,从无一字提及?何以转向松筠备述,即松筠前几次奏折,亦无一字提及?今忽有此奏,实属可疑。""且该比如与孜牙墩同谋在先,后又帮助官兵协拿逆党,孜牙墩必怀愤恨。何以两月以来,总未供扳？直至十月二十以后,松筠派人诘讯,始行供出。种种疑窦,殊难凭信。非朕不信松筠,恐松筠受伊萨克愚弄,为铁保之续耳。现已有旨饬令松筠速回伊犁。著长龄于接奉此旨后,即带伊犁将军印篆,由木素尔达巴罕前赴喀什噶尔,并带伊犁明白通事,将此案另行审办。""如讯明图尔第迈莫特实系助逆,自应照松筠原拟奏明办理,不可疏纵。若该比并无同谋助逆情事,且曾协同官兵查拿逆党,今以疑似之情,置之重辟,边疆重地。若各布鲁特俱心怀不服,所关匪细。事关国家要务,长龄不可因松筠已有此奏,稍涉回护,务与成宁、永芹同秉公心,虚衷研鞫,不可稍有成见。倘松筠所奏,竟系轻疑妄听,则将松筠据实参奏,毋稍徇隐。其孜牙墩等应行正法各犯,如无应讯之事,长龄到彼后,即先行分别办理,附报奏闻。"(《清仁宗实录》卷三一二)

十二月辛酉,松筠办理孜牙墩谋逆案。"孜牙墩系谋逆首犯,经朕降旨,饬令严刑审讯,即行凌迟处死。乃松筠到彼将及两月,始将该犯正法。至图尔第迈莫特,前据松筠奏称,系与孜牙墩同谋,定拟斩枭,请旨办理。朕核其情节不符,降旨令长龄覆讯。松筠既经请旨,自应候旨遵行,乃忽又奏报,已将图尔第迈莫特与孜牙墩一同凌迟处死。松筠办理此事,实属错谬。松筠著革去太子太保,仍交部议处。"(《清仁宗实录》卷三一三)

嘉庆二十一年三月庚寅,前因松筠审办布鲁特比图尔第迈莫特罪名前后两起,于该犯谋逆情形,声叙亦未明晰。"松筠既经奏请将该犯斩枭,所拟罪名,原无错误,必应俟奉到谕旨后再行处决,方为正办。乃未奉明示,忽将该犯凌迟处死,与孜牙墩毫无区别。且纵令该犯家属多名同时遁逃,办理实属草率。松筠前已革去太子太保,部议降四级调用,无级可降,应行革任,著加恩改为革职留任。"(《清仁宗实录》卷三一七)

有关孜牙墩案件,可参见谢志宁之《1815 年新疆孜牙墩事件真相及其影响》。"通过对孜牙墩事件真相及其影响的探讨,我们可以认为这个事件是阿奇木伯克玉素普压迫而激起的一次宗教贵族或地主领导的反抗。这次反抗并不具备普遍意义,也没有明显的宗教反叛的色彩。那些认为它是'黑山派的最后反抗',认为'孜牙墩阿訇梦想在回部树立起伊斯兰教的政权',这是一场维吾尔族'反对异教徒满清王朝的叛乱'等观点都是不正确的。但是,这次事件的影响却是深远的,特别是由于清朝官员严重的处置失误,造成了一系列恶果,因而被张格尔利用,南疆从此开始动荡不安。从这个意义上说,不是孜牙墩事件本身,而是清朝官员的错误处置使得这次事件成了南疆动荡的先声。"(《中国边疆史地研究》1996 年第 2 期)

◇ 嘉庆二十一年[1]丙子,六十五岁。二月,自回疆旋伊犁。嗣以钦差、伊犁参赞大臣长龄等复查图尔第迈玛特之案,办理并无错误,惟不候谕旨,率将该比正法。经大臣等参奏,奉旨革去太子太保衔。[2]六月,奉上谕:松筠在伊犁将军任已三年矣,著来京在御前大臣上当差。旋派管理吏部、理藩院事务,补授镶蓝旗满洲都统、崇文门正监督。[3]八月,奉上谕:御前大臣、大学士松筠由伊犁将军召回供职,曾有旨谕令缓程行走,松筠因朕秋狝期近,闰六月初一自伊犁起程。八月十二日已抵热河,行走仅止七十日,实为迅速。伊年已六十有五,扈从进哨,尚能随侍左右,追逐牲兽,甚属奋勉,松筠著加恩赏还太子太保衔,以示奖励。[4]十月署理两江总督[5],交卸回京,至邳州,奏请放赈。[6]十一月,奉旨:松筠著管理刑部事务,毋庸管理吏部。

[1] 即 1816 年。
[2]《清史稿》卷三百六十七,《列传》一百五十四载有松筠遭弹劾一事,从行文看,弹劾松筠的是长龄:"(嘉庆)二十一年,予(长龄)都统衔,充伊犁参赞大臣,命察治回匪图尔迈善狱,劾罢将军松筠,遂代之。"
[3] 嘉庆二十一年五月甲辰,命大学士、御前大臣、前任伊犁将军松筠即行回京。(《清仁宗实录》卷三一八)《清史列传》卷三十二载:"五月,召还京,命在御前大臣上行走,总理谙达处。""七月,管理吏部、理藩院事务,授镶蓝旗满洲都统,复充崇文门正监督。"《清史稿》卷十六,《仁宗本纪》载:嘉庆二十一年秋七月乙卯,和世泰、穆克登额、苏楞额以带领英吉利国使臣,不谙事体,不克入觐,俱黜降。以松筠为满洲都统,和宁为工部尚书。嘉庆二十一年七月乙卯,"命大学士松筠管理吏部理藩院事,兼镶蓝旗满洲都统"(《清仁宗实录》卷三二〇)。
[4] 嘉庆二十一年九月丁未,赏还大学士松筠太子太保。(《清仁宗实录》卷三二二)《清史列传》卷三十二载:八月,复赏穿黄马褂。九月,管理健锐营事务,赏还太子太保衔。
[5]《清史列传》卷三十二载:"十月,署两江总督。"《清史稿》卷十六,《仁

宗本纪》载:嘉庆二十一年冬十月戊子,命松筠署两江总督,章煦为军机大臣。嘉庆二十一年十月戊子,两江总督百龄因病乞假,允之。以大学士松筠署两江总督。(《清仁宗实录》卷三二二)

[6] 嘉庆二十二年正月癸丑,松筠奏邳州沿途穷民恳请抚恤。"查淮安、扬州、徐州、海州、四府州属被淹地方,俱系勘不成灾,业经奉旨缓徵。各属被水田地已渐涸复,补种二麦,冬雪频沾,粮价平减,毋须再行接济。惟沛县东北一带各乡被水较重,涸复稍迟,麦田未能种齐,请赏加一月口粮。是以新正降旨,只将沛县一县加恩。兹据松筠奏,邳州穷民拦路呼号,恳请抚恤,并铜山等县均须赏给口粮。著松筠、孙玉庭动用不拘是何款项,先行妥为抚恤,一面会同确查。如邳州、铜山等县灾地情形与沛县实属相等,应行赏给口粮,以资接济。迅速由驿奏明抚恤,勿使穷黎失所。"(《清仁宗实录》卷三二六)

◇ 嘉庆二十二年[1]丁丑,六十六岁。管理雍和宫三学事务,管理咸安宫蒙古学事务。[2]奉上谕:昨据大学士松筠折奏致旱之由,因朕欲诣盛京,列圣示象阻止等语,是以交军机大臣合同吏部议处。本日奏上,议将松筠革职,实属咎所应得,故从宽典,薄示降谪,松筠革去大学士、御前大臣、领侍卫内大臣、都统并各项差使,以二品顶戴补授察哈尔八旗都统,仍带革职留任,八年无过,方准开复。[3]

十月十二日奉旨:此案著派松筠驰驿前往归化城,据实查办,原告达莫龙,该部照例解往备质。十三日,又谕曰:昨降旨派松筠前往归化城,查办佐领达莫龙呈控盘获教匪,副都统等不为究办一案,系因察哈尔距归化城不远,令松筠就近前往。松筠到彼审明后,即缮折具奏,速回察哈尔都统本任。[4]

[1] 即1817年。
[2] 嘉庆二十二年四月癸巳,以大学士松筠、董诰、户部尚书刘镮之、都察院左都御史汪廷珍、吏部左侍郎王鼎、户部左侍郎黄钺、工部左侍郎王以衔、内阁学士毛谟为殿试读卷官。(《清仁宗实录》卷三二九)
[3] 松筠以天象劝阻嘉庆东巡,遭罢职。《清史列传》卷三十二载:六月,奏言三辅亢旱,请将来年恭谒祖陵典礼暂缓举行。《清史稿》卷十六,《仁宗本纪》载:嘉庆二十二年六月甲戌,松筠疏请停止明年奉谒祖陵。奉旨严斥,罢大学士,黜为察哈尔都统。

六月甲戌,谕内阁:"乾隆四十三年,皇考高宗纯皇帝躬诣盛京,特降谕旨,垂示后嗣,必当眷怀辽沈旧疆,再三周历,蕲于祖宗遗绪,身亲目睹。或无识臣工,妄以为不宜,当律以悖命之罪,诛之无赦。朕敬承圣训,拟于明秋再举躬谒三陵大典,用展孝思。时向臣工言及,尚未明降谕旨。今夏亢旱,未得甘霖。昨据大学士松筠折奏,致旱之由,因朕欲诣盛京,列圣示象阻止等语,实属梦呓,怪诞极矣。成汤遇旱,六事自责,六事中有谒祖陵一节乎?况一年后之事,先为此言,摇惑众心,大玷首辅之职矣!设若明年直隶及盛京遇有歉收,朕亦不待奏请,何难降旨展期乎?上年因绵课阻止秋狝,曾降旨倘有造作浮言阻止者,必按军法。今松筠因夏令微旱,竟敢阻止明岁上陵巨典,较秋狝为尤甚。此奏若在明降谕旨之后,朕必将松筠置之重典,仰承皇考律以悖命之罪,立行正法。但今逢苦旱之时,有罪之犯尚欲减等,究在未降谕旨之前,是以交军机大臣会同吏部议处。本日奏上,议将松筠革职,实属咎所应得,姑从宽典,薄示降谪,朕从不因言罪人。此等显背圣训之论,不能不惩治也。松筠著革去大学士、御前大臣、领侍卫内大臣、都统并各项差使,以二品顶带补授察哈尔八旗都统,仍带革职留任。八年无过,方准开复。此朕准情示罚,不得已之苦衷。此心不懈,期挽污俗,天下臣庶其谅之。此旨著上书房存记,皇子皇孙懔承毋忽,仍通谕中外知之。"

(《清仁宗实录》卷三三一)

六月壬午,谕内阁:"本年入夏以来,畿辅缺雨。近日,省东、省南各府及古北口迤北,俱陆续得有透雨,惟顺天、保定二府仍形旱燥,连日油云时布,总未能溽润蒸腾,沛为渥澍。仰窥昊苍垂象,似天气下降,地气不能上承,且值浓云弥漫之时,辄为飓风吹散。现行夏令,非若春风鼓荡,乃节候之常。其在《洪范・咎征》曰:蒙恒风若。朕思上下之交,惟在相与以诚。蒙之为患,不必实有欺蔽隐匿之事,即下有陈善纳诲之心,而中存疑畏,不敢直达,亦足致否塞之象。昨朕亲制《望雨省愆说》,颁示臣工,以为致君泽民,诸臣是赖。朕有过愆,当据实入告。乃次日即有松筠折奏,谓致旱之由,因朕欲诣盛京,列圣示象阻止,其言怪诞不经,显与皇考高宗纯皇帝圣训相背,即律以悖命之罪,夫复奚辞?朕曲加宽贷,念其言在未经降旨之前,仅交议处。经军机大臣会同吏部议以革职,朕复施恩,将伊降补察哈尔都统,仍系一品职官,暂用二品顶带,并非若文职之降为部属,武职之降为侍卫者。朕之原情示罚,亦既再四权衡矣,实无憎嫌松筠之念,出于万不得已也。然恐外间无识之徒,因见松筠以御前大臣、大学士，一经建言失旨，遂被严谴，辄虑及保身保爵，惟恐以言获咎，各思缄默。殊不知松筠之妄言，朕处于不能不加严惩之势。而朕因灾自省，冀闻谠言以补阙失之殷怀，实堪共谅。特再通谕在廷诸臣，务各矢忠诚，尽心国是。其确有所见，即据实直陈，用资匡弼，庶上下感通，除否塞之弊，而成交泰之休，和气所蒸，兆成康阜。朕实有厚望焉！"（《清仁宗实录》卷三三一）

六月乙未，命察哈尔都统松筠，往奠故喀尔喀赛因诺颜扎萨克亲王巴彦济尔噶勒茶酒，赏银一千两治丧。（《清仁宗实录》卷三三一）

[4] 嘉庆二十二年十月壬午，命察哈尔都统松筠驰往归化城审案。（《清仁宗实录》卷三三五）

十月癸未，嘉庆敕谕，松筠已离伊犁将军之任，嗣后不准贡献马匹。再降旨派松筠前往归化城，查办佐领达莫龙呈控盘获教匪，副都统等不为究办一案。"系因察哈尔距归化城不远，令松筠就近前往。松筠到彼审明后，即缮折具奏，速回察哈尔都统本任，断不可借奉使为名，妄思来京复命也。"（《清仁宗实录》卷三三五）

十一月，察哈尔都统松筠奏谢，得旨："汝岂不知典故，总为耳软心慈所误。近年汝之情性，亦觉喜怒失常，任意径行，亦不受人规劝。过宽之处固多，过刻之处亦不少，汝扪心自问即知矣。执中二字，汝其勉之！"（《清仁宗实录》卷三三六）

十二月甲午，因乾隆圣训清汉本刊印全竣，颁赏臣工，松筠亦在分赏之例。"乾隆四十三年，皇考亲诣盛京，恭谒祖陵，降旨垂谕后嗣，当眷怀辽沈旧疆，再三周历。或无识臣工，妄以为不宜，当律以悖命之罪，诛之无赦。煌煌圣谕，现恭载圣孝门内。松筠前此妄行陈奏，或未曾恭读圣训。此次颁发到日，著松筠敬谨焚香跪读，扪心自问，伊率意妄言，当得何罪？其时朕仅将伊降谪，伊心是否允服，知感知惧？倘自谓抱屈，亦不妨直言，即行缮折覆奏。再松筠昨奏，请赏给太仆寺商都二百五十九群牧官兵，每群牧各银十两。朕以赏出无名，且每官兵所得无几，事非长策，未予准行。本日据松筠覆奏，惟称今岁口外雪大，各群牧辛勤奋勉，是以奏请鼓励等语。察哈尔地方冬令雪大，系常有之事，历任以来，从无因此奏请鼓励者。松筠今岁创为此举，若一年准其赏给，则明年必将援以为例，岁縻数千金，亦非所惜。究之牧群人众，所获几何，于马政更有何裨益？且该处官兵等闻松筠一有此奏，早已心生感激，及知未蒙允行，又必归怨于上。松筠天性好行小惠，煦煦为仁，全不

思经久长策,亦不知为政大体,不可不痛自改悔也!"(《清仁宗实录》卷三三七)

◇ 嘉庆二十三年[1]戊寅,六十七岁。补授礼部尚书兼管乐部太常、鸿胪寺事务。[2]是年十月,长子熙昌卒。[3]派赴绥远城查办蒙古事件,并署该处将军。[4]

[1] 即1818年。
[2]《清史稿》卷十六,《仁宗本纪》载:嘉庆二十三年正月戊申,"特诏松筠勿沽名市惠,以保桑榆"。"十二月戊子,以八十六为广州将军,松筠为礼部尚书。以刘镮之为左都御史。"《清史列传》卷三十二载:(嘉庆)二十三年十二月,授(松筠)礼部尚书,兼管乐部、太常寺、鸿胪寺事务。《清史列传》卷三百五十二载,嘉庆二十三年十二月辛卯,以礼部尚书穆克登额、署兵部左侍郎刘镮之为都察院左都御史,以正白旗汉军都统松筠为礼部尚书。
[3]《清史列传》卷三十二载:(嘉庆)二十三年十月,"时松筠之子吏部侍郎熙昌殁于湖南差次,上悯松筠年老丧子,召回京,调补正白旗汉军都统,赏还头品顶带、花翎,复赐紫禁城骑马。"十月戊子,谕内阁:"松筠因上年夏令微旱,奏阻谒陵大典,本应治以重罪,因念伊系旧臣元辅,曲加宽宥,仅革去大学士、御前大臣,降为二品顶带,补放察哈尔都统。本年四五月间雨泽稀少,自六月后甘霖叠沛,转歉为丰,由畿辅以至兴京千馀里间,普登上稔,跸路天气暄和。迨恭谒三陵大礼庆成后,驻跸盛京,澍雨三日,旋即晴霁,克期旋跸,往返七十馀日。朕躬康泰,诸事吉祥,足征天祖垂佑,大礼必应举行,始能获此嘉应。松筠前此轻听人言,妄生浮议,可谓耳软无知。伊自乾隆年间宣力中外,历有年所,本欲俟一二年后,仍召令还京,今伊长子熙昌殁于差次,又无子嗣,实属可悯。昨已优加恩恤,俟伊灵柩抵家,仍派大员赐奠。松筠年老丧子,倍觉可怜,松筠著加恩调补正白旗汉军都统,赏还头品顶带花翎,所遗察哈尔都统员缺,即著伊冲阿补授。伊冲阿俟松宁到任后,由彼速赴新任,无庸来京谢恩。松筠俟伊冲阿到任后,即行回京供职。"(《清仁宗实录》卷三四八)
[4]《清史列传》卷三十二载:嘉庆二十三年十月,(松筠)署绥远城将军。十月壬辰,命理藩院尚书和世泰、正白旗汉军都统松筠仍在紫禁城

内骑马。(《清仁宗实录》卷三四八)

十一月庚戌,内阁兵部奏松筠等违例调补总管,请交部议处。"松筠平日每于属员中有意见,好违道干誉,本性难移。此次察哈尔镶蓝旗总管缺出,辄奏请将革职留任、限缉之罗布桑丹巴调补,又请将原品休致之鄂特欢坐补镶黄旗总管,俱属违例。罗布桑丹巴著仍回本任,鄂特欢仍以原品休致,松筠等含混陈请,俱著交部议处。"(《清仁宗实录》卷三五〇)

十一月丙辰,因大青山一带地方,屡有抢劫之案发生,官兵缉捕废弛已极,"著松筠由察哈尔驰往绥远城署理将军事务"(《清仁宗实录》卷三五〇)。

◇嘉庆二十四年[1]己卯,六十八岁。兼署理藩院尚书、咸安宫蒙古学、唐古忒等学事务,调补兵部尚书,补授御前大臣、镶黄旗领侍卫内大臣[2],兼管总理行营事务。又授阅兵大臣,调补正红旗满洲都统。[3]又授盛京将军。[4]

[1] 即1819年。
[2]《清仁宗实录》卷三五六,嘉庆二十四年四月己巳,以礼部尚书松筠为满洲翻译会试正考官,礼部右侍郎同麟为副考官。
嘉庆二十四年六月癸卯,调礼部尚书松筠为兵部尚书、御前大臣兼镶黄旗领侍卫内大臣。(《清仁宗实录》卷三五九)《清史稿》卷十六,《仁宗本纪》载:嘉庆二十四年六月癸卯,"调松筠为工部尚书"。
[3] 嘉庆二十四年七月壬戌,调正白旗汉军都统松筠为正红旗满洲都统,以郑亲王乌尔恭阿为正白旗汉军都统。(《清仁宗实录》卷三六〇)
[4] 嘉庆二十四年九月癸酉,命兵部尚书松筠退出御前大臣,为盛京将军。调理藩院尚书和世泰为兵部尚书,以盛京将军赛冲阿为理藩院尚书、镶黄旗领侍卫内大臣、正红旗满洲都统、御前大臣。(《清仁宗实录》卷三六二)

《清史稿》卷十六,《仁宗本纪》载:嘉庆二十四年九月癸酉,罢松筠御前大臣为盛京将军。

◇嘉庆二十五年[1]庚辰,六十九岁。因兵部遗失行印,革去盛京将军,降补山海关副都统,仍带革职留任。又奉谕旨:兵部尚书遗失行印之咎甚重,著革去山海关副都统,以该旗公中佐领用。[2] 又因盛京已革骁骑校温程嚇令刘二标子等殴毙宗室喜授,应将错拟罪名,会衔具题之。前任盛京将军松筠,缘事降为公中佐领,无级可降,著以本旗骁骑校降补。[3] 今上御极,以叩送梓宫,补授都察院副都御史,升授左都御史,又授热河都统。[4] 陛辞之日,恭进所纂《伊犁总统事略》十三卷,赐名《新疆识略》,御制序文,付武英殿刊行。[5]

[1] 即1820年。
[2] 兵部遗失行印案,后审明事情发生在嘉庆二十四年八月二十八日。兵部关防,有堂印和行印两枚。堂印留衙门,行印随皇上出巡。嘉庆二十五年三月初七日,兵部监印吏鲍干入库取行印时,发现印信遗失,初八日具奏,事见《清仁宗实录》卷三六九。嘉庆二十五年四月辛亥,"行印确于上年八月二十八日在巴克什营地方遗失。看印之捷报处书吏,于失印后用备匣加封顶充,并贿嘱兵部堂书鲍干含混接收,当月之司官并未开匣验视。入库后,鲍干复装点在库被窃情形,以图抵卸"。其他人并未仔细查验,致使行印丢失。皇上将松筠等人全部处分。"此次松筠率委之捷报处司员,而该司员又委之书吏,以致遗失。松筠之咎甚重,松筠著革去山海关副都统,以该旗公中佐领用,有缺补授,无缺在旗候补。"

又有人认为此事之解决方法实为遮人耳目,昭梿《啸亭续录》卷四《兵部失印事》载:"嘉庆庚辰春,睿皇帝恭谒西陵,兵部奏失行在印信。上命留京王大臣等审讯日馀,未得端倪。后由鲍姓胥吏供,系前秋巡幸木兰时行帐中遗失,随从司员隐匿未报等情,将堂官司员降革有差。移交古北口提督等处访拿正凶,终未缉获。然闻何主事炳彝言,是日收印时,适伊值日,亲同满员手封贮库,实未尝失也。或言有人觊觎非分,贿鲍姓者窃去,意存叵测,事未及发而谋败,诸大臣恐兴大狱,故借行帐中遗失消弭其事云。未匝月,有贵人父子相继暴殂,又将幼子私蓄他所,匿报有司,传言或非妄也。"从目前看,此事应为一桩谜案。

《清史列传》卷三十二载:嘉庆二十五年"四月,以兵部遗失行印,查系松筠时任兵部尚书,且佩带印钥,革去盛京将军,降山海关副都统,复降本旗公中佐领"。

[3] 嘉庆二十五年六月丁未,"松筠自前岁奏阻朕巡幸盛京,恭谒祖陵,丧心病狂,乖谬已极。伊从此即福薄灾生,彼时未将伊严谴,降授察哈

尔都统,到任后,即为所属协领请赏花翎,一味市恩邀誉。现今诸臣为其所惑者颇多,并有称伊为师者。嗣复简用御前大臣、兵部尚书,又于行在遗失印信。其在盛京将军任内,中前所、沙河所盗贼肆行,全无整顿。文凌相图之案,亦漫无觉察。此案复率尔会衔具题。种种辜恩怠职,不能再邀宽贷。投闲置散,实不为过。松筠著以本旗骁骑校降补"(《清仁宗实录》卷三七二)。《清史列传》卷三十二载:嘉庆二十五年"六月,又以前在盛京将军任内审拟温程殴毙宗室喜受罪名颠倒,再降本旗骁骑校"。《清史稿》卷十六,《仁宗本纪》载:嘉庆二十五年六月癸卯,"松筠黜为骁骑校"。

[4] 嘉庆去世,道光重新任用松筠。陈康琪于《郎潜纪闻二笔》卷四《松文清受知宣宗》中载:"睿庙升遐,择日奉移观德殿,宣宗哭泣步送。王公大臣以下俯伏甬道者,白袍如雪,几及万人。宣宗步行方半,忽趋至甬道边,扶一跪伏者之手,哀号失声,跪伏者亦抢地大恸。众远察之,则松公也。翼日,即有副都御史之命,公仍得左右赞襄矣。"李元度《清朝先正事略》(台湾昭文书局,1985年版)卷二十二《名臣》中与此记载大体相同。

嘉庆二十五年九月甲子,以降补骁骑校、前任盛京将军松筠,为都察院左副都御史。(《清宣宗实录》卷四)

《清史稿》卷十七,《宣宗本纪》一载:嘉庆二十五年九月壬戌,起松筠为左副都御史。

嘉庆二十五年十月戊子,以都察院左都御史普恭为礼部尚书,总管内务府大臣和世泰为理藩院尚书,都察院左副都御史松筠为左都御史。(《清宣宗实录》卷六)

十一月壬戌,松筠请设八旗满洲、蒙古义学,道光对其主张略持异议:"八旗设学,固为广育人材起见。然摊扣地租钱粮,于政务实未得体。况各旗旧有甲喇学,除学舍现存者,毋庸添设外,其房屋坍塌者,或量为修整,或另行躐觅,即于嘉庆二十四年恩赏八旗房租钱项下,自行酌办。所用教习,如果教有成效,听该都统等自行鼓励,亦毋庸另立章程,馀依议。"(《清宣宗实录》卷八)

十一月癸酉,以都察院左都御史松筠为热河都统,热河都统诚安为都察院左都御史。(《清宣宗实录》卷九)《清史稿》卷十七,《宣宗本纪》一所载与此相同。

十一月丁丑,谕内阁:"侍讲学士顾莼奏,松筠宜仍置左右一折,狂谬怪诞已极。朕擢松筠于降谪之馀,先用为左都御史,又任以热河都统,量能授职,自有权衡,何分内外?乃顾莼以为擢任左都御史之日,群臣庆于朝,万民怀于野,松筠何足以致之?若简放热河都统,乃使之为国宣力。顾莼以为虽予重大之任,若有疏远之心,则尤为信口乱言矣,甚至称:或疑其意气之戆,致拂圣聪;或疑其攻击之严,致遭众忌。无论朕虚怀纳谏,从不以直言为忤。且松筠月馀以来,实无犯颜极谏之事,其于内外臣工,更无私毁私誉。若以此致疑,岂举朝满汉大臣,除松筠而外,均为谀谄容悦之人乎?折内又称:现虽大开言路,然各部交议者多被斥驳,外省饬查者曲致弥缝。欲使朕疑言者之多诬,冀言者之少息,如此谤讪,尤出情理之外。朕于臣工陈奏事件,是者立见施行,非者存而不论,其介乎可否之间者,往往交议,以定从违。若如顾莼之言,凡交议者一概不许驳正,是朝廷政事,不论是非曲直,一皆决于言官,必将大开门户党援之习,紊乱朝纲,国是尚可问乎?用人行政,乃朝廷之大柄,顾莼以小臣妄言干预,似此浇风,断不可长。著交部严加议处,以示惩儆"(《清宣宗实录》卷九)。《清史稿》卷十七,《宣宗本纪》一所载与《清宣宗实录》相同:"丁丑,翰林院侍讲学士顾莼奏松筠宜置左右,忤旨,下部严议。"《清史稿》卷三百七十七,《列传》一百六十四载:"左都御史松筠出为热河都统,莼上疏,谓松筠正人,宜留置左右,失上意,降编修,九岁不调。"

顾莼,字南雅,江苏吴县人。嘉庆七年进士,选庶吉士,授编修,曾督云南学政,课士严而有恩,以正心术端行谊为首,次治经史、辨文体。按试所至,闻贤士必礼遇之,士风丕振。嘉庆二十五年,迁侍讲学士。值宣宗初政,疏请停捐例。再疏陈崇君德、正人心、饬官方三事,被采纳。曾谏言沿袭原有作法,大臣子弟不得充军机章京。在松筠出为热河都统之际,他上疏,力荐松筠留置皇上左右,遭降,九岁不调。因在史馆时,如实记载和珅数次被高宗诘责之事,受到嘉庆的赞扬。道光也赞其直笔。

[5]《清宣宗实录》卷一二,道光元年正月。"是月,御制《钦定新疆识略》序,曰:西陲僻处要荒,三代以前,阻于声教,汉唐而后,史乘传记间及其疆圉、风俗,然皆以羁縻为事,未有隶入版图者。洪惟我皇祖高宗纯皇帝化罩九有,功葳十全,一再平定准噶尔,继复平定回部。而窜徙异域之土尔扈特,旋亦向阙输诚,归命恐后。于是,二万馀里之新疆自古顽梗弗率者,莫不在我户闼,列诸编氓,祎矣盛矣,诚开辟以来所未有

也！我皇考仁宗睿皇帝，觐扬光烈，累洽重熙，临御二十五年，无日不以绍阐前猷，绥靖边黎为念。盖西土之惟时怙冒者，六十馀年于兹，而亲贤乐利，户口繁登，视昔倍臻阜庶焉。顾其幅员之广，经理之宜，初未勒有成书，昭示来许。因面命松筠司其事，盖以其任伊犁将军有年，于彼中情事知之有素故也。兹松筠纂辑告成，缮本呈进，朕披览全帙，卷首恭载皇祖圣藻，以下厘卷十二，有图有表有叙论，虽于古迹土俗物产略而弗书，而河山之襟带，城郭之控制，兵食财赋之储备，田野畜牧之繁滋，条分件系，颠末详胪，成宪旧章，粗已赅具，爰为命名曰《新疆识略》。俾付剞劂，用资考证，庶几后之续事修辑者，得有所藉手矣。书不云乎：柔远能迩，安劝小大庶邦。朕以凉德，寅绍丕基，抚疆索之洪恢，念阪章之孔厚，上承祖考燕贻之远，俯惕群生抚字之艰，凡所以保泰持盈，乂安中外，垂诸亿万年，而无远弗届者，惟有与边庭将士交劝勉于无穷焉耳！"

《钦定新疆识略》的内容，主要包括清王朝平定新疆前后一些重大事件，清政府在新疆南北两路的管理情况，有关国计民生的大事，边防设施中的台卡和作为伊犁将军的松筠在新疆的活动，详见吕玉良、赵新华的《松筠和〈钦定新疆识略〉给我们的启迪》(《中国地方志》，2001年第1～2期)，马长泉的《松筠和〈钦定新疆识略〉》(《喀什师范学院学报》，2002年第4期)。

◇ 道光元年[1]辛巳，七十岁。五月，补授兵部尚书。[2]七月，调补吏部尚书，补授正黄旗汉军都统，充会典馆副总裁。[3]八月，授崇文门正监督，调补镶黄旗蒙古都统，赏在紫禁城骑马，在军机大臣上行走，署镶黄旗满洲都统，赏戴花翎。[4]九月，充实录馆正总裁，派赴浙江查办盐务事件。[5]

[1] 即1821年。《清宣宗实录》卷一二，道光元年正月乙丑，热河都统松筠奏："蒙古全赖牲畜养生，偷窃贼犯与内地有别。此次恭逢旷典释回各犯，莫非积惯匪徒，难保其不仍行劫抢偷窃，有害地方，应请旨所有刑部议准。恩赦援免释回者，内有热河所属扎萨克旗下。蒙古窃劫各犯回旗后，倘有怙恶不悛，该旗不能管束者，一经具报，仍即咨部，分别发遣，以示惩儆。现在审办蒙古偷窃牲畜各犯，如有应行援免者，仍照蒙古例载事犯，在各扎萨克所属地方，遇赦不准援免之条办理，庶盗风

可期渐弭,于有业蒙古生计亦属有裨。得旨:必应如此办理,照所议行。"

道光元年二月丁亥,修热河正白、镶白、正蓝三旗及额鲁特被淹营房,从都统松筠等请也。(《清宣宗实录》卷一三)

二月辛卯,松筠奏:"热河闲散壮丁,生齿繁多,酌拟屯田,俾资生计,并请赏借银三万两,每年所得息银三千六百两,以一半归还库款,其馀一千八百两,为移驻壮丁经费等语。"道光令查明情况:"热河驻防八旗闲散,生齿日多,应为筹画生计,现既查有汗特穆尔旧东哨门内,东至大山一带闲地,可以开垦屯田,洵为经久长策。著松筠于夏间查围时,会同围场总管富明,亲往履勘。该处地界宽广若何,将来垦种地亩,约计可得若干顷,盖造房间可以移驻闲散若干户,并查明于围场牲畜事宜,有无妨碍,妥议章程,详细声叙具奏。俟奏到之日,再降谕旨。"(《清宣宗实录》卷一三)

[2] 道光元年五月己巳,以热河都统松筠为兵部尚书,马兰镇总兵官庆惠为热河都统,吏部左侍郎恩铭为马兰镇总兵官,兼总管内务府大臣。(《清宣宗实录》卷一八)《清史列传》卷三十二载,"道光元年五月,授兵部尚书",与此相同。《清史稿》卷十七,《宣宗本纪》一将此事载于本年四月:"道光元年夏四月丙寅,以松筠为兵部尚书,庆惠为热河都统。"与《清实录》不同。参阅《国朝耆献类征初编》,也将此事载为道光元年五月。因此,《清史稿》疑有误。

[3] 道光元年七月庚戌,调吏部尚书那彦成为刑部尚书,兵部尚书松筠为吏部尚书,理藩院尚书晋昌为兵部尚书,以正蓝旗蒙古都统穆克登布为理藩院尚书。七月庚申,以吏部尚书松筠为会典馆副总裁官。七月辛未,以吏部尚书松筠兼正黄旗汉军都统。(《清宣宗实录》卷二一)《清史稿》卷十七,《宣宗本纪》一载:道光元年秋七月庚戌,刑部尚书和瑛卒,调那彦成为刑部尚书,松筠为吏部尚书,晋昌为兵部尚书。以穆克登布为理藩院尚书。

《清史列传》卷三十二载:"七月,调吏部尚书,充会典馆副总裁,授正黄旗汉军都统。"

[4] 《清史列传》卷三十二载:"八月,复充崇文门正监督,调镶黄旗蒙古都统,复赏戴花翎,赐紫禁城骑马,在军机大臣上行走,充实录馆正总裁。"道光元年八月己卯,以吏部尚书松筠兼镶黄旗蒙古都统。八月癸未,以吏部尚书松筠署镶蓝旗满洲都统。八月丁亥,命吏部尚书松筠在

军机大臣上行走。命吏部尚书松筠、领侍卫内大臣福克津、正白旗汉军都统祥保、都察院左都御史诚安在紫禁城内骑马。八月辛卯,赏吏部尚书松筠花翎。(《清宣宗实录》卷二二)《清史稿》卷十七《宣宗本纪》一和卷一百七十七《军机大臣年表》二所载与此相同。道光二年正月,命松筠署直隶总督。闰三月,还。六月壬午,以事降级,免直。

道光元年九月癸丑,命吏部尚书松筠为实录馆总裁官。(《清宣宗实录》卷二三)

[5] 道光元年九月丙辰,命吏部尚书松筠、署礼部左侍郎康绍镛驰往浙江查办事件。(《清宣宗实录》卷二三)《清史稿》卷一百七十七,《军机大臣年表》二载:"九月,差(松筠)赴浙江勘事。"

十月壬寅,松筠查明汪复泰列款具控大概情形。"现据松筠查明,汪复泰所领银八万馀两,实系各商公捐帮贴,浙省课款,分征统支,内外款向系通融动垫。帅承瀛当接管之初,清厘库项,自不能不按款稽核。惟此款银两,详批有案,该抚疑系侵帑,辄将汪复泰家产查封,办理亦未免过急,以致汪复泰列控反噬。至汪复泰所控帅承瀛札提运库银七千两,本年端阳贡品内龙袍褂等件,饬令变价,勒追领项,运库垫款。众商呈请归补,批驳不准。豫纳课银,联票未填之引,不准禀改。织造衙门豫办丝斤,所领津贴银两,仍以混冒,著追各款。其具控虽属有因,而帅承瀛办理实一无弊混,即所控停止洒带仍请铳引之不便。现据查明,洒带行销,不过一时之调剂,铳引挽正纲分,系为经久之计。帅承瀛所办并无错误,实为该革商妄控。至所控商人吴云章假印漏课一款,该革商先有通同弊混情事,又复控告承审之员,尤为巧诈。汪复泰即汪大镛,著革去道员职衔,交松筠按款秉公覆讯,定拟具奏完结。"(《清宣宗实录》卷二五)

十一月丁卯,谕内阁:"松筠奏,覆审汪复泰控案,按律定拟一折。此案汪大镛充当甲商,溢领款项最多。帅承瀛清厘库项,查明著赔,乃敢添砌多款,遣人赴控,讯明多系虚诬。前已革去道员职衔,著发边远充军,以惩刁诈。俟吴云章一案质讯明确后,即行定地发配。前任运使昌德,现任运使方应纶,前任盐政广泰,于该革商借领公帮银两时,不传集众商,明白晓谕,另行立款归补,办理亦属不合,俱著交部议处。帅承瀛将该商豫备贡件,饬令禀还织造衙门,未经备文移交,亦属疏略,著交部察议。馀俱照所拟完结。汪大镛名下应追银两,除已缴外,其馀应追应输,著该抚查明核办。其织造衙门津贴丝斤银两,著照所请,于商纲

减存项内,划给五分,由盐政衙门按销引实数核明,移交织造衙门支领,以符旧制。"(《清宣宗实录》卷二六)

◇ 道光二年[1]壬午,七十一岁。正月,署直隶总督。[2]二月,补授阅兵大臣、总理行营大臣。[3]闰三月,署正黄旗领侍卫内大臣。[4]五月,管理户部三库事务。六月,奉上谕:禧恩等参奏松筠删改理藩院奏稿,降旨交大学士等议罪。兹据议,以革职发往新疆效力赎罪,本属咎所应得,但松筠年逾七旬,远赴戍所,亦难望办公出力。念其清文尚为谙熟,松筠著加恩以六部员外郎候补,在上书房翻译谙达上行走,以示朕格外施恩至意。[5]十一月,补授光禄寺少卿。[6]十二月,奉旨,以二品顶戴补授左都御史。[7]

[1] 即1822年。
[2] 道光二年正月癸酉,命协办大学士署直隶总督长龄回陕甘总督任,以吏部尚书松筠署直隶总督,刑部尚书那彦成署吏部尚书。(《清宣宗实录》卷二八)
[3] 道光二年正月辛未,以吏部尚书松筠为阅兵大臣,仍管总理行营大臣事。(《清宣宗实录》卷二八)
[4] 道光二年闰三月乙未,以礼部尚书穆克登额署工部尚书,吏部尚书松筠署正黄旗领侍卫内大臣。镶蓝旗汉军都统绵志,署镶蓝旗蒙古都统。(《清宣宗实录》卷三二)
[5] 《清史稿》卷三百六十五,《列传》一百五十二载有松筠删改理藩院奏稿一事。"道光二年,擢(禧恩)理藩院尚书。时哈萨克部众潜聚乌梁海,议迁徙安置,增设卡伦。吏部尚书松筠谙习边事,上每垂询,禧恩因以谘之。松筠素坦率,遂代删改疏稿。禧恩怒,以上闻,松筠坐越职干预被谴。"禧恩,字仲蕃,隶正蓝旗,为宗室,系睿亲王淳颖子。嘉庆六年,赐头品顶戴,授头等侍卫,乾清门行走。嘉庆十年,晋御前侍卫,后迁内阁学士、理藩院侍郎、内务府大臣、户部侍郎,署理藩院尚书,署吏部尚书等职。嘉庆二十五年,因奉宣宗即位,命在御前大臣、领侍卫大臣上行走。

道光二年六月己未,谕内阁:"禧恩等奏,理藩院议覆乌里雅苏台将军特依顺保具奏,乌梁海地方驱逐潜住之哈萨克及科布多商人私向杜尔伯特交易一折。松筠于奉旨交议后,曾向禧恩言及,俟定议后,将折稿先行送看,并向该司司员告知,理藩院定稿后,即行送来,并交图样一纸。该司郎中珠拉于画稿后,即交员外郎定泰,向松筠缴还原图。松筠向其索稿阅看,将稿删改等语。六卿分职,各有专司。若将别衙门所办之事,妄加删改,实为罕见罕闻。即和珅当日之专权横恣,亦未敢公然出此。松筠系屡次获咎之人,朕御极以来,特加录用,外而都统,内而尚书,并简任军机大臣,加恩实不为不厚,伊应如何力改前愆,勉图报称,乃越俎专擅,至于此极,实属胆大妄为。设军机大臣于各部院应办之事,皆得越分干预,尚复成何政体?此而不严加惩办,何以示戒将来?松筠著大学士、军机大臣会同九卿议罪,禧恩于松筠向其言及议奏之事,嘱令给稿阅看,并不及早参奏,又失察司员将奏稿擅交删改,禧恩、博启图、色克精额俱著交部议处。理藩院郎中珠拉,于该堂官判画奏稿后,不即持回署内,辄交员外郎定泰,送松筠阅看,厥咎惟均,珠拉、定泰俱著交部严加议处。"(《清宣宗实录》卷三七)

六月壬戌,谕内阁:"昨因禧恩等参奏,松筠删改理藩院奏稿,降旨交大学士、军机大臣会同九卿议罪。兹据大学士曹振镛等会议具奏,松筠以吏部尚书在军机大臣上行走。如果于边疆事宜,确有所见,自应于召见时据实面奏,或恐不能详尽,亦可另折敷陈。即理藩院所议,果有未协,松筠何难于该衙门具奏后,专折奏驳,乃辄将该堂官定议折稿,任意删改,实为从来未有之事。大学士等议以革职,发往新疆效力赎罪,本属咎所应得。但松筠年逾七旬,远赴戍所,亦难望办公出力。念其清文尚为谙熟,松筠著加恩以六部员外郎候补,在上书房翻译谙达上行走,以示朕格外恩施至意。"(《清宣宗实录》卷三七)《清史稿》卷一百七十七,《军机大臣年表》二载:"(道光二年)六月壬午,以事降级,免直。"

[6] 道光二年十一月己丑,以已革吏部尚书、候补员外郎松筠为光禄寺少卿。(《清宣宗实录》卷四五)《清史列传》卷三十二载,道光二年十一月,松筠"授光禄寺卿"。

[7] 道光二年十二月癸丑,"以都察院左都御史庆保为热河都统,赏光禄寺少卿松筠二品顶带,为都察院左都御史"(《清宣宗实录》卷四六)。《清史列传》卷三十二载,道光二年十二月,松筠"以二品顶带授左都御史"。

◇ 道光三年[1]癸未,七十二岁。六月,派赴热河查办蒙古事件。[2]八月,赏还头品顶戴,署正红旗蒙古都统。[3]九月,署理兵部印钥,署理

105

咸安宫官学事务,署兵部尚书,署理唐古忒学事务,署理理藩院印钥。[4]补授吉林将军。[5]

[1] 即1823年。
[2]《清史列传》卷三十二载:三年六月,命(松筠)偕户部右侍郎穆彰阿赴热河鞫狱。《清宣宗实录》卷五三,道光三年六月戊申,命都察院左都御史松筠、户部左侍郎穆彰阿前往热河,查办布里讷什控案。

布里讷什等议向佃户增租,遭到反对,遂控告租户欠租,向理藩院呈控。经松筠等审明,"此案已革塔布囊布里讷什,系交该盟长严加管束之人。虽讯无短弓丈地及倚势欺凌情事,惟向各佃户议令增租,添设杂差,并将白连城地内房间写入契内,经告发后,始供认误写,实属有意牟利。布里讷什著照例折罚牲畜一九,仍交该盟长喀喇沁王满珠巴咱尔严加管束,不许出外滋事。三等塔布囊洛希巴拉,将伊弟地亩私租与人,著照例折罚五牲畜。该佃户承种各地,均著各依官丈亩数,分别佃种交租,以符定制,不准布里讷什违例增租,致滋扰累。郭好正等应得杖罪,俱著照例发落。热河都统庆保审办此案,率请将洛希巴拉斥革,于布里讷什田土细故,辄拟发遣,办理均属过当,出言尤乖体制。庆保著交部议处"(《清宣宗实录》卷五三、五四)。

[3] 道光三年八月癸卯,赏还都察院左都御史松筠头品顶带。(《清宣宗实录》卷五六)

八月癸丑,以都察院左都御史松筠,署正红旗蒙古都统。(《清宣宗实录》卷五七)

[4] 松筠所署兵部、咸安宫官学、唐古忒学和理藩院诸官职在《清史稿》和《清史列传》中均无记载。咸安宫官学为清代培养旗人的地方之一,雍正十年始设,隶内务府。入学对象为内府三旗及外八旗满洲举贡生监、官学生及闲散人等,学员主要学习满文、汉文、骑射和翻译等课程,学成后选充为翻译、中书、笔帖式等。

[5] 道光三年九月壬辰,以都察院左都御史松筠为吉林将军,户部侍郎穆彰阿为都察院左都御史,调吏部右侍郎裕恩为户部左侍郎,刑部右侍郎奎照为吏部右侍郎,以都察院左副都御史多福为刑部右侍郎。(《清宣宗实录》卷五九)《清史稿》卷十七,《宣宗本纪》一载:"(道光三年九月)壬辰,以松筠为吉林将军,穆彰阿为左都御史。"与《清实录》所载相同。

十二月丙午,松筠奏:"查养息牧地方,近在盛京西北边门迤外,可垦田二万馀大晌。应遵嘉庆十七年原奉谕旨,移住京旗闲散,以闲旷地亩,拨给管业,招佃取租,俾资养赡,并大凌河马厂西隅新垦地亩,距京尤近,亦可移驻京旗,请饬查勘,妥议奏办……"道光皇帝认为松筠越职行事:"此系盛京将军应办之事。本年晋昌年班到京,朕当面谕该将军于回任后体察情形,奏明办理。至松筠身任吉林将军,各有专司,何得擅离职守,前赴盛京?且现在双城堡屯田开垦若何,关系紧要,自应详悉妥为筹画,以副委任。松筠所请于封篆后亲赴盛京,会同齐布森复勘养息牧地亩之处,著不准行。"(《清宣宗实录》卷六二)

十二月甲寅,松筠奏双城堡屯田情形。"请先移驻在京闲散宗室,并以双城堡原议移驻京旗闲散,查有盛京养息牧及大凌河二处,均可筹办移驻。本日军机大臣会同宗人府议奏,宗室分驻吉林,散处各屯,诸多窒碍,并据晋昌奏,查明养息牧、大凌河二处牧厂荒地,势难再议开垦各等语。养息牧、大凌河二处牧厂,试垦不便情形。嘉庆年间,屡奉皇考仁宗睿皇帝谕旨驳饬,彼时松筠曾以此被议,即不应于此时再行渎奏,且松筠现任吉林将军,乃率请于封篆后亲赴盛京,会勘养息牧地亩,实属越俎。该将军固执前见,不顾事理之是非,意在必行其说,所奏尤为荒谬,松筠著交部议处。"(《清宣宗实录》卷六三)

十二月戊午,谕内阁:"松筠于盛京养息牧、大凌河二处牧厂,不便试垦之地,固执前见,率行渎奏,并自请赴盛京会勘筹办,实为越俎荒谬。部议降二级调用,本属咎有应得。故念其究系因公,松筠著加恩改为降二级留任,不准抵销。"(《清宣宗实录》卷六三)

道光四年二月己亥,松筠奏:"筹备双城堡续盖移驻京旗闲散房间木植,请于一棵松旧地,划分界址,砍伐木植,运赴双城堡,备盖房间应用,并分拨拉林阿勒楚喀壮丁,垦种收租,为兵丁立马之需。是否于该处官兵,俱有裨益,著交新任将军富俊到任后,察看情形,据实具奏。"(《清宣宗实录》卷六五)二月戊申,松筠等又奏:"双城堡各项砍伐木植,请由该处协领给发各屯丁照票,令其伐木,并在凉水泉山南迤东,至舒兰霍伦拉林等河,划分界址,安设卡伦。其界北空出荒甸,拨给乌拉所属包衣旗兵垦种,以为补立马匹之需。俱著富俊到任后,确加查勘,妥议具奏。"

后经查明:"凉水泉迤东舒兰霍伦二河口,至拉林河沿馒头顶子等处,均可安设卡伦。著照所请,凉水泉派伯都讷官一员,兵八名,安卡伦一处。霍林河至拉林河馒头顶子,派阿勒楚喀官二员,兵十六名,安卡伦二处。周围挖立封堆为界,以界北为双城堡砍木地方,并给与屯丁照票,准砍细小木植,不得以票给民人代砍,并不准私砍大木。仍责成该副都统饬令坐卡员弁,随时稽察。倘有民人偷砍木植,立即严拿治罪。至将来砍出空地,著拨给乌拉所属包衣旗兵垦种,以资津贴。"(《清宣宗实录》卷六八,道光四年五月庚辰)

　　二月己酉,谕军机大臣等:"朕闻双城堡地方,土瘠水少,不产树株,柴薪亦无所出。此次移驻京旗闲散,每户领垦熟地十五晌、荒五晌,雇觅人夫种作,甚费工本。所收粮石,即全行变价,尚不敷用。且现在甫经移驻,未经收获之前,每户给米二石,食用颇形支绌。双城堡移驻京旗户口,原因该闲散等生计维艰,藉资调剂,必当筹画万全,俾得安居乐业,方为妥善。著容照、耆英前往双城堡履勘,悉心咨访,务得实情,即多留数日亦可,不必急于回京。如果该闲散等在彼居住,实形拮据,松筠督办此事,身亲目睹,何以不据实奏闻?容照、耆英与前任吉林将军及现任将军,切不可少有瞻徇,致干咎戾。所有该闲散等垦种地亩,每岁可收谷若干,变价若干,其一切日用之需,是否足敷支用,著即逐一详查明白,据实具奏。"(《清宣宗实录》卷六五)

　　◇道光四年[1]甲申,七十三岁。二月,补授左都御史。[2]闰七月,补授正黄旗汉军都统,又授内大臣。[3]十一月,赏在紫禁城骑马。[4]十二月,署镶黄旗汉军都统。[5]

[1] 即1824年。
[2]《清史列传》卷三十二载:"(道光)四年正月,条奏参务疲累情形,请复旧规办理,并请在小绥芬等处屯田,以供刨夫粮食,疏下军机大臣,会同户部议奏。寻议上,得旨:'吉林参务节经立定章程,所议尚形苦累,自应量为调剂。所有绥芬、乌苏里产参山场,住山过冬刨夫,著准其仍复旧规办理,并令各揽头举熟习刨夫在苏城、苏子海、讷思屯、泥满口等处寻采,按额交上等好参,挑剩馀参,方准售卖。如有蒙混情弊,即著落赔换,重责示惩。其每年留山刨夫,不得过每票人数之半。倘潜居偷漏,从重究治。并著守卡弁兵查验,勿任黑人夹带私参,以昭严密。至松筠奏请在小绥芬、双城子、达塌河一带屯田垦种,以供刨夫粮食。耕种采参,本难兼顾。办给农具,殊形繁费。且道里辽远,稽察难周,尤恐

别滋事端,转启奸民窝藏寄顿等弊,著毋庸议。朕因松筠熟悉吉林情形,简畀将军重任,乃遇事纷更,种种错谬,不胜将军之任。吉林将军著富俊补授。'二月,奉谕:'松筠著补授左都御史,此系朕眷念旧臣格外施恩,赏给差使。松筠务慎守职任,毋得妄行纷更,致干咎戾。'四月,充考试翻译正考官。"

道光四年二月丁酉,又谕:"本日据军机大臣会同户部堂官,议覆松筠等奏参务章程一折,所议是。吉林参务,节经定立章程,而揽头刨夫尚形苦累,自应量为调剂。所有绥芬、乌苏里产参山场,住山过冬刨夫,著准其仍复旧规办理,并令各揽头举熟悉刨夫,令在苏城、苏子海、讷思屯、呢满口等处寻采,按额交上等好参,挑剩馀参,方准赏给售卖。如有成色朦混情弊,即著落赔换,重责示惩。其每年留山刨夫,不得过每票人数之半。如有事故,该揽头于放参票前,注册更换,责成押票章京,随时稽察。倘潜居透漏,从重究治。稍有疏纵,将该员等分别议处,并著守卡弁兵查验,勿任黑人夹带私参,以昭严密。至松筠等奏请在小绥芬、双城子、达塌河一带,屯田垦种,以供刨夫粮食。耕植采参,本难兼顾,办给农具,殊形繁费。且道里辽远,官兵稽查难周,尤恐别滋事端,转启奸民窝藏寄顿等弊,著毋庸议。朕因松筠熟悉吉林情形,简畀将军重任。乃一赴新任,遇事纷更,种种错谬,松筠不胜吉林将军之任,吉林将军仍著富俊补授。富俊覆奏刨夫揽头等苦累情形,请援照嘉庆初年参馀银两,每两酌减六七两,以十三四两抽收,以裕商力;及屯兵交仓粮石,巣价不敷原奏四钱之数,并著富俊于到任后,察看该处情形,据实详晰具奏。"(《清宣宗实录》卷六五)

二月丁酉,又谕:"穆彰阿著补授理藩院尚书,松筠即补授左都御史。此系朕眷念旧臣,格外施恩,赏给差使。松筠务慎守本任旧章,毋得仍蹈故辙,致干咎戾。"(《清宣宗实录》卷六五)

二月己亥,据松筠奏:"请以每年吉林马厂地租公用闲款,筹给兵丁马匹。先行借款买马,年终收租交库,递年如此办理,并垦闲荒地亩,收租存公,为买补倒毙马匹等项之费。事关整饬武备,总期经久可行,著交新任将军富俊于到任后,详察妥议具奏。"后富俊查明:"吉尔萨河闲荒,仅可垦地一千八百馀晌,不能多种地亩,实不敷养马及买补倒毙之项,而所议价值,亦不能置买壮马。又未议给马乾,该处兵丁各有差使,度日尚不宽裕,若再令拴鞍牧马,反受养马之累。自应仍循旧章办理。所有松筠奏兵丁添立马匹,并咨行各城副都统照办之处,著毋庸议。"

(《清宣宗实录》卷六七,道光四年四月戊申)又谕:"松筠等奏,调剂三姓参务一折。吉林三姓地方,每年额放参票,常不足数。该城除烧锅之外,并藉贩买皮张各商,通融津贴,以资接济。惟该商等应交貂皮税银,向在吉林完纳,程途较远,恐滋偷漏。兹松筠等奏,请令就近于三姓副都统衙门纳税。著富俊到任后,体察情形,悉心筹议,据实具奏。"(《清宣录实录》卷六五,道光四年二月戊申)

[3]《清史列传》卷三十二载:"七月,授正黄旗汉军都统。因目昏陈请开缺,温谕慰留,派考试鄂罗斯学。"从《清宣宗实录》和《松文清公升官录》的记载看,此处七月似应为闰七月。道光四年七月丙寅,谕内阁:"松筠奏,现患目疾,恳请开缺一折。松筠屡经召见,精神甚好。兹据奏称,眼目昏花,自因天气炎热所致,松筠著不准开缺。"(《清宣宗实录》卷七〇)

闰七月甲午,"以都察院左都御史松筠,兼正黄旗汉军都统"。同月丁未,"以正黄旗汉军都统松筠、镶白旗蒙古都统和世泰为内大臣"。同日,"以前任西安将军赛冲阿为镶蓝旗蒙古都统,未到任前,命正红旗蒙古都统玛呢巴达喇署理。以正黄旗汉军都统松筠,署镶红旗蒙古都统"。(《清宣宗实录》卷七一)

[4]道光四年十一月庚辰,命兵部尚书玉麟、刑部尚书陈若霖、都察院左都御史松筠、姚文田、正红旗汉军都统载铨、户部左侍郎明志在紫禁城内骑马。(《清宣宗实录》卷七五)

[5]道光四年十二月乙酉,以都察院左都御史松筠,署镶黄旗汉军都统。(《清宣宗实录》卷七七)

另据《清史稿》卷四百二十二,《列传》二百九载:陶樑在清河道署按察使任上,因"新城县失过境饷鞘,归罪外委白勤,逮讯,死于刑。上遣尚书松筠、侍郎白镕按治,察其枉,樑坐降四级,捐复知府,留直隶"。此事足见松筠断案的水平。陶樑,字凫芗,江苏长洲人。嘉庆十三年进士,选庶吉士,授编修,纂修《皇清文颖》。二十一年,以知府发直隶,补永平,调正定。道光四年,擢清河道,署按察使。十二年,补大名知府。十八年,迁湖北荆宜施道,万城堤决,樑复坐降调,捐复。二十二年,补湖南粮储道,调湖北汉黄德道。二十八年,迁甘肃按察使,调山西。二十九年,迁江西布政使,后授太常寺卿。

《清史稿》卷三百七十五,《列传》一百六十二,在涉及白镕事迹时,也载有此事:"(道光)九年,偕尚书松筠赴直隶按外委白勤被诬冤毙狱,护理总督屠之申以下降黜有差。"白镕,字小山,顺天通州人。嘉庆四年进士,选庶吉士,授编修,典福建乡试。曾任安徽学政、广东学政、江苏学政等职,历詹事、内阁学士、工部侍郎、左都御史、工部尚书等官,享年74岁。

《清史稿》卷三百七十五,《列传》一百六十二载,那清安道光四年任热河都统时,偕左都御史松筠等赴土默特谳狱,事竣,疏言:"蒙古恶习,常有移尸讹诈,为害滋甚。《蒙古律例》,凡军流徒犯,罪止折枷,情重法轻。请嗣后遇有假捏人命诈财者,所拟军流徒罪即行实发,不准折枷,以惩刁恶。"那清安,字竹汀,叶赫纳喇氏,满洲正白旗人。嘉庆十年进士,授户部主事,迁翰林院侍讲。累迁内阁学士、礼部侍郎、左都御史、兵部尚书、热河都统等职,道光十四年,以疾乞解职,寻卒,赠太子太保,谥恭勤。

◇ 道光五年乙酉,七十四岁。[1]七月,充署经筵讲官。[2]八月,署兵部尚书。[3]九月,署乌里雅苏台将军。[4]十二月,充署经筵讲官。

[1] 道光五年即1825年。《清史列传》卷三十二载:"(道光)五年正月,稽查内七仓。五月,稽查右翼幼官学。六月,充蒙古翻译考试官。"道光五年正月乙卯,命都察院左都御史松筠驰往热河,会同都统那清安审办东土默特贝勒济克默特扎布等互控案。(《清宣宗实录》卷七八)三月丁未,钦差、都察院左都御史松筠等奏:查明东土默特旗,实无应行封禁牧场,请令随处垦种。从之。(《清宣录实录》卷八〇)
[2]《清宣宗实录》与《清史列传》等书并未载此事。
[3] 道光五年八月庚申,以都察院左都御史松筠署兵部尚书。(《清宣宗实录》卷八七)
[4]《清史稿》卷十七,《宣宗本纪》一载:"(道光五年九月)甲辰,以德英阿署伊犁将军,松筠署乌里雅苏台将军,普恭署左都御史。……冬十月庚辰,以长龄署伊犁将军,杨遇春署陕甘总督,鄂山回陕西巡抚。命德英阿赴乌里雅苏台。召松筠来京。"九月甲辰,以都察院左都御史、正黄旗汉军都统松筠署乌里雅苏台将军,正蓝旗汉军都统普恭署都察院左都御史,郑亲王乌尔恭阿署正黄旗汉军都统。(《清宣宗实录》卷八九)

九月丙申,以正蓝旗汉军都统普恭为满洲翻译乡试正考官,工部右侍郎耆英为副考官,都察院左都御史松筠为蒙古考官。(《清宣宗实录》

卷八八)

十月壬申,命署乌里雅苏台将军、都察院左都御史松筠回京。(《清宣宗实录》卷九〇)

《清史列传》卷三十二载:十月,伊犁将军庆祥奏鄂罗斯在哈萨克游牧地方盖房种地,请敕下理藩院檄询,上询之松筠。松筠奏:"哈萨克素称强悍,或曾侵占鄂罗斯地,今从索还,不能不予,而以无据之词,恳将军奏请,实未可定。若理藩院行文查问,鄂罗斯直以索还侵占为言,转难查办。从前哈萨克袭封汗爵,鄂罗斯即有哈萨克早经投顺彼国之语。溯查乾隆三十五年,土尔扈特明背鄂罗斯前来投顺,后鄂罗斯行文索讨,经高宗纯皇帝谕旨斥驳。今以无甚关要之事,行文令其遵奉,倘彼以土尔扈特为言,或以哈萨克投顺彼国为词,徒生枝节,有伤体制。况哈萨克非国家用兵平定者,缘乾隆二十二年平定伊犁之后,哈萨克贡马入觐,因封汗爵,藉以羁縻,其或向俄罗斯投顺,亦应置之不问。查哈萨克游牧地方,与鄂罗斯毗连之处,理藩院并无图志,惟有晓谕哈萨克以天朝定例,外藩之地无图志者,例不办理。"上嘉其熟悉边情,饬庆祥详酌办理。

十一月壬辰,以都察院左都御史松筠,署镶红旗蒙古都统。(《清宣宗实录》卷九一)

◇ 道光六年[1]丙戌,七十五岁。二月,署兵部尚书,调补镶白旗满洲都统。[2] 三月,署镶黄旗汉军都统。[3] 五月,补授礼部尚书,兼管太常寺、鸿胪寺事务,署左都御史。[4] 六月,前往山西查办事件。[5] 十二月,充经筵讲官。[6]

[1] 即1826年。
[2]《清史列传》载:"六年二月,署兵部尚书。"道光六年二月戊辰,调镶白旗满洲都统禧恩为正黄旗满洲都统,正黄旗汉军都统松筠为镶白旗满洲都统,署镶黄旗汉军都统嵩孚为正黄旗汉军都统。(《清宣宗实录》卷九五)
[3] 道光六年三月甲申,以镶白旗满洲都统松筠署镶黄旗汉军都统,正红旗蒙古都统玛呢巴达喇署镶红旗蒙古都统。(《清宣宗实录》卷九六)
[4] 道光六年五月乙未,礼部尚书穆克登额因病解任,以都察院左都御史松筠为礼部尚书,兼管太常寺、鸿胪寺事。(《清宣宗实录》卷九八)从

《清实录》的记载看,松筠在任职礼部尚书前,已任都察院左都御史,而非后署,与《松文清公升官录》相比,略有差异。

[5] 道光六年六月己卯,命礼部尚书松筠、署工部左侍郎王鼎,驰往山西查办事件。(《清宣宗实录》卷九九)御史吴杰奏参,山西巡抚福绵生日,府厅州县,大半上省及巡抚设席演戏酬谢等情。松筠等奉旨查办。后松筠等上报:"该抚因五十生辰,封门并未见客,曾豫先禁止拜寿送礼,因挂屏业经落款,勉强收受。其设席演戏,实因收屏致谢,并无馈送苞苴情弊。查明府厅州县,确有因公在省案据,实非专为拜寿,请将该抚等分别严议议处等语。福绵于自己生辰,既经先事严拒属员,不准拜寿,又复收受挂屏,设席酬谢,总由率属不能严肃所致。本应交部严议,故念该抚平日居官,尚属谨慎,著加恩降为三品顶带,仍带革职留任。该省司道各官,因巡抚封门,并未拜寿,亦无馈送别项礼物,惟该抚因送屏酬谢,未能坚辞,亦有不合。"因此,相关官员也受到处分。(《清宣宗实录》卷一〇一,道光六年七月己酉)

《清史列传》卷三十二载:"六月,偕户部左侍郎王鼎赴山西查办事件。松筠于山西途次,闻喀什噶尔军报,疏陈熟悉新疆情形,自请前往宣抚,温旨嘉勉,未允行。八月,命校勘清文圣训。九月,充武会试监射大臣。"道光六年八月乙丑,又谕,据松筠奏:"伊犁卡伦外各部落哈萨克向无布匹,每年三月起至九月,陆续前来伊犁,以羊易布。每年喀什噶尔、叶尔羌、和阗三处回子贡布,约共九万馀匹,运赴伊犁应用。至塔尔巴哈台与哈萨克贸易所需布匹,半由伊犁转运回布,半由乌噜木齐采买布匹应用。来年该三城贡赋维艰,请于乌噜木齐所属州县商贾百姓,准其以布捐监,并准捐都司以下职衔。所捐布匹,运赴伊犁、塔尔巴哈台,以备与哈萨克贸易。如有不敷,由甘省官为运办。再喀喇沙尔所属之布古尔及库尔勒两小回城,附近大路商民并吐鲁番商民,各租回子地亩,播种棉花甚夥,并请饬下乌噜木齐都统,商同吐鲁番、喀喇沙尔办事大臣,晓谕该三处商民人等,准其即以棉花捐监,并捐都司以下职衔,将棉花运赴伊犁搭放官兵正饷等语。布匹为哈萨克所必需,现在逆回滋事,喀什噶尔等城被贼骚扰,回子贡赋,一时难复常制。松筠所奏乌噜木齐并吐鲁番、喀喇沙尔等处商民,准以布匹、棉花报捐监生职衔,其事窒碍难行。从前回子未经贡布之先,所需哈萨克贸易布匹,系由甘省官为运办。著长龄详查伊犁、塔尔巴哈台两处,每年共需布匹若干,如何豫为筹备,届期运往该处,务期无误贸易,以示体恤之处。核议奏办,松筠折著钞寄阅看。将此附本日报便谕令知之。"八月丁卯,谕内阁:"曹振镛、汪廷珍、王引之、杜堮,不谙清文,英和、文孚管理事务较繁,所有校勘清字《圣训》,著改派托津、松筠、奕经。"(《清宣宗实录》卷一○三)

[6] 道光六年十二月庚午,以大学士蒋攸铦、礼部尚书松筠,充经筵讲官。(《清宣宗实录》卷一一二)

◇道光七年[1]丁亥,七十六岁。七月,署镶白旗汉军都统,署左都御史。[2]

[1] 即1827年。《清史列传》卷三十二载:"七年二月,充总谙达。"《清宣宗实录》卷一一四,道光七年二月甲寅,大阿哥、惠郡王著于二月二十日前往南苑驻围,于三月初十日回圆明园。"著松筠充为总谙达,同赛冲阿轮班随驻,其应行随从之散秩大臣侍卫等,著该处照例奏派。"

《清宣宗实录》卷一一八,道光七年闰五月辛亥,松筠奏:"卡伦官兵勒掯安集延等夷商,转致霍罕伯克捏恳免税,坐收其利。请嗣后安集延各项贸易夷商到卡伦时,只报人数驮数,酌量减税免税,及喀什噶尔四城,须循照旧制办理。将乌噜木齐所调之官兵四千名内留驻二千,加赏盐菜,责令建筑城垣、衙署官房,移驻乌噜木齐兵丁家属。作为眷兵,照西藏换防官兵,减半支给盐菜银两,并酌加驻劄大臣养廉及侍卫官员兵丁等增给银两。"又另片奏:台站回户苦累,请将商民租种回地所收棉花,酌抽税银,分赏哈密至喀什噶尔一带台站回户,以资调剂等。道光谕旨:"今松筠所奏各条,是否善后事宜内有可采之处,著长龄等悉心核议,据实覆奏。松筠折片,著钞寄阅看,将此附报便谕令知之。"

[2]《清史列传》卷三十二载:(七年)七月,充玉牒馆副总裁。

《清宣宗实录》卷一二一,道光七年七月戊午,"命惇亲王绵恺、定亲王奕绍、协办大学士卢荫溥、礼部尚书松筠、工部尚书王引之、吏部右侍郎贵庆、户部左侍郎敬征、工部右侍郎阿尔邦阿盘查户部三库"。七月辛酉,热河都统昇寅因病解任,以都察院左都御史、镶白旗汉军都统那清安为热河都统,礼部尚书松筠署都察院左都御史,兼署镶白旗汉军都统,镶蓝旗汉军都统绵志署镶红旗汉军都统,协办大学士富俊兼镶黄旗汉军都统。七月辛酉,以礼部尚书松筠为玉牒馆副总裁官。

◇道光八年[1]戊子,七十七岁。正月,署热河都统。[2]七月,署热河都统。[3]

[1] 即1828年。
[2]《清史稿》卷十七,《宣宗本纪》一载:"(道光)八年春正月丙午,以松筠署热河都统,那清安署礼部尚书",所载与《松文清公升官录》相同。《清史列传》将此事载于二月,"八年二月,署热河都统"。核之《清宣宗实录》,道光八年正月丙午,"以礼部尚书松筠署热河都统,都察院左都御史那清安署礼部尚书,镶黄旗汉军都统富俊署镶白旗满洲都统"(《清宣宗实录》卷一三二)。《清史列传》疑有误。

《清宣宗实录》卷一三四,道光八年三月丙辰,松筠奏:每年出青应留差马不敷,请再酌留。热河圈马,向于每年出青时,留马八十匹,备差骑用。近日差务较繁,尚须酌留备用,并筹集马乾经费。"著照所请,每年于出青马内,再添留差马四十匹。自四月十五日起,至八月十四日止,共应需马乾银三百二十两,遇闰应加银八千两。准其于该衙门右司库贮生息、公用二项存款内,拨银五千两,交热河道发商按月一分生息,遇闰加增。每年所得息银,除应支马乾外,馀剩银两,按年分给十圈,俾资棚槽器具等项之用。即自本年四月十五日为始,遵照办理。其未得息银以前,先于库贮生息项下,如数动支,汇册报销。"

[3] 道光八年七月丁未,以礼部尚书松筠署热河都统,都察院左都御史那清安署礼部尚书,协办大学士、理藩院尚书富俊署镶白旗满洲都统。

七月戊申,谕内阁:前派松筠恭送玉牒前往盛京,现在松筠署理热河都统,著改派裕恩前往。(《清宣宗实录》卷一三八)

七月己酉,谕令宽免松筠所欠各色银二万一千馀两。"松筠前于嘉庆四年,在陕甘总督任内,借用养廉银两,除陆续扣还及奉恩旨赏免外,尚未完银八千两。又道光二年,管理崇文门税务,分赔银两,除措缴外,尚未完银一万三千馀两。兹据奏,请以每年应得都统养廉全行坐扣,陆续完款。松筠宣力中外,历有年所。其操守廉洁,朕所深知。所有前二项,共应交银二万一千馀两,著加恩全行宽免,以示朕体恤耆臣至意。"(《清宣宗实录》卷一三八)

八月戊子,热河每年挑挖旱河等工所需工料银两,向例在热河道库生息项下支给,仍由直隶总督题明册结,咨报工部核销。松筠奏请酌核改题:"历届报销,直隶总督因业已具题者,未经工部核覆,不能越次题销,以致办理稽延。现在热河钱谷等件,均归都统办理。著照所请,将道光二年至六年挑挖旱河等工,并元年至五年开通水道用过银两数目册结,统报工部核销,免其具题。其道光七年岁修旱河等工,六年开通水道动支银两,著一并报部办理。嗣后每年报销此项工料银两,著即由该都统专折具奏,册结咨部核销以归简易。该部知道。"(《清宣宗实录》卷一四一)

八月甲午,以礼部尚书松筠为阅兵大臣。

八月丙申,松筠奏请添设蒙古官学。"热河都统衙门,常有各扎萨克蒙古字来文及各旗蒙古控案。""该衙门仅有喀喇沁土默特数旗,粗知翻清之章京等,轮流住班,所译情词,难免舛误。著照所请,热河驻防八旗,准其添设蒙古官学。其教习即以马甲西凌阿充补,并准将前锋德克精额帮同教读。现已考有闲散旗丁二十名,著即作为蒙古学生定额。一年后,学生内有能翻写者,尽先挑补马甲。其教习等,即以委署骁骑校等缺尽先拔补。如遇蒙古来文,暨控告呈词,已挑马甲之学生,有能译清文者,著即作为额外贴写笔帖式,以示鼓励。所有薪水等项,著照满洲官学,于印房生息项下,一体支给。该署都统既为造就人才起见,添设官学,务当认真办理,随时考核,期有成效,不得日久视为具文,以致有名无实。"(《清宣宗实录》卷一四一)

八月丙申,松筠奏请照历任都统旧制,拣派协领等官,帮办刑司事务。"该都统衙门,所管口外蒙古王公各旗案件,仅有理藩院司员一官,三年更换。若无本地旗员帮办,恐新派司员,遽难尽悉。著照所请,仍行拣派协领、佐领各一员,帮同理藩院司员,专办都统所属蒙古王公各旗案件,并于刑司贴写前锋领催内,择其清文通顺者二名,作为额外贴写笔帖式,帮办蒙古呈词翻清事件。该章京笔帖式等,均不准干预本地驻防旗人案件。至所请协领三年期满,由都统奏请送部引见之处,未免速而且繁,兼恐日久视为故套,转不足以昭核实。嗣后所派协领等官,著该都统随时察看,必须始终奋勉,办事秉公精细,方准于该员六年俸满,例应引见时,出具切实考语保奏。倘仅止循分供职,断不准滥行奏请鼓励,以严考核。"

十月癸未,署热河都统松筠奏:"孝穆皇后陵寝工作,有烦圣虑,已派敬征等妥为相度修理。伏见东陵山脉绵长,孝陵之右,裕陵东北一带,可否令精于堪舆之人,详加履勘?得旨:朕自有主见,徐为之。"(《清宣宗实录》卷一四五)

十月甲午,松筠奏:承德府属一州五县,请仍专用旗员,以符旧制。

"外藩蒙古,非汉员所能制驭。且口外命盗案件,一切词讼,多系蒙古与民人交涉。旗员审断,蒙古信服,汉员视民人较为亲近,办理交涉事件,与蒙古言语不通,需用通事传话,难免有听断维艰情事。自应仍循旧制,以资治理。"道光同意其建议。

十二月己巳,谕内阁:"前据松筠奏,热河所属各处蒙古民人樵采日远,煤薪昂贵,请将前经封禁之小冰沟煤窑,仍准开采。及朝阳、赤峰、土城子等处,并蒙古各旗旧有煤窑,因水旺煤尽封闭者,准其报明改移开采,并承德府滦平县所属地方产煤之区,一体试采之处,是否可行,著新任热河都统成格体察情形,据实具奏。"(《清宣宗实录》卷一四八)

后经查明,成格奏请酌量开采煤窑。"前据松筠奏:热河所属各处,煤薪昂贵,请将封禁之小冰沟等处,仍准开采。当经降旨交成格体察情形具奏。兹据查明该处此薪,愈伐愈少。旧时开采各窑,多因水旺煤尽,报明停止。若封闭处所,不予弛禁,恐樵采更形缺乏,殊于生计有关。惟概准开采,稽察亦属难周,自应酌量妥为办理。著照所请,准其将产煤最旺、距县甚近之建昌县属小冰沟及距县数十里之丰宁县属四道沟、赤峰县属柳条子沟、朝阳县属大杨树沟,均著招商试采,勒限半年。如果煤旺窑成,再行领帖输课。该都统务当严饬各该地方官,随时认真稽查弹压,毋许匪徒溷迹滋事,并不准以煤线透露为词,纷纷报采,藉端影射。总期于蒙古民人生计有裨,而于地方亦不致滋扰,方为妥善。该部知道。"(《清宣宗实录》卷一五四,道光九年三月丁巳)

十二月丙戌,谕内阁:"前据松筠奏,请将热河承德府所属俸满州县撤回内地者,如省中一时无缺升补,送部引见,以应升应补之缺,不拘省分,尽先选用。当经降旨允准。嗣吏部以各省边缺,恐致纷纷效尤,有碍铨法,分别奏明准驳。兹松筠奏:热河地方辽阔,政务殷繁,非他省边缺州县可比,请仍照原奉谕旨办理,以昭鼓励。著新任都统成格,查明核议具奏。寻奏:口外州县繁要,松筠奏请鼓励,洵属实在情形,惟吏部既恐有碍铨法,似未便仍请不拘省分选用。应请嗣后口外俸满州县,堪膺保荐之员。若由抚民同知、通判及旗缺州县调补者,仍照吏部前议,入于即升班内升用。其由理事同知通判调补人员,即由热河都统出考,送部引见。奉旨准其外升,发回该省,先以抚民同知通判对品调补。倘一时无缺对调,准其借补本省州县,仍照原衔题升,则于吏部铨法无碍。而口外边缺,亦可收得人之效。下部议。从之。"

又,松筠奏:承德府属一州五县俸满之缺,请由热河都统奏明拣选,带领引见,请旨补放。此事与定例不符。"嗣后遇有承德府属州县俸满缺出,仍著由直隶总督拣员奏调。如无员可调,再行奏明,由吏部拣选候补人员,带领引见,请旨补放。松筠所奏,著不准行。"(《清宣宗实录》卷一四九)

◇ 道光九年[1]己丑,七十八岁。正月,署吏部尚书。[2]三月,署兵部尚书,前往直隶审办事件。[3]五月,署直隶总督。[4]六月,前赴科布多查办事件,调补兵部尚书。[5]

[1] 即1829年。
[2] 《清史列传》卷三十二载:"(道光)九年正月,署吏部尚书。"道光九年正月乙巳,吏部尚书文孚因病赏假,以礼部尚书松筠署吏部尚书。(《清宣宗实录》卷一五〇)
　　二月己巳,举行仲春经筵,遣官告祭奉先殿、传心殿。上御文化殿经筵,直讲官松筠、王鼎进讲《孟子》"人有不为也,而后可以有为"(《清宣宗实录》卷一五一)。
[3] 《清史列传》卷三十二载:"(道光九年)三月,署兵部尚书,偕工部右侍郎白镕,往直隶覆鞫新城县营弁朋谋陷害白勤一案,平反定谳,原审官议谴有差。"三月庚子,以礼部尚书松筠署兵部尚书,工部尚书穆彰阿署翰林院掌院学士。(《清宣宗实录》卷一五三)三月庚申,命礼部尚书松筠、吏部右侍郎白镕驰往直隶,审新城县白马氏控案。"署新雄营都司守备杨铭,传令妓女同坐共食教供,诬指白勤宿娼月分,以为检拾饷鞘之据。复留妓女住宿。"(《清宣宗实录》卷一五四)后杨铭等教供诬捏情由,该省承审各员,未能虚衷研鞫,致白勤无辜毙命。白勤之母白马氏上京控告,朝廷差遣松筠等查明真相,"著于定案时将承审各员及该护督等一并附参"。又据御史王琦庆奏参:"该护督屠之申于疏失饷鞘缉限期满,不惟不行参奏,并欲为属员开脱处分,循庇于前;及白勤毙命,始请将胡钧撤任,于熬审致毙一节,匿不声叙,复朦混于后。办理实为错谬。著松筠等务将所参各情,确切查明,据实具奏,勿稍颟顸。该御史折著钞寄阅看,将此谕令知之。"(《清宣宗实录》卷一五五,道光九年四月庚午和壬申)
　　四月,又谕:"松筠等奏参直隶疏失饷鞘,审办错谬各员,请分别交议一折。此案外委白勤被诬到官。保定府知府白明义并不虚衷研鞫,

访求赃证。率以传播谣言,叠次熬审,致令病毙。又不将白勤致死缘由,即行禀报,直至二月初三日始行出详。尤属任意迟延,暑臬司清河道陶梁,风闻无据之言,不行确查,辄禀该护督提省审办。又不严饬该府等悉心查审,咎有应得。白明义、陶梁俱著交部严加议处。委审候补知县欧声振,随同鞫讯,未能究出被诬实情,著交部议处。护理直隶总督屠之申,于御史王琦庆所参欲为属员开脱处分一节,虽非徇庇,究属迟延;且与白勤被诬之案,不察虚实,辄委守备杨铭查拿,既不能究出教供情弊,又未审有端倪,率行具奏。虽于折内未经声叙白勤病故缘由,因该府迟延所致,何至近在同城,漫无觉察。迨据详报,又不即时奏办,种种错谬,咎无可辞。著交部严加议处。寻议上,屠之申降三级调用,陶梁降四级调用,白明义革职,欧声振降一级调用。从之。"(《清宣宗实录》卷一五五)

[4]《清史列传》卷三十二载:"(道光九年)四月,复署直隶总督。"四月壬午,以礼部尚书松筠署直隶总督,调甘肃布政使颜伯焘为直隶布政使,未到任之前,命按察使戴宗沅署理,以天津道李振翥署按察使。四月丙戌,署直隶总督松筠奏接任谢恩得旨:"卿之立身行政,朕所素知,无可再谕。但当世人心不古,无论官民,多取巧之心,以图名利。又知卿慈良长厚,妄希干进。其加意防之,不可一味宽厚也!"(《清宣宗实录》卷一五五)由此可见,《松文清公升官录》所载"五月,署直隶总督",似乎有误。

五月丙申,松筠奏酌定清厘案牍章程。"州县为亲民之官,若果于自理词讼,勤明听断,则大而冤抑得伸,细而是非立判,不特两造帖服,而架词唆讼诱张为幼者,焉得暇而逞其伎俩?无如近日州县,怠忽者多,勤敏者少。每遇差提案犯,动辄累月经年,即使剖判毫无枉纵,而受其拖累者已多。况未必悉臻平允,因而辗转上控该管上司,又未能涤除积习,或仍发交该州县审办,或复回护固结。而遇事生风之徒,遂得乘机搆捏,淆乱黑白,以致小民含冤屡控,讼累日深。此外省之通病,深为可恨。此等劣员,不顾天理,不念人情,置百姓疾苦于度外,视国家法度如泛常,任听书役如狼如虎,扰害闾阎,灭尽天良,所谓以不忍人之心,行不忍人之政者安在?""著照所请,嗣后令各州县,将所收呈词,按月详报:已结若干,未结若干,两造自请息讼者若干,续接呈词若干,逐案声叙,报明该督该司及本管道府查核,分别记功记过,以昭劝惩。该管道府及直隶州,于所属有关罪名出入之案,如能于上控及审转时,据实平反,改拟得当者,仍照例具题,由部核明奏请鼓励。倘该管上司,不知勤恤民隐,或不能虚衷提讯,或仍批交该州县审理,致有拖累无辜,冤狱莫申之事,即一并从严参办,以慎庶狱而肃官常。"(《清宣宗实录》卷一五六)

后,那彦成奏:"州县自理词讼,请仍责成道府稽查,以符定例……""查明各属详报自理词讼,月计不下数千案,积至三月,累牍甚至万有馀件,琐细繁多,殊于政体未协。至考察州县,记功记过,向只饬司存记,并不具奏,亦不报部。若即以此定为劝惩,形诸奏牍,是又于议叙处分之外,复添条款,实属纷杂。著照所请,除题奏咨部,及内控上控案件,逾限照例参处外,其各州县自理词讼,仍照定例,责成道府厅州,严查循环簿籍,将已结未结请息续控案数,按季造册,报明督抚衙门。及藩臬两司查考,仍比较勤惰,分别功过,归于年终甄别案内,汇总核办。如有过多功少,才不胜任者,奏明分别降改,以符体制。所有松筠议请三个月具奏一次之处,着即停止。"丁酉,又谕:屠之申著以候补道员发往直隶,交署直隶总督松筠,饬令承办本年巡幸盛京差务。(《清宣宗实录》卷一六〇,道光九年九月庚申)

五月庚申,松筠奏:"那彦成于六月初间,可过保定省城,应否接印等语。那彦成著于行抵保定时,接印任事,进京复命。松筠届期交卸,即著回京供职。"同日,修直隶清苑、新安二县城外石桥,从署总督松筠请也。(《清宣宗实录》卷一五六)

[5]《清史列传》卷三十二载:"(道光九年)六月,调兵部尚书,命赴科布多鞫狱。"《清史稿》卷十七,《宣宗本纪》一载:道光九年夏四月壬午,屠之申以谳狱错误降,松筠署直隶总督。六月甲戌,伊犁将军德英阿卒,以玉麟代之。调松筠为兵部尚书。

六月癸酉,命礼部尚书松筠,驰往科布多查办事件。(《清宣宗实录》卷一五七)六月甲戌,命礼部尚书汤金钊为上书房总师傅,工部尚书穆彰阿为翰林院掌院学士;礼部尚书松筠为兵部尚书,未回京前,命都察院左都御史那清安署理。以内大臣博启图为礼部尚书。

此次松筠查办案件,实由科布多解任参赞额勒锦于应办马匹,辄派笔帖式色勒彬等,携带茶布,前往易换,遭致贝勒齐默特多尔济控告。经松筠查办,相关人等均受处分:"此案贝勒齐默特多尔济,因科布多参赞办事司员,以所报偷窃驼马等件印文,并不按例查办,辄将原文驳还,心怀不服。据松筠提集人证,逐款质查明确,实系该司员常明等,办事不知详慎,糊涂冒昧。理藩院郎中常明,著即革职,以示惩儆。科布多兵部掌戳记司员巴克图,听从递籍民犯任志高央恳,纵赴游牧讨帐,复被该贝勒查获,始为起解,实属玩延。巴克图著革去主事衔,作为领催,咨回驻防本旗当差。委署主事衔伊克精额,既同常明以蒙古得背被窃大马,任听贼供小马,将贼犯鞭责发落;复附同巴克图,纵放任志高讨帐,办事任意,著咨回绥远城当差,仍罚一年钱粮。解任参赞额勒锦,不知体察外藩情形,率与常明连次驳饬,以致该贝勒齐默特多尔济衔忿牵控,且于差便易换马匹,势同扰累。额勒锦著交部严加议处。嗣后该参赞大臣差赴游牧换马之处,著永行禁止。贝勒齐默特多尔济,风闻参赞额勒锦差赴土尔扈特乌梁海易换马匹,辄行越分牵连呈控,业经自认冒昧。著罚扎萨克俸一年,即饬回游牧,办理盟长事务。将军彦德等于此案并不奏明,亲身前往查办,彦德著交部严加议处。前任参赞八十、蒙古参赞车林多尔济,俱著交部议处。"(见《清宣宗实录》卷一五九、卷一六〇)

◇道光十年[1]庚寅,七十九岁。九月,前往山西查办事件。[2]

[1] 即1830年。道光十年正月戊申,又谕:大阿哥、惠郡王著于三月初五日住宿南苑行围,二十六日回圆明园。松筠、富僧德著充总谙达,轮流随从大阿哥等住宿,其应随往之散秩大臣、侍卫等,著各该处照例奏派。(《清宣宗实录》卷一六四)

二月癸未,松筠等奏:核议玉麟请停止伊犁河工岁修,将生息本银暂缓归款,另拟增设巴燕岱兵额。"巴彦岱驻防兵丁,生齿日繁,原须有所赡养,然徒议增设兵额,国家经费有常,不可漫无限制。恭查乾隆五十五年钦奉谕旨,伊犁满兵驻防,年久生齿日繁,自应予以养赡之资。但国家钱粮,原有定数,不容屡议增加。此次所奏四百名步甲钱粮,暂准其增添外,嗣后不得再请增给。若果因伊等人口众多,钱粮有限,不能养赡,伊犁地方,现有可耕之地,甚属宽广。满洲兵丁,即不谙耕作,自可酌按名数,分给伊等地亩,令其雇人耕种,即以取得租息养赡,用资生计。""现据松筠等筹议驻防养赡之策,惟有屯田一法,可以历久无虞。从前筹办屯田,总因灌溉乏水。自嘉庆七年,松筠相度泉源,设法疏渠,以资灌溉。即巴燕岱地土肥润,尽有可耕,请饬交该将军采择膏腴地亩,分给各旗闲散馀丁,开垦屯种。如果因派令种地之人,牛具籽种不能置办,即于原奏所筹停止修河款项内,酌量给予,妥为核办。著玉麟、容安,查明妥议具奏。再降谕旨,松筠等核议原折,著钞寄阅看,将此谕令知之。"(《清宣宗实录》卷一六五)

四月甲子,以大学士托津署户部尚书,工部尚书穆彰阿署总管内务府大臣,定亲王奕绍署管理銮仪卫事,肃亲王敬敏署管理圆明园八旗内务府三旗官兵事,兵部尚书松筠署正黄旗满洲都统。(《清宣宗实录》卷一六七)

七月丙子,命兵部尚书松筠驰往绥远城,会同将军昇寅审案。(《清宣宗实录》卷一七一)

[2]《清史列传》载:"十年,命偕吏部右侍郎保昌赴陕西查讯巡抚徐炘被控各款,鞫实,请将徐炘下部严议。途次又闻回疆军报,密陈剿办事宜。谕曰:'进剿何难,善后不易。若常川檄发调派,成何事体?必得一长久绥安之道,方为至善。卿若有所见,不妨陈奏,候朕采择。'"《清史稿》卷三百四十二载:(道光)十年,往山西按巡抚徐炘被控事。

九月丁丑,派松筠、保昌驰驿前往陕西查办事件。"松筠著在山西省城等候保昌到时,会同查办。随带司员,著一并在彼等候。所有应行查办事件,朕面交保昌带往。松筠接奉后,务须秉公详查办理,据实具奏,毋稍隐饰。"(《清宣宗实录》卷一七五)《清宣宗实录》卷一七七,道光十年十月壬寅,谕军机大臣等:"松筠等奏,同抵山西省城,查讯大概情形一折。御史葛天柱原折内所称徐炘署内仆人,刀戳心窝,割落肾囊身死。及知县相验未终,即令具结,并将尸妻藏匿一案。据按察使额腾伊覆称,徐炘家人刘泳成,于本年六月十二日在院署自戕身死,已据阳曲县知县李培谦验讯详报,系属因疯自戕等语。刘泳成既系自戕,业将肚腹近上刀伤一处,何能复将下体用刃割伤?其中必有别情。所称因疯自戕,难以凭信。案关人命,必须彻底根究。该尚书等现已饬调外县妥实件作,著于到日详细覆验。其刘泳成之妻刘杨氏,已随徐炘眷属前赴陕西。现经委员迎提该氏及门丁等,著于解到时亲提审讯,务得确情,以成信谳。至该御史所奏绛州直隶州知州吕士淳善于钻营各情节,业经该尚书等面交阿勒清阿查传,著于到日详细查办。其徐炘在任情形,已据该处藩臬两司禀称,性多刚愎,办事往往宽严失当,致滋物议,试用各员委署调补,不免招尤。秋审过堂时,徐炘家属在堂后竹帘内看视,实有其事。至奏修城垣,官捐商捐银各四万两。据该尚书等奏称,访查啧有烦言,所言究系若何,因何而起,著详细确查具奏。如稍有隐饰,即是不公不忠。懍之！其查阅营伍,有无任听家人勒索情事,现交阿勒清阿查覆核办。阿勒清阿甫经到任,现令会查一切,自无所用其回护。本日已将徐炘解任,令其前往山西,听候传讯。徐炘曾任该处巡抚,恐其示意属员书役等,有代为容隐情事。该尚书等与阿勒清阿查办一切,总当严密防范,务将各款确切查明,据实奏办,无得稍有不实不尽,致受欺朦。倘有心徇隐,别经发觉,惟松筠等是问。"

　　十一月癸酉,松筠等奏:御史葛天柱奏参山西巡抚徐炘"查阅营伍,家丁勒索及题升调补委署各缺,任意营私等款,查明均无其事。其门丁顾鸿如之服役人刘泳成,已将尸棺开验,复提集人证,详讯供情,实系因疯自戕,并无谋毙情事。惟徐炘当时既不派臬司相验讯办,又不专折奏明,致滋物议,殊属错谬。其秋审过堂时,徐炘之家属在堂后隔帘看视,管教不严,亦咎无可辞。徐炘著交部严加议处,即行来京听候部议"。后"将徐炘加恩降补湖南按察使,免其照部议降六级调用"(《清宣宗实录》卷一八〇,道光十年十一月癸未)。

　　九月己丑,谕内阁:"松筠等奏,讯明扎萨克公车楞旺楚克多尔济被控各款一折。此案乌喇特扎萨克公车楞旺楚克多尔济狎昵娈童,携妓听唱。又将年班进京所用银两,捏指分送近侍大臣,复逞忿杖毙属下人毕济雅,实属无耻妄为。虽据具有改过自新印结,亦不准从轻办理。车楞旺楚克多尔济著革去公爵,并照蒙古例,罚马三十匹,给与毕济雅之叔喇嘛齐鲁布收领。其扎萨克公未承袭以前,所有该旗事务,著交该正副盟长,由该旗拣选台吉一员办理。至协理台吉车楞敦、多克密都布二员,将该扎萨克公自用银两,商同捏指开销,并讯有种种劣迹。车楞敦、多克密都布,俱著革去协理台吉,交该正副盟长严加管束。所遗协理台吉二缺,著该盟长拣选,拟定正陪,由理藩院带领引见。该正盟长巴图鄂齐尔接收呈词,并不悉心研讯,率据原呈咨报,亦属不合,著交理藩院议处。"(《清宣宗实录》卷一七三)

　　◇ 道光十一年[1]辛卯,八十岁。二月,蒙恩赐寿。[2]

[1] 即1831年。
[2]《清史列传》、《国朝耆献类征初编》等载有"蒙恩赐寿"之事:是月,松筠八十生辰,赐"耆龄锡祜"匾额,御书"福"、"寿"字各一,并文绮服物有差。

另,《清史列传》卷三十二还载有松筠于道光十一年的活动:十一年二月,奏言:"喀什噶尔换防官兵宜裁撤,免累回众,叶尔羌玉山宜驰禁,听回众采贩沾润,喀什噶尔参赞大臣宜改设于阿克苏适中之地,喀什噶尔宜改设正副办事大臣二员,令阿奇木郡王伊萨克为帮办,与正副大臣联名奏事。喀什噶尔一带卡伦,宜添设侍卫,领满兵轮驻,无令绿营官兵驻守,易致逃避。回疆驻扎大臣,均不得携眷,免传回妇应役。英吉沙尔无庸专驻大臣,可设三品阿奇木伯克,每事就近呈报喀什噶尔。至安集延回众贸易为生,所贩毡绒染色,无不用茶配制,宜因其所利而利之,永驰茶禁。又安集延贸易之商回,远在浩罕西南,来至喀什噶尔,迢遥辛苦,宜免其纳税,以示招徕。"疏下扬威将军长麟查办。

七月,署理藩院尚书,管理三库事务。八月,奏请开缺,旋即销假。谕曰:"松筠并无患病情形,乃数日之间,忽称衰病难支,忽称精力如前,既请开缺,旋即请赏差使,进退自由,轻率陈奏。君臣相与之际,总当以诚为主。朕于各大臣推心置腹,既以诚相感,各大臣身受重恩,尤当以诚相应。似此任性自便,殊失朕优礼大臣之意。松筠自问于心,能安与否?嗣后各大臣务当仰体朕心,恭矢靖共,恪守事上以诚之义,用副恩眷。"九月,充蒙古翻译正考官,授镶白旗汉军都统。十月,授内大臣。十一月,因前赴科布多,嘱直隶道员徐寅第代购备赏什物,及奉旨回奏,又未将嘱买在先,发价在后,据实声明,命革去内大臣,以三品顶带休致。《国朝耆献类征初编》所载与此相同,唯八月奏请开缺之事并无记载。

《清宣宗实录》不载"蒙恩赐寿"之事。六月丁亥,兵部尚书松筠奏:"喀什噶尔一带,现驻官兵不下万计,业经调饷八百馀万。若仍多驻官兵,不但转运维艰,该处回户供应苦累,难保不复滋生事端。此次筹办善后,必须计出万全,所有喀什噶尔参赞大臣,请仍遵旧制,驻劄乌什。其喀什噶尔应改设正副大臣二员,办事之司员笔帖式等,并卡伦满兵、绿营官兵,由乌噜木齐各城派往,年满更换。各卡伦派侍卫一员,轮班驻守,其卡伦以外布噜特、霍罕等,无论有何事故,严禁官兵毋许出卡查探,以杜衅端。英吉沙尔毋庸专驻大臣。安集延回众向以贸易为生,请明降谕旨,永驰茶叶之禁。至南路各城回众,向与安集延结姻,应循旧联姻,以顺夷情。回户安居乐业,虽边疆重地,亦可无烦兵旅矣。得旨:著交长龄等于会议善后时,悉心妥议具奏。"(《清宣宗实录》卷一九〇)

七月壬戌,命协办大学士、理藩院尚书富俊,内阁侍读学士赛尚阿

驰往黑龙江查办事件,以兵部尚书松筠署理藩院尚书。(《清宣宗实录》卷一九二)

七月己卯,命工部尚书穆彰阿、朱士彦驰往江南,查办事件。以都察院左都御史那清安、礼部尚书王引之署工部尚书,兵部尚书松筠署管理户部三库事,贝子绵偲署镶白旗汉军都统,惇亲王绵恺署正白旗满洲都统。(《清宣宗实录》卷一九三)

八月乙未,兵部尚书兼镶白旗满洲都统松筠,因病解任,调工部尚书兼镶白旗汉军都统穆彰阿为兵部尚书,兼镶白旗满洲都统。八月乙巳,以病痊尚书松筠署正蓝旗满洲都统,兵部左侍郎那丹珠兼署仓场侍郎。(《清宣宗实录》卷一九五)

八月丁未,谕内阁:"前据松筠奏称,伊近来腰腿不能得力,两目昏花,画稿手颤,且遇事健忘,恳请开缺调理。朕平日待人以诚,松筠系年老大臣,既据奏衰病,自应曲加体恤,当即降旨,准其开缺,并谕安心调理。昨据奏,精力现已如前,请赏差使。朕复经降旨,令署理正蓝旗满洲都统。朕于松筠奏请开缺及销假时,两次均经召见,察看精力如常,并无患病情形。乃数日之间,忽称衰病难支,忽称精力现已如前,既请开缺,旋即请赏差使,进退自由,轻率陈奏。君臣相与之际,总当以诚为主,朕于各大臣推心置腹,既以诚相感,各大臣身受重恩,尤当以诚相应。似此任性自便,殊失朕优礼大臣之意,不知松筠自问于心,能安与否。嗣后各大臣务当仰体朕心,共矢敬恭,恪守事上以诚之义,用副恩眷。将此通谕知之。"(《清宣宗实录》卷一九五)此处记载与《清史列传》等书相符。

九月庚申,"以理藩院尚书博启图为满洲翻译正考官,署理藩院右侍郎彦德为副考官,兵部尚书松筠为蒙古翻读主考官"(《清宣宗实录》卷一九六)。

九月己丑,以兵部尚书松筠兼镶白旗汉军都统,仍署正蓝旗满洲都统。(《清宣宗实录》卷一九七)

十月癸巳,又谕:"松筠前赴直隶审讯白勤一案,自有随带司员,何以率调徐寅第入馆参议案情?出差北口时,曾否收受徐寅第馈送银两,著松筠据实具奏。"(《清宣宗实录》卷一九八)

十月癸卯,以镶白旗汉军都统松筠为内大臣。(《清宣宗实录》卷一九九)

十一月壬子,谕军机大臣等:"据特登额等奏,审讯撤任深州知州蒋兆璠胪列多款,致书徐寅第一案,已明降谕旨,将徐寅第、蒋兆璠俱革职严讯矣。此案蒋兆璠指出徐寅第升任道员,每年三节两寿,均遣家丁包昆,每次送银二百两,交给该革员门丁任四收受,并呈出该革员谢函二件,已据任四即任忠供认属实。此外各州县馈送,必不止蒋兆璠一人,亦应令其指出。至徐寅第有皇本布商铁面拱心之号,虽据蒋兆璠坚供,系伊戏取名色,不足凭信。恐其中有私和消弭情弊,除饬提书役,派员暗访确查外,其现任河间县典史黄应中及候补知府沈涛,俱系案内要证。著特等额等提集人证严讯,务须水落石出。至馈送松筠礼物一节,据李坤供,徐寅第于松筠出差北口时,遣伊带银六百两,先期赴张家口,购买茶叶六十篓,哈达二百匹,共用给银五百八十两,送交松筠公馆。松筠发给银五百两,与松筠覆奏,情节不符。究竟茶叶、哈达等物,是否系松筠嘱徐寅第代买,抑系徐寅第买送在前,松筠发价在后,必应彻底究诘。至松筠审讯白勤、徐寅第入馆参议一节,蒋兆璠虽不能确指,仍应向徐寅第严切根究,该革员何以率赴公馆,所参议者何事,于案情有无出入?此系众目共睹,不能掩饰,务须严究实情,不许存化大为小之见,稍有含混。其中含冤流毒一款,蒋兆璠指出田兰馨、高冯氏二宋,其疑难案件,不喜委员会审一款,蒋兆璠指出李文进一案。此三案已结若干,未结若干,已结者是否平允,抑竟有偏断之处,亦著一并严讯,以成信谳。将此谕令知之。"

十一月庚申,谕军机大臣等:"前据军机大臣会同吏户兵三部议覆长龄等奏,各城换防员弁,并新设差缺文职各章程,已钞给长龄等阅看,并令该将军等悉心筹画,从长商酌矣。近日复据松筠奏:现令安集延等照旧通商,自可永靖边圉,无须增加兵额。其官兵日用所需,回疆地多沙碛,出产无多,受其逼迫,难保不生事端。至各大臣自行筹备粮料一节,恐派员采办,必有倚勒强买之弊。阿克苏所铸钱文,本不足资搭放,今复添兵至七千七百馀名,例铸钱文,不敷搭放,恐于兵食有碍。回疆商民,本属无多,非伊犁、乌噜木齐可比。既经设官,必须多增胥役。该管官未必尽能耳目周知,徒使奸胥扰累,尤非计出万全,应仍循照旧章等语。松筠在伊犁将军任内有年,所奏不为无见,著将原折钞给阅看,该将军等再行体察情形,悉心妥议具奏。再阿布都尔满昨已加恩令其仍袭伊祖霍集斯郡王职衔贝勒,此时毋庸来京,著俟年班之便进京可也。将此由五百里谕令知之。"(《清宣宗实录》卷二○○)

十一月乙丑,特登额等奏:"审讯蒋兆璠致书徐寅第列款诋毁一案。

讯据徐寅第供称,松筠前在直隶交卸督篆进京时,言及前赴科布多审案,需用茶叶、哈达备赏,嘱伊遣人赴张家口代买。伊随差家人带解购买,用银五百八十两,松筠发还银五百两,系嘱买在先,发价在后,核与松筠原奏不符。著松筠据实明白覆奏。"十一月丙寅,谕内阁:"松筠于交卸直隶总督后,派赴科布多,系审案差使,何以率办茶叶、哈达赏需?即欲自行置办,亦应遣家人购买,何得率嘱直隶道员代办?前经降旨,谕令松筠据实覆奏,又未将嘱买在先,发银在后详晰声叙,与特登额等审讯情节不符。种种错谬,咎无可辞。松筠著交部严加议处。"十一月己巳,又谕:"松筠前于交卸直隶总督后,派赴科布多审案,本不应备办赏需,即欲自行置备,亦应遣家人购买,乃率嘱直隶道员代办。迨降旨谕令据实覆奏,又未将嘱买在先,发银在后详晰声叙,与特登额等审讯情节不符。种种错谬,任意妄为,部议请照违制律革职,实属咎所应得。故念其当差多年,著革去内大臣,加恩赏给三品顶带休致。"(《清宣宗实录》卷二〇一)

《清史稿》卷十八,《宣宗本纪》二载:"(十一年八月)乙未,松筠病免,调穆彰阿兵部尚书,富俊工部尚书。以博启图为理藩院尚书。……(十一月)己巳,松筠罢内大臣,降三品顶戴休致。"

◇ 道光十二年[1]壬辰,八十一岁。六月二十日,补授阅兵大臣。[2]

[1] 即1832年。
[2]《国朝耆献类征初编》卷三十六、《清史列传》卷三十二、《国朝先正事略》卷二十二等均将松筠授阅兵大臣的时间定在道光十三年,详见下条注释。据史料载,松筠于道光十二年的活动,主要有:

十二年六月,浩罕伯克迈玛底里遣使进表,松筠前曾奏及浩罕通商,边境即可绥靖。上思其言,赏还头品顶戴,署正黄旗汉军副都统。《清史稿》卷十八,《宣宗本纪》二载:"(十二年六月)丁酉,复松筠头品顶戴。"

六月丁酉,昨据哈哴阿等奏:"霍罕伯克迈买底里遣使进表,送出裹胁喀什噶尔回子八十馀名,携带货物、马匹、羊只进卡。经哈哴阿等宣示恩旨,通商免税,当将表文给伊萨克阅看,并令译出,与哈哴阿等所奏相符。该霍罕畏威怀德,感邀出于至诚,从此边圉可期绥靖。因思松筠曾经奏及霍罕通商,边境即安静无患。松筠在西陲最久,所奏不为无见。上年松筠因蒋兆璠禀讦徐寅第案内牵涉,以三品衔休致。朕不以人废言,且念其究系三朝老臣,松筠著加恩赏还头品顶带,署正黄旗汉军副都统,以示朕眷念耆臣之意。"(《清宣宗实录》卷二一四)

七月,松筠赴东城救济灾民。(《清宣宗实录》卷二一六,道光十二年七月癸亥、己丑)

后,松筠于归化城查办蒙古达尔汉、茂明安、土默特三旗争地的问题。道光十二年七月乙丑,前据昇寅等奏参:"归绥道富珠礼于达尔汉、茂明安、土默特三旗互争地界,并不亲诣履勘,仅派属吏与蒙古人等往查,改立界堆,以致土默特蒙古等不服。当降旨派祥康会同该盟长,逐处履勘明确,遵照奏案办理。嗣祥康升任盛京刑部侍郎,未及查办,移交新任副都统惠显办理。兹据奏,传集三旗,会同盟长反复晓谕,各旗总以土默特入伊等游牧,不能具结。此案著派松筠驰驿前往归化城,会同该盟长亲诣履勘三旗互争地界,秉公查办,定立界址,永杜争端。所有随带司员,著遴派刑部理藩院司员各一人,俱著一并驰驿。至惠显奏,盟长巴图鄂齐尔意存回护,未便再令会办,请改派副盟长乌喇特公喇特纳巴拉会办之处,并著松筠到彼体察该处情形,奏明办理。"(《清宣宗实录》卷二一六)

"八月,松筠督同副都统惠显、副盟长公喇特那巴拉等逐处履勘,查明自克筹堆记东北一带,直至哈达玛勒河,山后系达尔汉所属,山前系土默特游牧,有乾隆二十年图记,茂明安争土默特之沙拉哈达地方属实。自克鄂博东至哈达马勒河,山前系土默特游牧,山后系达尔汉游牧,有乾隆二十八年图记,达尔汉争土默特山前地方,属实。松筠按照原字原图堆记,履勘晓谕,茂明安扎萨克及达尔汉贝勒,皆折服。松筠又奏言:'自哈达玛勒河东至托苏图山系四子部落郡王伊什登游牧,南接土默特游牧,北系达尔汉游牧,三旗地界应一律查勘。又南系延寿寺喇嘛游牧,亦宜添设堆记鄂博,各清界址,永杜争端。'从之。"(《清史列传》卷三十二)松筠查办蒙古三旗争地问题,实源于清政府对蒙古族的统治。清政府在蒙古地区实行盟旗制度,对于各个蒙古部落的活动有一定的规定,且通过诸如《蒙古律例》此类的法律规范下来。各旗要在自己的范围中活动,不许越界侵犯。

八月癸巳,谕军机大臣等:"前据松筠奏,途次检查卷宗,得有土默特等甘结易于查办一折。已谕令虚衷勘断,不可因富珠礼结报在前,即存迁就之见。本日理藩院奏:据乌兰察布盟长公巴图鄂齐尔呈称,土默特、茂明安、喀尔喀三旗争界一案，经归化城副都统会同该盟长查办，伊等并不输服，并称此案如照乾隆二十八年将军永柱所定办理，土默特不能心服，如照道光六年归化城衙门所定办理，茂明安等三旗不能心服，请将原呈交松筠查办等语。此案前据惠显奏，传集三旗会同盟长反复晓谕，各旗总以土默特入伊等游牧不能具结，是以特派松筠前往查办。土默特等彼此互争，断无两是之理。松筠到彼后，务须遵照前旨，秉公查办，虚衷勘断，定立界址，令各该旗心服，永杜争端。不可因富珠礼结报在前，豫存成见，迁就了事，懔之慎之。理藩院折及所译巴图鄂齐尔呈词，俱著发给阅看。将此谕令知之。"八月壬寅，谕内阁："前因土默特等互争界址一案，交松筠驰往该处，虚衷勘断，定立界址。兹据奏，查明茂明安扎萨克台吉及达尔汉贝勒等，所争土默特游牧，有乾隆年间原案原图，并所设堆记鄂博、旧址显然。松筠向该台吉等逐加指视，始各释然，心俱输服。著照所请，饬令该台吉等，按照旧定界址，各守游牧，无相侵越。至四子部落郡王伊什齐当游牧，南接土默特，北系达尔汉贝勒，共三旗地界，俱著查定界址，永杜争端。其土默特与锡哷图招延寿寺喇嘛游牧，亦著分设堆记鄂博，以清界址，即饬四旗一庙，永远遵行。该衙门知道。"(《清宣宗实录》卷二一八)

八月，命署正黄旗汉军副都统松筠，俟查办三旗地界完竣，即来京覆命。(《清宣宗实录》卷二一八)

九月戊午，署理藩院左侍郎松筠奏："《勘定土默特茂明安等四旗地界章程》十条：一、除原设封堆，重新修理外，请就界连茂明安、达尔汉贝勒、土默特三旗之克稠封堆西北，土默特官房之西，添设二堆，西为茂明安牧场，东为土默特牧场。一、请自克稠封堆稍趋东北之山巅以及喀喇图等处，添设封堆，山北为达尔汉贝勒牧场，山南为土默特牧场。一、重修乌兰察布源泉地方号堆，东为四子牧场，西为土默特牧场。一、哈达玛勒河源，当达尔汗贝勒、土默特两旗适中之处，东为托苏图山，西为克稠封堆，以山之南北分界，请立石刻字，以免侵越。一、各旗于原设号堆之间，酌量适中之处，添设数堆，载入旗档备查，以杜争端。一、移土默特之乌兰胡都克、乌兰诺尔旧设达尔汉贝勒旗坐卡二处，仍回该旗境内；现锡哷图呼图克图等，情愿由僧徒内每卡拣派十人防守。一、嗣后各扎萨克地界之案，俟报明将军、副都统查验后，转行报部，如有任意径行报部者，严参示惩。一、嗣后各旗于每年秋季派员定期验修号堆一次，报明副都统衙门备查。一、界连土默特、茂明安两旗之民户，应于该处多设封堆,详细划明,界东在土默特交租,界西在茂明安交租。一、详查土默特、茂明安两旗交界处所民户垦田数目,将土默特游牧之沙喇哈达巴彦化河以北,并沙喇图地方开渠之东,均为牧场,渠西河南地亩,仍听开垦。得旨:办理甚属详明,著依议行。"(《清宣宗实录》卷二一九)《清史稿》卷五百二,《列传》三百七,《藩部》三对此事的记载是这样的:道光十二年,(茂明安部、喀尔喀右翼部)与土默特争界,命松筠往勘。

"八月,覆奏茂明安及达尔汉贝勒等所争土默特游牧,有乾隆年间原案、原图,并所设封堆鄂博,向该台吉等逐加指示,心俱输服。令按旧定界址各守游牧,毋相侵越。""仍如旧界定之。"(《清宣宗实录》卷二一九)《清史稿》对此事的记载为:茂明安部"道光十二年,与土默特争界,命松筠往勘。八月,覆奏茂明安及达尔汉贝勒等所争土默特游牧,有乾隆年间原案、原图,并所设封堆鄂博,向该台吉等逐加指示,心俱输服。令按旧定界址各守游牧,毋相侵越。"(《清史稿》卷五百二,《列传》三百七,《藩部》三)

九月丙午,以署镶红旗汉军副都统关福为镶蓝旗蒙古副都统,署正黄旗汉军副都统松筠署镶红旗汉军副都统。(《清宣宗实录》卷二一九)

九月乙卯,以署镶红旗汉军副都统松筠署理藩院左侍郎,都察院左副都御史文庆为内阁学士,兼礼部侍郎衔。(《清宣宗实录》卷二一九)

十一月癸未,以署镶红旗汉军副都统松筠为正红旗蒙古都统。(《清宣宗实录》卷二二五)

十二月壬戌,实授文庆礼部右侍郎,松筠理藩院左侍郎。(《清宣宗实录》卷二二八)

十二月,授(松筠)理藩院左侍郎。

◇道光十三年[1]癸巳,八十二岁。

[1] 即1833年。道光十三年虽为《松文清公升官录》之结尾,然并未见诸如"卒"、"薨"之类字眼。参核《清实录》、《国朝耆献类征初编》、《国朝先正事略》、《清史列传》等书,松筠卒于道光十五年无疑,享年84岁(虚岁)。《国朝耆献类征初编》卷三十六、《清史列传》卷三十二等载,道光十三年四月,调松筠为工部左侍郎。五月,授正蓝旗蒙古都统。六月,授阅兵大臣。八月,派考试满、蒙中书。九月,署户部右侍郎,兼管钱法堂事务。十月,充左翼监督。《国朝先正事略》则载为:"十三年,调工部

左侍郎,授都统及阅兵大臣,充左翼监督。"这里的记载相对较为简单。

道光十三年,《清宣宗实录》也记载了松筠的活动:道光十三年(1833年)四月戊申,"以仓场侍郎贵庆为漕运总督,调工部左侍郎恩铭为仓场侍郎,理藩院左侍郎松筠为工部左侍郎"。四月庚戌,工部左侍郎松筠为蒙古翻译考官。以工部左侍郎松筠,署正黄旗蒙古都统。(《清宣宗实录》卷二三五)

五月丁酉,调正红旗蒙古都统松筠为镶蓝旗满洲都统,以正红旗满洲副都统敬征为正红旗蒙古都统。(《清宣宗实录》卷二三七)

六月庚申,以工部左侍郎松筠为阅兵大臣。(《清宣宗实录》卷二三九)

九月壬申,以工部左侍郎松筠,署户部右侍郎,兼管钱法堂事务。(《清宣宗实录》卷二四三)

道光十四年正月戊子,道光皇帝通过京察对松筠等人的状况作了概括。"谕内阁:三载考绩,大典攸关。满汉诸臣中,有为国宣勤,尽心职守者,允宜甄叙,年老而精力未衰者,仍应留任。……工部左侍郎松筠,年过八十,精力大减,著以都统衔休致。馀著照旧供职。"由此可见,松筠于道光十三年,并未去世。(《清宣宗实录》卷二四八)

兹以《清实录》和他书补松筠后两年的简单情况:

※ 道光十四年[1]甲午,八十三岁。命以都统衔休致。

[1] 本年为1834年。

《清史列传》、《国朝耆献类征初编》均载,松筠于道光十四年,"命以都统衔休致"。《清史稿》卷十八,《宣宗本纪》二载:"(十四年春正月)戊子,以三载考绩予长龄等议叙。命松筠以都统衔休致。"《清宣宗实录》卷二五二,道光十四年五月戊寅,谕内阁:"朕据给事中续龄等奏,户部贵州司付交左翼税银,叠催不到,当经降旨交户部查明具奏。兹据查明,由该左翼迟延。虽事属有因,究属不合。左翼监督松筠,著交部议处,嗣后遇有应交款项,著于投文后遵限五日赴库交纳。倘仍迟逾,著查库御史即行严参惩办。"

※ 道光十五年[1]乙未,八十四岁,卒。

[1] 本年为 1835 年。

《清史列传》卷三十二载："遗疏入，谕曰：'松筠历练老成，清勤正直，先朝耆旧。由侍郎、尚书、都统简授大学士，出任将军、总督，扬历中外，宣力有年。历事三朝，恪恭匪懈。上年因老病命休，方冀家居调摄，获享期颐。兹闻溘逝，深为悼惜！著加恩晋赠太子太保衔，照尚书例赐恤。所有任内一切处分，悉予开复。应得恤典，该衙门察例具奏。'寻赐祭葬，予谥文清，入祀伊犁名宦祠。"《清史列传》并未载具体的去世日期，《清史稿》、《国朝耆献类征初编》等亦未载。《清宣宗实录》卷二六六载：道光十五年五月辛巳，"赠故都统衔休致、工部侍郎、前任大学士松筠太子太保，予祭葬，谥文清"。《国朝先正事略》载，"十五年五月薨"，与此相同。

后从将军特依顺保等请，将松筠入祀伊犁名宦祠。道光十五年十月戊午，予故伊犁将军松筠，入祀惠远城祠。（《清宣宗实录》卷二七二）

道光二十三年，即松筠死后第八年，库丁侵亏帑银事发，经查库王大臣载铨等议奏，历任管库查库、大臣分成摊赔，已故者子孙减半代赔。得旨："松筠之子原任二等侍卫熙庆现已病故，并无子嗣，免其罚赔。"（《清史列传》卷三十二）

附　　录

说　明

（一）附录收集了松筠的有关传记和材料，并不包括今人的研究成果。

（二）传记分为两个部分，第一部分包括《清史列传》、《归田琐记》等国内资料，第二部分包括《停滞的帝国——两个世界的撞击》和《1793乾隆英使觐见记》中外国人，特别是英国使团来华后对于松筠的印象，以供参考。

（三）将《松筠新疆奏稿》纳入附录的主要原因是，本书是吴丰培先生所辑，所见不易，全赖恩师徐凯先生赐阅。另外，松筠作为边疆重臣，在新疆作出了重要的贡献，研究者可以据此窥视松筠本人的治边策略和清政府的治边思想。总之，这是一份相当有价值的参考资料。

《清史列传》之松筠传[①]

松筠，玛拉特氏，蒙古正蓝旗人。乾隆三十七年，由翻译生员考补理藩院笔帖式。四十一年，充军机章京。四十二年，升主事。四十三年，升员外郎。四十四年，充三座塔理事司员。四十五年，调户部银库员外郎。旧例，蒙古司员不与银库之选。松筠经军机大臣保奏，蒙古司员之掌银库，自松筠始也。四十八年，京察一等，超擢内阁学士，兼礼部侍郎衔，授镶黄旗蒙古副都统，赏戴花翎。四十九年，调正红旗满洲副都统，赏穿黄马褂，命赴吉林查办参务。

五十年，命往库伦查办鄂罗斯事务。五十一年三月，库伦有官马逸入鄂罗斯卡座，鄂罗斯人获而献还。松筠传示各卡，嗣后有鄂罗斯马误入官卡者，亦如之。事闻，有旨嘉奖。闰七月，授户部右侍郎，仍留库伦

[①] 王钟翰点校：《清史列传》卷三十二，中华书局，1987年版。

办事。五十五年,有术勒干卡伦巡兵为鄂罗斯打牲人所害,松筠檄缉各犯,先行治罪,然后具奏。上切责之,革退侍郎、副都统,拔去花翎,以四品顶带留库伦效力赎罪。五十六年,授工部左侍郎、正白旗满洲副都统。五十七年四月,调户部右侍郎,复赏戴花翎。七月,充蒙古翻译考试官。十月,转左侍郎。五十八年二月,充崇文门副监督,寻授御前侍卫、内务府大臣、军机大臣。七月,充国史馆副总裁。时英吉利入贡,请于天津、宁波海口贸易,并求给附近珠山小海岛、附近广东省城地方各一处,居商存货。上既严谕指驳,复虑其沿途生事,特命松筠护行,凡所要求严词拒绝,途中安谧。有旨嘉其得体。九月,松筠奏遵旨令该英人在船顺道观览,俾知民物康阜,景象恬熙。惟有随时随事加意斟酌体会,务令知感知畏,勉期妥办得中。奉谕:"命汝去,可谓得人,勉之! 望汝回来面奏耳。"五十九年正月,署吉林将军。六月,命查办湖北荆州税务,道出河南卫辉,值淫雨,卫河水骤长数丈,淹浸民居。松筠躬率牧令开仓赈恤,疏入,上以松筠奉差经过,并不置身事外,实心可嘉,赏给大小荷包,下部优叙。七月,升工部尚书,授镶白旗汉军都统。

寻充驻藏办事大臣。嘉庆四年正月,召还京,调户部尚书。二月,授陕甘总督,加太子少保衔。初,松筠驻藏时,达赖喇嘛、济咙呼图克图等报称,西南边界有廓尔喀之兵,松筠访知廓尔喀系向定结边外等部,带兵索欠,并无他故,恐唐古忒番民疑惧,特于喀达、定结、帕克哩等处亲往拊循,并借川省藩库银五千两,筹议抚恤穷番,修建鄂博、寨卡各事宜。至是,请扣陕甘总督廉俸解归四川。时川、陕、楚三省教匪滋事,黄号逆匪张汉潮与蓝、白两号之党,由楚入陕,又窜甘肃。五月,松筠抵陕后,疏陈贼匪情形,因言:"前奉恩旨,招谕胁从,虽已誊黄晓谕,恐贼队中尚未尽知。现遣妥人潜入贼队,谕令被胁良民能捕献首逆,则当宥罪施恩,即临阵投降,亦令给资回籍。又复遍谕村镇,与其避贼而焚掠一空,莫若团集而势操全胜。抵御杀贼者,定加奖赏;擒获渠魁者,奏予职官。"疏入,谕曰:"松筠甫入陕境,所办已得要领。留心军务,忠悃可嘉!"时有千总向明山带同乡勇五十二人巡缉,被秦州乡勇萧复有等疑其为贼,尽遮杀之。松筠奏言:"此案若问以拟抵,恐各路乡勇心怀畏怯,遇有真贼不敢堵截,但向明山无辜被戕,情殊可矜,请照阵亡例议恤。萧复有等照过失律拟绞收赎。"从之。

陕西自嘉庆元年军兴以来,共拨饷银一千一百万两。至是续拨银一百五十万两,上命松筠驻扎汉中督办粮饷。松筠请移西安军需局于汉中,清查旧款,另立新规,查明各路官兵数目,酌定每日支用银数,由粮员按旬开折呈局,每月汇奏咨部,庶案牍易清,饬查不难得实。得旨:"所办甚是!松筠平日廉洁自持,故能正己率属,总理粮运,必能胜任矣。"又奏高河梁、金家山阵亡义首张奎、樊雄秀请以把总、外委议恤;其阵亡乡勇一并造册咨部。上是之,并谕嗣后各路乡勇打仗阵亡,俱著照松筠所奏一体议恤。先是,有旨命访查领兵各员优劣,据实密陈。九月,松筠密疏:"副都统明亮久历戎行,素称知兵,所言似合机宜,其实罔有成效。西安将军恒瑞前在湖北战功为最,后剿蓝、白两号贼匪,亦著劳绩,惟年近六旬,精力大减。固原提督庆成身先士卒,然中无主见,领队则可,出谋发虑,非其所长。署陕西巡抚永保无谋无勇,惟知利己,过则归人。惟额勒登保英勇出群,其次则德楞泰亦称奋勇。"上嘉其评论得当。

初,明亮奏参永保驻扎大山岔拥兵不进,商州之役,永保、庆成迁延不进,以致张逆脱逃。上命松筠查访,寻奏查永保、庆成迁延避贼属实,命褫永保、庆成职,饬交审讯。嗣永保偕荆州将军兴肇奏言驻扎大山岔系听明亮指挥,并讦明亮数月来从未接仗,屡次诳报军功。上并褫明亮、兴肇职,交松筠归案审办。时明亮已剿毙张汉潮,松筠请将明亮暂缓究讯,又请留撒拉尔回兵,派庆成带领协同剿贼。谕曰:"此等回兵,从前为保护桑梓,是以急公趋事;若离家较远,强以从戎,倘稍违约束,别生事端,转致碍难办理。现在各路之兵已极壮盛,张汉潮已就殄灭,零星馀匪,岂必藉回兵剿办耶?况松筠派令庆成带领,以获罪听审之人,擅令领队,岂不为其所轻?至另片奏明亮已将张汉潮歼毙,审办自当暂缓,尤不成话!前旨以明亮如已将张逆擒获,尚可宽其一线。原指定案后,朕核其功罪量为宽贷,并非令松筠不加审讯也。如明亮并未札令永保在大山岔久驻,其龙驹寨、牧关、栾庄皆曾打仗杀贼,则有功无过,朕即全复其官,亦无不可。若有心倾陷永保,胜仗全属子虚,则其罪甚重,即念其有歼毙张逆微劳,量从末减,亦应恩出自上,非臣子所可妄干。松筠意在置之不问,是与令庆成带兵均为擅权矣。著严行申饬,仍遵旨秉公查讯。"十一月,审结明亮等拟罪如律。时工部尚书那彦成奏参恒瑞前弃蓝号垂尽之贼,折回陕省,系接松筠知会。上以松筠种种错谬,革去太子少保衔、御前侍卫,拔去花翎。十二月,疏言:"汉中北通褒、凤,保障秦中,西达略阳,控扼甘肃。西南宁羌为蜀栈咽喉,东面洋县为骆谷要口,从前川陕总督曾驻此地。其后总兵驻兴安,汉中设协,又有汉兴道驻扎城中,控驭极为周密。今总兵与汉兴道均移设西乡,郡城重地,仅一都司,不足以资控驭。宜移兴汉镇于汉中,移汉中协于西乡,宁羌再增一协,东西两协为汉中镇之翼,商州增立一镇,兴安改镇为协,与潼关协为东西两协,为商州镇之翼。五郎本属西安,亦应移置一协,仍属西安将军管辖。再四川提督应移驻达州,距西乡、渔渡、留坝不过四五百里,其势可以相接。商州设镇,不独固陕省之藩篱,兼可壮郧阳之声势,川、陕、楚相为犄角,棋布星罗,丝联绳贯,诚久安长治之策也。"疏下四川总督魁伦议奏。

五年正月,授伊犁将军,寻命署理湖广总督,驰往湖北剿贼。闰四月,入觐,请弛私盐、私铸之禁。谕曰:"松筠在陕甘总督任内,曾奏私盐、私铸弛禁,所见迂谬,本应严议。特以平日尚能持正,为有用之材,是以不加深责。特令军机大臣亲书谕旨,密为训饬,而松筠屡称患病,于防堵事宜,不能妥为布置。犹念其声名尚好,授为伊犁将军,命赴湖北暂署督篆剿贼。松筠恳请陛见,称有恩出自上之事,必须面奏,因准令来京。乃所面奏者,仍系私盐、私铸请宽禁例。经朕反复譬晓,松筠固执己见,怀折渎奏。试思私盐私铸,律有明禁,祖宗定制,岂得轻易更张?且现在私盐有禁,尚有私枭拒捕,若设立税口,倘贩私之徒悍不交税,又将如何办理?至国家泉币之权,操之自下,隳纪纲而弛法度,莫此为甚!松筠以为所铸系嘉庆通宝,即非私铸,是何言耶?若交大学士、九卿核议,必议以变乱成法之罪。朕念其所言,究为国家公事,是以仍命军机大臣明白传知。松筠自知糊涂冒昧,恳仍赴军营效力。但伊前往军营,实属无益,著赏给副都统衔,前赴伊犁作为领队大臣,并赏戴花翎。松筠当力改前非,以期稍赎罪愆,无负朕格外矜全至意。"七月,复授伊犁将军。

初,乾隆二十九年,有旨以伊犁田土肥润,饬将军明瑞等查明地亩,分给满洲官兵,以资养赡。嗣明瑞查明可耕之地甚多,请俟满兵到齐办理。迨五十年及五十五年,复历奉谕旨,饬令筹画耕种,历任将军均以灌溉乏水为词。八年正月,松筠疏言:"臣自上年接任后,探明近水可耕之田,由惠远、惠宁两城酌派闲散试种,通计所获十分有馀。本年秋麦又布种一千馀石,急当广行汲引,因于惠远城东伊犁河北岸,新开大渠,迤逦数十里;又于城西北草湖中觅得泉源,设法开渠,修筑堤岸,疏引支流,其地即分给惠远城八旗耕种。至惠宁城八旗所耕,本系裁撤绿营屯地,原有渠泉足资灌溉,惟种地必资牛力,请于官厂内赏借惠远城每旗牛八十只,惠宁城每旗牛四十只,庶令边地驻防兵农并习。"得旨嘉允。二月,请设伊犁学额,上以不晓事体斥之。九年六月,有伊犁民人郝镜致死贵勒赫,自行投首。松筠审明后,即置之法。上责其办理过当,谕:"嗣后新疆遇有谋故自首之案,不必从重立决。"伊犁、塔尔奇地方向设水磨,派兵碾运麦面,以给兵食。时官兵皆愿领麦易面,松筠请撤此项兵丁分屯耕种。从之。

十二月,松筠以伊犁屯种有效,惠远城得地八万亩,惠宁城得地四万亩,请照伊犁锡伯营八旗屯种之例,按名给地,各令自耕自食,永为世业。经军机大臣议覆,以此项田亩只可令闲散馀丁代为耕种,官兵不当亲身力作,有妨操练。上命松筠妥协经理,务使兵农不至偏废。十一年,奏准伊犁南北山场官地木植,禁止兵民私采,设立商头,官给验票,并定抽收数目,即藉以管束民人,稽查逃犯。十二年,赏还太子少保衔,并颁赐《御制明慎用刑说》。十三年正月,奏报惠宁城东,时出水泉荡漾,房屋多圮,请展筑城垣,移建教场,并于城东挑一大渠,引灌田亩。六月,奏塔尔巴哈台东北一带,夏间应设卡伦。查济默尔色克卡伦地处山阴,不生柴草,请移设于博洛呼济尔,又请于板厂沟安设塔布图小卡,于稽查哈萨克出入,最为有益。九月,奏请塔尔巴哈台地方拨兵加屯,拨提督所属中、左、右三营兵二百名前往,农隙操演,派守备、千总、外委各一员管辖。又奏查禁达木达尔图金厂,请于通山路径安设卡伦,派兵防守,令塔尔巴哈台、库尔喀喇乌苏两处领队大臣每年按季巡查。均从之。十四年正月,塔尔巴哈台有遣戍蒲大芳等三十馀人,聚谋不轨,松筠侦知其事,密遣领队大臣色尔衮带兵前往,以巡查金厂为名,悉数擒戮,上嘉其妥速。松筠又以戍兵马友元、王文龙等一百六十九名,皆与逆谋,尽邀杀之。上责其办理苛刻,下部严议。谕曰:"松筠办理此案,并非滥及无辜。惟前奏既属含糊,而此一百馀人必应调至伊犁研鞫确实,明正典刑,原非过当,忽于半途截杀,成何政体?在松筠恐事机不密,酿成他患,然措置未免失当,姑念其平日操守尚好,熟悉新疆情形,著赏给头等侍卫,作为喀什噶尔参赞大臣。"六月,以二品顶带复授陕甘总督,寻赏一品顶带。九月,奏准秦州营改归固原提督统辖,巩昌营改归河州镇统辖。

十二月,调两江总督。江南河道自上年马港口蛰陷,黄水倒漾,河口淤垫为患。十五年二月,松筠偕江南河道总督吴璥查勘旧海口,请修复旧河,使全黄仍归故道,得旨允行。时南河有医生王勋诣松筠献疏沙器具图,以坚木为架,每架用铁百馀斤,钉镶铁齿,以巨绳系于船尾而行,能刷淤沙,使河流通畅。松筠仿其式制造四十架,亲自乘舟随处疏浚,果效。事闻,谕曰:"河口一带,连年黄水倒灌,动辄淤垫。松筠配制器具,督率疏涤。前水深一尺馀寸者,现已三四尺有馀,中泓宽有七八尺,实为可嘉!著仿照制造,愈多愈妙,以期积淤疏涤,河道深通,俾军船往来无误。"松筠又以比年河口淤浅,粮运递迟,请造剥船一千只,停泊御黄坝外,以备拨运,并以江、广漕船笨重,请照江西漕船,一律改小,以利遄行。均如所请。七月,奏报重运全数渡黄日期,下部议叙。十一月,以回空漕船渡黄迅速,复下部议叙。是役也,上闻松筠亲赴河口,悬立赏格,督催重空,每帮数百两及一二千两不等。谕曰:"松筠自系为力趱漕运起见,但此项赏银出于何处,计其为数不少,非养廉所能敷用。松筠操守清廉,朕所深信,断不疑其取自官民,自系向人借贷。但借贷银两,必须完欠,势不得不藉资商力,又与取之于民何异?况赏之一事,非可滥施,得当则人皆感奋,过滥则视为泛常。军船浅阻,本所时有,惟在认真催趱,随时相机,其得赏可以挽渡者,不赏亦未必停搁。若专以赏项为事,年复一年,何所底止?嗣后务当相机经理,期臻经久可行,不得专以悬赏为事。"松筠之赴两江也,疏请引沁入卫,以济漕运,复疏陈黄河受病之由,缘吴璥等于黄泥嘴、俞家滩二处逢湾取直,以致停淤。此时亟应挑复。嗣河督陈凤翔等议覆,引沁助卫,势不可行。吴璥等奏言:"河水曲则行迟,直则流急,挑复断不可行。"上责松筠谬执己见,轻率陈奏,传旨申饬。既,松筠遵旨密疏吴璥、徐端议论河务不实,办理工程有虚捏开报情弊,另片自求调任总河,以便查核;又保荐蒋攸铦、孙玉庭堪胜此任。谕曰:"所奏各款,必应澈底详查,秉公参奏。河工敝坏已极,人人视为畏途。松筠不但不藉词推诿,转肯锐意自任,全是一片公忠,实心为国,甚为可嘉!但松筠于河务素非所长,已降旨将蒋攸铦补授,松筠惟当与之实心讲求,相助为理。"十二月,兼署江南河道总督。十六年正月,奏报马港口堵闭合龙,河复故道,并请于南北新堤两岸各设同知、守备、把总、协办把总各一员,专驻巡防,增设淮海道驻扎中河,专管桃北中河、山安海防,及新设两厅河务,下部议行。

旋调两广总督。先是,粤洋患盗,筹议盐船,海陆兼运。至是,松筠以洋面肃清,请照旧全由海运,又疏称立法之严,尤贵行法之速。粤东惩办土匪,因部覆稽迟,有瘐毙狱中,幸逃显戮者,未能触目警心。请嗣后有伙众四十人以上,或不及四十人而有夺犯殴官各情,俱先行正法枭示。均从之。六月，授协办大学士，兼内大臣，仍留两广总督任。八月，疏请改雷琼镇陆路总兵为水师总兵，粤东西下路海口、龙门、海安、崖州各协营均归管辖。九月，奏请增设佛冈厅直隶同知及照磨、司狱各一，并移设千总一、把总二、外委四，裁惠州、嘉应二府通判各一，复嘉应府为直隶州，复南雄州为府，均下部议行。是月，授吏部尚书，命来京供职，赐紫禁城骑马。十七年正月，充国史馆正总裁，五月，管理武英殿御书处事务。六月，赏给《御制南苑大阅诗》墨刻。

上以京城八旗生齿日繁，不敷养赡，叠谕吉林将军等于吉林等处筹度闲散地亩，酌量移居。至是，命松筠前往盛京敬谨会勘永陵工程，并筹办移驻宗室房地各事宜。八月，松筠奏："查明西厂自大凌河东岸至秃婆婆店西首，有可耕之地三千顷，可移驻旗人二千馀户；东厂周围数百里，地多积水，其积水皆自北山柳条边而来，若自边墙相地开河，使入川归海，则可涸出沃壤。又东柳河沟一带亦多积水，若自北山东由巨流河至鹞鹰河横开大渠，束水入川归海，亦可得沃壤数千顷。又奏续勘彰武台边门外养什木河迤西一带，牧厂闲地，东西宽三四十里，南北长六七十里，足可移驻；并请于大凌河西厂东界一带酌垦田数十顷，先行试种。"上以东厂柳河沟等处相地开渠，经费不敷，无庸办理，命盛京将军于西厂地方即行试垦。九月，奏盛京小东门外东北里许，共建房屋七十所，除现给宗室五十五户，尚馀住房十五所，请将现在闲散宗室添派十五户，每户给田三十六亩，允所请行。是月，命仍在军机大臣上行走，管理理藩院事务。十月，管理雍和宫、咸安宫、蒙古学、唐古忒学事务。两江总督百龄奏参江南河道总督陈凤翔数月不赴工次，陈凤翔陈诉盐巡道朱尔赓额捏报苇荡柴束数目不符，百龄奏报节省帑银不实。上褫凤翔职，命松筠偕户部左侍郎初彭龄驰往查办。十一月，讯明百龄所奏虚诬，朱尔赓额委办荡柴，多杂蒲草，名为增采，实则虚糜，拟褫百龄职，朱尔赓额遣戍，并请罢苇荡左、右两营历年额外所增柴斤。疏入，上以松筠据实办理，毫无瞻徇，公正可嘉，赏貂皮马褂。

十八年正月，授御前大臣。二月，京察，议叙。六月，命以协办大学士兼任伊犁将军。九月，授东阁大学士。十一月，以平定滑县逆匪，叙功，赏加太子太保衔。十九年五月，疏言："乌鲁木齐从前调派绿营兵择地垦种，嗣因积粮渐多，撤屯归伍，其屯地六万馀亩，招民领种，每户三十亩，征粮二石八斗八升九合。核之屯兵每名二十亩，交粮十二石者，多寡悬殊。年复一年，仓储渐少，于边地兵食大有关系。请复兵屯旧制。"从之。八月,授武英殿大学士。

二十年,以审办塔什密里克逆回仔牙墩一案,未候命下,将首从均置重辟,严旨切责,革去太子太保衔,仍革职留任。

二十一年正月,京察届期,谕曰:"松筠近年办事,渐觉任性改常。凡所陈奏,亦多窒碍难行,毋庸给予议叙。"五月,召还京,命在御前大臣上行走,总理谙达处。先是,伊犁惠远城旗屯公田与辟里沁回田,均藉东山辟里沁泉水灌溉。上年阿奇木霍什纳扎特等禀请开渠,引霍什河水浇灌辟里沁回田,以辟里沁泉水专灌惠远城旗屯公田,松筠核实准行。至是,以得水丰馀,两有裨益,奏闻。七月,管理吏部、理藩院事务,授镶蓝旗满洲都统,复充崇文门正监督。八月,复赏穿黄马褂。九月,管理健锐营事务,赏还太子太保衔。十月,署两江总督。十一月,上以《全唐文》颁赐廷臣,松筠与焉。

二十二年二月,回京。四月,充殿试读卷官。六月,奏言三辅亢旱,请将来年恭谒祖陵典礼暂缓举行。谕曰:"乾隆四十三年皇考高宗纯皇帝恭谒盛京,特降谕旨,垂示后嗣:'当眷怀辽、沈旧疆,再三周历,蕲于祖宗遗绪,身亲目睹,或有无识臣工以为不宜,当律以悖命之罪,诛之无赦。'朕敬承圣训,拟于明秋再举恭谒三陵大典,时向臣工言及。今夏亢旱,未得甘霖。昨据大学士松筠折奏致旱之由,因朕欲诣盛京,列圣示象阻止,实属梦呓,怪诞极矣!成汤遇旱,六事自责,六事中有谒祖陵之一事乎?况一年后之事,先为此言,摇惑众心,大玷首辅之职矣!设若明年直隶及盛京遇有歉收,朕何难降旨展期?上年因绵课阻止秋狝,曾降谕旨,倘有造作浮言阻止者,必按军法。今松筠竟敢阻止上陵巨典,较秋狝为尤甚。此奏若在明降谕旨之后,朕必将松筠置之重典,今尚在未降谕旨之前,是以交军机大臣会同吏部议处。"本日议上,谕:"将松筠革职,实属罪所应得,姑从宽典,薄示降谪。著革去大学士并各项差使,以二品顶带补授察哈尔八旗都统,仍带革职留任。八年无过,方准开复。"

二十三年十月,署绥远城将军。时松筠之子吏部侍郎熙昌殁于湖南差次,上悯松筠年老丧子,召回京,调补正白旗汉军都统,赏还头品顶带、花翎,复赐紫禁城骑马。十二月,授礼部尚书,兼管乐部、太常寺、鸿胪寺事务。

二十四年正月,兼署理藩院尚书。三月,上谒东陵、西陵,命松筠偕庄亲王绵课、大学士章煦、尚书英和留京办事。四月,充翻译会试正考官。六月,调兵部尚书,授御前大臣、领侍卫内大臣,总理行营事务。九月,授盛京将军。十二月,奏盛京柳河沟一带地势低洼,请筹办开浚,允之。二十五年二月,奏:"原定安置宗室增设官学生五名,归并盛京宗室官学。查移居营房,距宗室官学八里,冬寒夏暑,幼童徒步维艰。请将原设学生五名撤回本营,再增设学生十五名,满、汉教习,弓箭教习各一名,即在本营就近训课操练。"得旨所办甚好。四月,以兵部遗失行印,查系松筠时任兵部尚书,且佩带印钥,革去盛京将军,降山海关副都统,复降本旗公中佐领。六月,又以前在盛京将军任内审拟温程殴毙宗室喜受罪名颠倒,再降本旗骁骑校。八月,宣宗成皇帝御极,擢都察院左副都御史。十月,授左都御史。十一月,授热河都统。翰林院侍讲学士顾莼疏称松筠宜置左右,以为谏臣之倡。谕曰:"朕擢松筠于降谪之馀,先用为左都御史,又任以热河都统,量能授职,自有权衡,何分内外?乃顾莼以为擢用左都御史,群臣庆于朝,万民忭于野,松筠何足以致此?若简放热河都统,乃使之为国宣力,顾莼以为虽予重大之任,若有疏远之心,尤为信口乱言矣!至称或疑其意气之戆,致拂圣聪;或疑其攻击之严,致遭众忌,无论朕虚怀纳谏,从不以直言为忤,且松筠近来亦实无犯颜极谏之事,其于内外臣工,更无私毁私誉,若以此致疑,岂举朝大臣除松筠而外,均为馋谄容悦之人乎?顾莼著严议。"十二月,松筠呈进自纂《新疆识略》十二卷,上赐序刊行。

道光元年五月,授兵部尚书。七月,调吏部尚书,充会典馆副总裁,授正黄旗汉军都统。八月,复充崇文门正监督,调镶黄旗蒙古都统,复赏戴花翎,赐紫禁城骑马,在军机大臣上行走,充实录馆正总裁。九月,偕礼部左侍郎康绍镛赴浙江查办事件。

二年正月,授阅兵大臣,管总理行营大臣事务,署直隶总督。二月,奏请整顿直隶各属书院,上是之。闰三月,回京,充翻译会试正考官。六月,理藩院有议覆乌里雅苏台将军奏乌梁海驱逐潜住之哈萨克及科布多商人私向杜尔伯特交易一折,松筠索稿删改,理藩院尚书禧恩劾奏。谕曰:"六卿分职,各有专司。若将别衙门所办之事,妄加删改,实属罕见罕闻。即和珅当日之专权横恣,亦未敢公然出此。实属胆大妄为,著大学士、军机大臣会同九卿议罪。"寻议革职遣戍,得旨,加恩以六部员外郎候补,在上书房翻译谙达上行走。十一月,授光禄寺卿。十二月,以二品顶带授左都御史。

三年六月,命偕户部右侍郎穆彰阿赴热河鞫狱。八月,赏还头品顶带。九月,授吉林将军。四年正月,条奏参务疲累情形,请复旧规办理,并请在小绥芬等处屯田,以供刨夫粮食,疏下军机大臣,会同户部议奏。寻议上,得旨:"吉林参务节经立定章程,所议尚形苦累,自应量为调剂。所有绥芬、乌苏里产参山场,住山过冬刨夫,著准其仍复旧规办理,并令各揽头举熟习刨夫在苏城、苏子海、讷思屯、泥满口等处寻采,按额交上等好参,挑剩馀参,方准售卖。如有蒙混情弊,即著落赔换,重责示惩。其每年留山刨夫,不得过每票人数之半。倘潜居偷漏,从重究治。并著守卡弁兵查验,勿任黑人夹带私参,以昭严密。至松筠奏请在小绥芬、双城子、达塌河一带屯田垦种,以供刨夫粮食。耕种采参,本难兼顾。办给农具,殊形繁费。且道里辽远,稽察难周,尤恐别滋事端,转启奸民窝藏寄顿等弊,著毋庸议。朕因松筠熟悉吉林情形,简畀将军重任,乃遇事纷更,种种错谬,不胜将军之任。吉林将军著富俊补授。"二月,奉谕:"松筠著补授左都御史,此系朕眷念旧臣格外施恩,赏给差使。松筠务慎守职任,毋得妄行纷更,致干咎戾。"四月,充考试翻译正考官。七月,授正黄旗汉军都统。因目昏陈请开缺,温谕慰留,派考试鄂罗斯学。十一月,复赐紫禁城骑马,十二月,充八旗值年大臣。五年正月,稽查内七仓。五月,稽查右翼幼官学。六月,充蒙古翻译考试官。八月,署兵部尚书。

九月,署乌里雅苏台将军。十月,伊犁将军庆祥奏鄂罗斯在哈萨克游牧地方盖房种地,请敕下理藩院檄询,上询之松筠。松筠奏:"哈萨克素称强悍,或曾侵占鄂罗斯地,今从索还,不能不予,而以无据之词,恳将军奏请,实未可定。若理藩院行文查问,鄂罗斯直以索还侵占为言,转难查办。从前哈萨克袭封汗爵,鄂罗斯即有哈萨克早经投顺彼国之语。溯查乾隆三十五年,土尔扈特明背鄂罗斯前来投顺,后鄂罗斯行文索讨,经高宗纯皇帝谕旨斥驳。今以无甚关要之事,行文令其遵奉,倘彼以土尔扈特为言,或以哈萨克投顺彼国为词,徒生枝节,有伤体制。况哈萨克非国家用兵平定者,缘乾隆二十二年平定伊犁之后,哈萨克贡马入觐,因封汗爵,藉以羁縻,其或向俄罗斯投顺,亦应置之不问。查哈萨克游牧地方,与鄂罗斯毗连之处,理藩院并无图志,惟有晓谕哈萨克以天朝定例,外藩之地无图志者,例不办理。"上嘉其熟悉边情,饬庆祥详酌办理。

六年二月,署兵部尚书。五月,授礼部尚书,兼管太常寺、鸿胪寺事。六月,偕户部左侍郎王鼎赴山西查办事件。松筠于山西途次,闻喀什噶尔军报,疏陈熟悉新疆情形,自请前往宣抚,温旨嘉勉,未允行。八月,命校勘清文圣训。九月,充武会试监射大臣。十二月,充经筵讲官。七年二月,充总谙达。七月,充玉牒馆副总裁。八年二月,署热河都统。六月,充蒙古翻译考试官。七月,谕曰:"松筠前于陕甘总督任内借用养廉尚未完银八千两,又管理崇文门税务未完分赔银一万三千两。松筠宣力中外,操守廉洁,所有应交银两,著加恩全行宽免。"八月,仍署热河都统,授阅兵大臣,疏请挑挖承德府属旱河工程,应归都统专折奏报,毋庸由直隶藩司报销,以免稽迟。又都统衙门请复旧制,拣派协领、佐领各一员,帮办刑名事务。十月,奏:"承德府属一州五县,前经直隶总督那彦成奏准以汉员对调。查汉员与蒙古言语不通,艰于听断,应循旧制,专用旗员。"俱得旨俞允。九年正月,署吏部尚书。三月,署兵部尚书,偕工部右侍郎白镕,往直隶覆鞫新城县营弁朋谋陷害白勤一案,平反定谳,原审官议谴有差。

四月,复署直隶总督。六月,调兵部尚书,命赴科布多鞫狱。十年,命偕吏部右侍郎保昌赴陕西查讯巡抚徐炘被控各款,鞫实,请将徐炘下部严议。途次又闻回疆军报,密陈剿办事宜。谕曰:"进剿何难,善后不易。若常川檄发调派,成何事体?必得一长久绥安之道,方为至善。卿若有所见,不妨陈奏,候朕采择。"十一年二月,奏言:"喀什噶尔换防官兵宜裁撤,免累回众,叶尔羌玉山宜驰禁,听回众采贩沾润,喀什噶尔参赞大臣宜改设于阿克苏适中之地,喀什噶尔宜改设正副办事大臣二员,令阿奇木郡王伊萨克为帮办,与正副大臣联名奏事。喀什噶尔一带卡伦,宜添设侍卫,领满兵轮驻,无令绿营官兵驻守,易致逃避。回疆驻扎大臣,均不得携眷,免传回妇应役。英吉沙尔无庸专驻大臣,可设三品阿奇木伯克,每事就近呈报喀什噶尔。至安集延回众贸易为生,所贩毡绒染色,无不用茶配制,宜因其所利而利之,永驰茶禁。又安集延贸易之商回,远在浩罕西南,来至喀什噶尔,迢遥辛苦,宜免其纳税,以示招徕。"疏下扬威将军长麟查办。是月,松筠八十生辰,赐"耆龄锡祜"匾额,御书"福"、"寿"字各一,并文绮服物有差。

七月,署理藩院尚书,管理三库事务。八月,奏请开缺,旋即销假。

谕曰:"松筠并无患病情形,乃数日之间,忽称衰病难支,忽称精力如前,既请开缺,旋即请赏差使,进退自由,轻率陈奏。君臣相与之际,总当以诚为主。朕于各大臣推心置腹,既以诚相感,各大臣身受重恩,尤当以诚相应。似此任性自便,殊失朕优礼大臣之意。松筠自问于心,能安与否?嗣后各大臣务当仰体朕心,恭矢靖共,恪守事上以诚之义,用副恩眷。"九月,充蒙古翻译正考官,授镶白旗汉军都统。十月,授内大臣。十一月,因前赴科布多,嘱直隶道员徐寅第代购备赏什物,及奉旨回奏,又未将嘱买在先,发价在后,据实声明,命革去内大臣,以三品顶带休致。十二年六月,浩罕伯克迈玛底里遣使进表,松筠前曾奏及浩罕通商,边境即可绥靖。上思其言,赏还头品顶带,署正黄旗汉军副都统。七月,达尔汉、茂明安、土默特三旗争地,命往归化城查办。八月,松筠督同副都统惠显、副盟长公喇特那巴拉等逐处履勘,查明自克筹堆记东北一带,直至哈达玛勒河,山后系达尔汉所属,山前系土默特游牧,有乾隆二十年图记,茂明安争土默特之沙拉哈达地方属实。自克鄂博东至哈达马勒河,山前系土默特游牧,山后系达尔汉游牧,有乾隆二十八年图记,达尔汉争土默特山前地方,属实。松筠按照原字原图堆记,履勘晓谕,茂明安扎萨克及达尔汉贝勒,皆折服。松筠又奏言:"自哈达玛勒河东至托苏图山系四子部落郡王伊什登游牧,南接土默特游牧,北系达尔汉游牧,三旗地界应一律查勘。又南系延寿寺喇嘛游牧,亦宜添设堆记鄂博,各清界址,永杜争端。"从之。十二月,授理藩院左侍郎。十三年四月,调工部左侍郎。五月,授正蓝旗蒙古都统。六月,授阅兵大臣。八月,派考试满、蒙中书。九月,署户部右侍郎,兼管钱法堂事务。十月,充左翼监督。

十四年,命以都统衔休致。十五年,卒,年八十有二。遗疏入,谕曰:"松筠历练老成,清勤正直,先朝耆旧。由侍郎、尚书、都统简授大学士,出任将军、总督,扬历中外,宣力有年。历事三朝,恪恭匪懈。上年因老病命休,方冀家居调摄,获享期颐。兹闻溘逝,深为悼惜!著加恩晋赠太子太保衔,照尚书例赐恤。所有任内一切处分,悉予开复。应得恤典,该衙门察例具奏。"寻赐祭葬,予谥文清,入祀伊犁名宦祠。二十三年,库丁侵亏帑银事发,经查库王大臣载铨等议奏,历任管库查库、大臣分成摊赔,已故者子孙减半代赔。得旨:"松筠之子原任二等侍卫熙庆现已病故,并无子嗣,免其罚赔。"

子熙昌,吏部侍郎;熙庆,原任二等侍卫。

《归田琐记》之松筠材料①

松文清公

外省知交,于中朝之名公伟人,有识有不识,而无不知,有蒙古松中堂筠,多欲从余得其详者。余与公相聚日浅,公骑箕时,余已外宦,屡驰信京师,索其行状志铭,不可得。但知公以嘉庆十五年,由两江总督协办大学士。十九年,授武英殿大学士。二十一年,以事降。道光间,复起为尚书。十四年休,十五年薨,谥文清而已。间有所闻逸事,曾笔之书,兹录出以应问者,凡七条云。

嘉庆二十五年八月,睿庙梓宫自热河回京,初奉安于乾清宫,继乃择日,奉移于观德殿。是日出东华门,进景山东门,上哭泣步送。京中自王公大臣官员以下,皆得俯伏甬道之左哭送,白袍列跪者,不下千万人。余亦在班中,遥见上步行甫半,忽趋至甬道边,扶一跪伏者之手,大哭失声,跪伏者亦抢地大哭。余远察之,则松公也。时公仅赏一骁骑校,不过兵丁拔补之阶,而至尊当哀痛迫切之际,竟能于千万人中物色见之,非平日鱼水之契,有异寻常,何克臻此。翼日,即有副都御史之命,而公仍得左右赞勷矣。

公出为伊犁将军时,未曾挈眷,一日,遣役至京,附银五十两,以为迎取夫人路费。适役夫未行,而银已他用,因即不寄路费。公家故素俭,长公子少宰熙昌竭力摒挡,始得送其母夫人就道。夫人既至,公亦不择日,即命入署,僚佐皆不知将军夫人之已至也。署旧有别院,乃置夫人其中,而日扃其门,供馔之外,每月与钱十千,婢媪佣值,俱取给焉。院内正屋三楹,中为堂,夫人居堂东,西为佛堂,公每日五更入佛堂顶礼毕,坐堂中,与夫人啜茗闲语半时而出,仍扃其门,而夫人每日当四更必起栉沐以待之。公之礼佛,不间寒暑;夫人之夜起,亦不间寒暑。同时有策大人者,公事故简,每日黎明即起,馂面毕,即驾骡车传食于同城寅好署中,亦无间寒暑。那绎堂师时亦在西域,尝戏语人曰:"我若死入轮回,必与阎罗相约,或再为男人,或转为女身,或堕落畜类,惟命之从。但不愿作策大人骡及松将军夫人耳。"公由伊犁将军除吏部尚书,入京,

---

① (清)梁章钜撰:《归田琐记》,于亦时点校,中华书局,1981年版。

行抵涿州,八喇嘛遣人迎之。公乘一马,喇嘛之使人乘一骡,易骑而行,自涿州连宵至圆明园,其家人戚友迎于长新店者俱不知也。到园已四更,扣军机章京直庐之门,司阍者呼叶老爷起,公属为具折。叶老爷者,户部郎中叶云素继雯也。是日,叶公非入直期,重公之为人,不敢辞,而公亦不问其姓名,即以叶老爷称之而已。次日入见,即呈讲《大学》首章,以为治国平天下,当自正心诚意始。出借勒相国肩舆候客,家人始闻公之已到都也。晚仍宿园中,又次日入城,先赴吏部之任,日晡方归家,其妾迎于中门,公顾问曰:"此谁家戚谊也?"长公子曰:"此某姨娘耳。"公乃恍然曰:"汝今亦老矣。"

公身材仅中人,而体气壮实,有庄敬日强之功。惟自边臣内擢后,头每涔涔动,镇日不已,即入对亦然。余时以军机章京诣公宅画稿,值酷暑,公以烧酒及西瓜饷余。时余方编辑军机题名,并从公询枢垣故实,语颇叨絮,公因令解衣纵谈,因乘间问公头动之故。公慨然曰:"此非病也。我在西域时,手刃叛回至数百人,未免杀戮过重,至今耿歉于中,不觉震动于外耳。然不如此,恐回疆未必安戢至今也。"公面如罗汉,必极慈祥,自是活佛度世,节钺所莅,无人不被其泽而饮其和。叛回之戮,辟以止辟,正公镇边作用,不知者或以杀降为公咎,岂知公者哉!

公奉差往江南查办事件,得旨引对后,即欲挈值宿行李出城,不回私宅。因随带之司员部署不及,吁公稍缓时日,公许以晡时出城。时方巳刻,乃枉途至韩桂舲先生家小住。先生尚在刑部署未退,公自索酒肴独酌,并令韩家人等磨墨,供写大字。偶闻宅门外喧嚷声,询之,则卖鸡担与阍人争价也。公立取担入,如其价,全买之。向内宅借京钱四千,交付讫,而以鸡嘱阍人曰:"为我交韩太太,加意喂养肥美,俟我差旋时再来大嚼也。"语毕,遂出城,住长新店。再逾日,而随带之司员始赶到同行焉。

公赴江南总督时,路过袁江,时费筠浦督部淳因防汛驻河上,款留公于行馆午饭,宾主皆大户,饮至灯时,公欲易烧酒,费从之。公谓费曰:"两人饮,毕竟寂寞,此地僚属,尚有知酒趣者否?"费曰:"即有之,亦不过数十杯即颓然,求可以陪我两人者,殊不易得。无已,惟有河辕中军某副将者,庶几其可。然官卑职小,何可以陪中堂。"公曰:"副将亦二品官,但取能饮,何较官职。"因急召至,令侍末坐。公与费且饮且谈,而某副将从旁默饮,一杯复一杯,不敢留涓滴也。至五更,公稍倦,因辞归舟,且曰:"黎明如顺风,当即解缆,不复来告辞矣。"公甫登舟,而天已晓,费遣官探之,则回报南风甚大,断难开船,中堂已和衣睡矣。无何,而费诣公舟谢步,并邀公重至行馆,曰:"既风大不能行,何不再畅饮一日?"公诺之。早饭肴馔已陈,公曰:"昨某副将饮得甚闲雅,何不仍召之来?"费令人促之,则云:"某副将昨夜回署,即不能言动,今晨已奄逝矣。"公与费皆大惊,草草饭毕,即回舟,冒风解缆去。此事河上人至今能道之。

公喜为擘窠书,尤喜作大"虎"字,每觅大幅纸,尽幅为之,间以赠人。或人以纸求书者,无弗应。枢直同人,各得一幅,余以未得大纸,不敢求公。自谓此字可驱邪镇鬼,盖亦不尽然也。闻在江南督署,有中军某副将者,躯干甚雄伟,适得大纸一幅,磨墨数升,求作"虎"字。公披襟直挥,而笔尚有馀墨,因顺势向某副将脸上一涂,掷笔大笑曰:"此单料张桓侯也。"某副将不但不以为忤,且以为荣,公之盛德被人也如此。

《停滞的帝国——两个世界的撞击》所见松筠资料①

第三十八章 "万树天堂"

1793年9月15~16日

在宫内

马戛尔尼又有了勇气。游览时第一次有机会与重要人物交谈。他想就此开始他的外交使命。

陪他的是国家最重要的人物。他们都是鞑靼人。每个人都在长袍外面套着一件黄马褂。马戛尔尼开玩笑地称他们为"黄衣骑士":中堂和珅,"副相"福长安,他的哥哥、平息叛乱的将军福康安以及刚升为大学士的松筠。这位41岁的鞑靼——蒙古人享有廉洁的好声誉,他从边境城市西伯利亚的恰克图归来,在那里他与俄国人为签订一项贸易协定进行了长时间的谈判,因而避开了磕头这个难题。由于礼仪方面的原因,历史上也有过一些在边境上举行仪式的事:路易十四在比达索阿的婚礼,季尔西的木筏,板门店的木棚。听说马戛尔尼曾是驻圣彼得堡的大使,松筠向他提了有关俄国的一些很聪明的问题。

---

① (法)佩雷菲特著:《停滞的帝国——两个世界的撞击》,王国卿等译,生活·读书·新知三联书店,1993年版。

和珅尽量在外表上像一般朝臣那样很客气,但总显得缺乏热情。勋爵发现这点是从一句奉承话产生的坏效果开始的。大使说这座乐园的建立"反映了康熙的智慧",和珅顿时露出猜疑与吃惊的神色。一个英国人怎么会知道这些呢?马戛尔尼回答说中国的威望已一直传到了他的国家。和珅对他就中央帝国表示的兴趣并不领情。这种好奇心并不得体。了解中国就已经损害了中国。

"副相"福长安的热情友好与福康安将军对"红毛"的仇视适成鲜明对比。后者当过广州的总督,对他们了如指掌,并不得不表示惧怕。那天上午,当马戛尔尼觐见皇帝时,将军神态严肃地碰碰他的帽子,要他脱帽行礼,但中国人是从不这样行礼的。要是马戛尔尼硬要行"欧洲礼",他也不应该回避谦恭的表示。

马戛尔尼竭力想获得他的好感,就邀请他观看使团警卫的操练,福康安拒绝了。他认为这毫无新意。马戛尔尼却想:"真蠢!他一生中从未见过连发枪,中国军队还在用火绳引爆的枪。"半个世纪之后发生了鸦片战争,中国仍然停留在这种状况。

……

第五十章 一位文人大学士

1793年10月8～10日

沮丧之外,又增添了无聊。通州,都已经见过。船只,也已经见过。然而,马戛尔尼写道:"准备工作还需要好几个小时,但是它们进行得如来时一样认真。"人们感到他下决心要使自己放心,就像一名视察军官食堂的将军。在普通士兵方面,安德逊则不那么热情高涨。还是一片混乱:"没有人能认出自己原来乘的船。行李还扔在岸上,因为缺少足够的苦力把它们搬运上船。在来时对特使给予的照顾此时都已消失不见了。"托马斯补充道:"我们将沿河而下,但这些船只不如来时那么漂亮了。"

丁维提也谈到了仓促混乱的场面。一上船,这位头头就无心再注意周围的事了。

重新找到拒收的马车

码头上出现了一桩怪事:赠给和珅遭到拒绝的那辆马车。它就停在使团下榻的"寺院对面","一大群中国人在围着看"。它处境可悲,后来被扔进舱底,经过了中国的各个港口,最终在马德拉斯上岸。这又是一件令人感到耻辱的事。

10月8日,船队解开缆绳,漫长的航行开始了。北方的秋天很干燥,运河和大江的水位大为下降。第二天白天,船只3次搁浅。这就有很好的理由——不仅仅是礼仪方面的——要抓紧动身。

勋爵说,只是到了10月10日下午,"王大人才来告诉我:松筠刚收到皇帝的一封信,他希望告诉我信的内容。过了一会,我见他的船很快向我的船靠拢。"

马戛尔尼上了他的船,感谢这位大官在热河皇家园林里客气的接待。松筠告知马戛尔尼:皇上的诏书责成他保证使团顺利到达舟山,并送使团上船。如果船只已不在舟山,他将陪同使团直至广州。事实上,朝廷刚才终于要求官员如果大船尚未出发,就让它们留在舟山。

随身携带大量书籍旅行的官员

马戛尔尼被吸引住了。人们感到他有些受宠若惊,因为担任内阁成员的六名国务大臣之一竟然劳驾花那么多天时间来陪他。他认为彬彬有礼的松筠同粗暴愚蠢的徵瑞相比有天壤之别。斯当东也对这个"生性谦和"、"为人宽厚"的人赞不绝口。他富有"文学修养",这可能有助于"根除他的民族偏见"。这是他所遇到的唯一在"旅途中携带大量书籍"的官员。然而,他是鞑靼——蒙古人。他在袍子外面套着一件黄马褂,表现出"一副凛然不可侵犯的样子"。"一天,翻译刚要在他面前坐下,立即被他纠正站起来"。

马戛尔尼终于找到一位水平相当的对话者——因为他的话不再会引起什么后果,所以可以自由表达。在马戛尔尼告辞后半个小时,松筠就来回访。谈话又回到他们在俄国期间有过的经验上去了。松筠奇怪马戛尔尼怎么会在俄国呆了3年。马戛尔尼则费了不少力气向他解释欧洲各国的关系是建立在常驻使节的基础上的。

蒙古人又一次向马戛尔尼讲解中国的礼节。中国只有在重大场合才接见外国使节:如一位皇帝的葬礼、加冕或寿辰,一般是40天,超过40天的情况很例外。只有在皇上龙恩大开时,才允许使团的逗留时间大大超过这个礼仪规定的期限。

"他详细地谈起了中国的风俗习惯,他知道这与我国的完全不同。违反了风俗习惯而不危害国家是不可能的。因此,外国人不应当对此介意。"

马戛尔尼趁机向松筠摸底,以了解清廷对自己的印象。他为自己进行认罪辩护。他当时对那么多的事都不知道！他肯定没有像希望的那样讨得皇上和大臣们的喜欢。马戛尔尼想让对方说些恭维话。松筠立即使他放了心。不过,他是这样向主子报告这次谈话的:"奴才传知令该正副贡使至奴才船内,敬谨面宣恩旨。据该正副使俯伏口称:'我等仰蒙大皇帝格外恩施,因时届冬令,气候渐寒,念我等不服水土,恐河路冻阻,谕令及早回国。我等实在感激不尽。'该贡使等感戴情状出于真切。"我们又掉进了深藏两种真相的井里。

……

讨人喜欢的松筠

10月12日,同松筠又进行了一次谈话。托马斯写道:"我们登上了将全程陪伴我们的大官的船。他给我们读了一封皇帝的信,其大意是我们在整个旅途中应当受到良好的照顾。"听说伊拉斯马斯·高厄爵士同他的船仍在舟山。对马戛尔尼来说这是个好消息:伊拉斯马斯·高厄爵士有希望收到他10月4日的信。对中国人来说也是个好消息:使团越早上船,他们便越早放心。

还有一个好消息:英国人被允许上岸散步——帆船的速度比人步行还慢。但是,乾隆的命令是明确的:"不令该贡使随从人等上岸,亦不许民人近船观看。"松筠因此承担了违犯圣旨的责任,不过仅仅是允许他们在没有百姓居住的地方。对这种随便违背正式命令的做法,松筠只是在几天后才向皇上报告:"该贡使曾向奴才言及,内河船窄,久坐船内易生疾病,意欲间或登岸随舟行走几步等语。奴才因其所请尚近情理,业已饬知管船员弁只许伊等白日在沿堤清静地方偶而随船散步。该贡使人等遵守约束,词色之间颇知感念。"乾隆同意了这个建议。

托马斯记下了这个建议的局限性:"在离天津上游1英里处,我们停了半小时。我们在与一所寺院毗邻的一个小花园里活动一下双腿。"在穿过天津时,英国人又重新被关进了帆船。

马戛尔尼有了信心,便又提起他使命的"主要宗旨":"使英国商人得到皇帝的保护和厚待。"

松筠急忙回答说皇上已下令要宽容对待所有在广州的欧洲人。马戛尔尼还想知道得更多一些。英国商人是否能了解皇帝赋予他们的权利?尽管松筠随身携带着大量图书,但他似乎不理解"权利"这个概念。马戛尔尼坚持问道:商人们是否还会不经说明就给课以越来越重的关税?他说:"如果不停止这种敲诈勒索,每年有60艘大货轮驶入广州的英国贸易今后只得放弃。"

松筠答道:"要知道,税率随时要根据情况作些调整。"他承认东京湾和西藏的战争加重了征税。现在战事已经结束:和平应当使税收减轻。

终于进行了一次真正的对话

马戛尔尼在日记中没有写他还谈了英国追求的其他目的:为它的贸易开放新的口岸;拥有第二个澳门。马戛尔尼认为:除了英国自己开辟商埠外,别无出路。而松筠则认为除了为葡萄牙开辟的商埠外,没有其他进入中国的通道。无论是宁波、舟山、天津,还是其他地方都不会允许通商。特使应该去掉一切幻想。

然而,自从马戛尔尼来到中国以后,他第一次感到是在进行一次真正的对话。他可以像一位大使在欧洲某个首都一样花上几个小时同一位国家要人讨论他的事务。

能在好几个星期中接近6位主要大臣之一、乾隆和和珅的日常谈话者,真是意想不到的收获!他现在终于能够谈起他出使的具体目的,而不是听凭别人安排,成为一次表示效忠的低三下四的行为。

错误的"使命"——依中国人之见,即完成礼仪的使命——完全结束了。他可以开始进行实质性的谈判。真正的"使命"——接西方的见解,就是现实的使命——开始了。

第五十一章 天朝文书

1793年10月11~15日

松筠竟迷住了马戛尔尼。特使为在热河和北京时他未作为中间人而直遗憾。勋爵也一度想过:"如果他是在愚弄我呢?""不会的,他表现出真诚和友谊。他要是不真情实意,那他就是世上头号伪君子。"他必定具有很大的魅力。十几年之后,他当了广州总督,他仍然迷住了东印度公司的代理人托马斯·斯当东爵士,当时他已长大成人,并称松筠为"好朋友"。

天朝文书表明马戛尔尼对正直的松筠和讨厌的徵瑞所作的区分完全是想象出来的。英国人天真地认为天朝官僚机构是由好人和坏人组成的。好人帮助伦敦的意图的实现,如直隶总督、梁肯堂或大学士松筠;坏人则极力使伦敦的目的实行不了,如钦差徵瑞或福康安将军。然而从他们的奏析看出只有神圣陛下的臣仆,只是分寸不同而已——因为还有"方式方法"的问题……

当西方人在 20 世纪同极权制国家打交道时,这种幻觉仍然盛行:他们试图不断地从中区分出"鹰派"和"鸽派"。这些政权则维持这种神话。

"十足的伪君子"?如果说不泄露密令就是虚伪的话,松筠确实是个伪君子。他避而不谈他受命在必要时动用军队弹压英国人之事。但是他也奉命"不要稍露形迹,致涉张皇"。要严守秘密:让夷人自我暴露,而自己则什么也不要泄露。

但是最后档案暴露了一切。在读过英国对这些交流的说法后,我们现在来看看中国的说法。先是用套皮头花剑进行的绅士式的细腻的决斗,到 10 月 11 日给松筠和有关督抚下达了下面的谕旨:这就是大刀砍杀了。

"原船当在定海停待调治患病之人,并查出从前该国夷人曾在浙江贸易,现已密行晓谕铺户严行禁止。该贡使等经赴浙江乘坐原船回国,较为简便,较之赴粤可省过半路程。松筠务须会同长麟,妥协办理,勿任借词稍有逗留。

"夷人等欲在宁波置买货物一节,惟当凛遵约束,按例置买茶叶丝斤。长麟查出从前乾隆二十一年该国夷商曾至宁波贸易拖欠铺户银 1.5 万余两未偿,已密谕铺户等以前事为鉴,毋庸与之交易,借可杜勾引之弊。此事向未闻之,长麟所查甚为周细。

"若该贡使等向松筠恳请置买物件,当谕以尔等夷船现在宁波停泊,已准就近酌买茶叶丝斤,其沿途经过地方不得再行买物,致违天朝体制。

"浙江人郭姓从前曾经勾结夷商,今已病故,伊子郭极观已经严行管住。著即派要员伴送由别路进京备询,不必全带刑具。"

还算运气。可怜的郭。

皇帝与奴才的对话

松筠 10 月 13 日从天津回复这个诏书时详细叙述了前一天他与马戛尔尼的谈话内容——英国人认为这次谈话非常鼓舞人心。他的陈情书将在 15 日被荣幸地加上朱批。

"该正副贡使免冠屈膝恭聆恩旨。口称我等曾于何地上船放洋事踌躇再三……令蒙传旨知浙江留船俱未开行,我等寔感激不尽。

"该贡使出至舱外,复转入舟中向奴才述称:'我等意欲沿途经过镇市买些物件。'该夷使贪冒成性。

——小器可笑,朱批写道。

"奴才当即遵旨,谕以内河经过地方,天朝体制,此等处贸易商人向不与外国交易。

——所阻止甚当,乾隆批示。

"该贡使听闻之下点首凛遵尚知感畏。奴才经过各处时亦总不令该贡使随从人等上岸,亦不许民人近船观看。

——好,圣上指出。

"奴才到浙会晤长麟即催令放洋回国。不令与牙行铺户人等经手,致启奸商勾结之事。

——甚是!不可姑息,皇帝强调。"

这不是一份报告,而是给皇上的一面镜子。乾隆喜欢在其中见到自己的形象。与此同时,还有奏折呈给皇上。一份来自广州,出自巡抚郭世勋之手,送到北京时是10月底:"一得该贡使等到境消息,即派拨文武大员多带员弁兵丁列营站队,旗帜甲仗务令严整以壮观瞻。夷人性情诡谲,难以深信。俟其到粤时,如有妄行渎请之事,当严加驳饬。"

第二份是两江总督长麟的奏折,它将于18日送到北京:"江南境内营讯墩台已饬预备整肃,足壮观瞻。臣复密札经过所属道府将备不动声色,严肃弹压,俾该贡使知所畏慑,不敢少有逗留。臣仍遵旨不与该贡使接见。"

为了驱逐这些讨厌的人,一切都已准备就绪。在巴黎,办事更为迅速。玛丽——安托万内特的案子10月10日开始审理,而16日她就上了断头台。

第五十三章 "破坏夷船"

1793年10月18~20日

宁波的潜水破坏者

10月20日,皇帝又记下了与松筠文书来往的日期:

"九月十一日又寄信松筠等,令嘆咭唎国使臣在船顺道观看,谕旨系由六百里发往,约计十三日可以接奉,若即具折复奏,约十八九等日可以奏到,至松筠需十月半前方能抵浙,与长麟等会晤,所有交办事宜,若于十月二十前具折复奏,约于十月底可到。"

皇帝就是这样在他辽阔的帝国监视着有关他的命令、被撤销的原命令、对前者和后者的反应以及一切执行情况的书信交错往来,考虑着坐船或骑马送信所需的时间。真是令人难以置信的机构……在某种意义上,欧洲迷恋中国是很有道理的:有哪个国家能比中国治理得更为清明呢?

同一天,乾隆收到了长麟10月16日的奏折,当时他尚未收到让他折回舟山的命令,仍在去广东的途中。根据5日颁布的谕旨,他下令沿海各地处于戒备状态。以下是"奏折和朱批"之间的对话,即中国官员和皇上之间"远距离会议"的纪录:

"唉咭唎国以僻地远夷目睹天朝法制森严,谅不敢妄行滋事。今既蒙皇上烛照夷奸,自应预为筹备。臣思水师所恃者弓矢枪炮,而夷船亦复枪炮具备。似宜另筹一制胜之道,俾其所知凛畏。臣于本年夏间访知宁波府素有疍民能在海水数丈之下寻觅什物。此等人若能招募为兵,虽无别技可用,即其入水锯舵,俾匪船不能转动而攻取操纵,悉惟我用。

——备而不用可也,想不必至此。皇帝批曰,虽带鼓励语气,但又十分谨慎。

"似亦水师制胜一端。臣屡次谆嘱知府克什纳设法招募,惟此等人情愿入伍食粮者甚少,缘伊等捕渔较入伍食粮之利多。

——自然。

"但以臣愚昧之见,水师营内果得此兵,是一兵,即可作数兵之用。每招募一人即给与双份战粮。

——亦恐不副其愿。

"如有拨给别省别营者每名给予安家银二十两,如此办理则疍民自必贪利踊跃弃业归营,是不惟可以制胜夷船,亦于平日海洋捕盗大为得力。臣言是否可采恭候圣明训示。"

在中国这个完全靠习惯办事的国家里,一名巡抚明白他不能主动去破坏外国船员。至于皇帝,他一方面不阻止巡抚去训练疍民,另一方面也明白自己的责任,所以让对方在接到自己的明文指示前不得采取行动。多么好的一堂国家管理课。

第五十四章 "皇上对任何变化都表示怀疑"

1793年10月21～23日

10月21日,冬天降临。托马斯写道:"在夜间甚至结了冰。"马戛尔尼对皇帝给国王的两封信进行了一番思索。为什么第二封信要拒绝一个关于布道自由的虚构的要求呢？既然松筠不规避问题，那就应当同他一起对这封言词严厉的信作出满意的解释。

他与松筠首先谈的是敕谕里有关把英国的要求归咎为大使个人提出的那些措辞。他这样说就超越了他的使命的权限：对于一位使臣来说，还有什么比这更令人生气的了呢？松筠让亲手抄写皇上给国王信件的书记来回答。这位年轻的官员解释说，这是朝廷对不能予以满足的要求采取回避态度的一种技巧：根据中国的礼貌，不能让外夷国君遭到拒绝。"在这种情况下，就认为从来没有提出过这个要求；或者贡使犯了主动提出这个要求的错误。"马戛尔尼则不管这解释："在土耳其人进攻时，路易十四本人不是主张不是对任何人都可以申辩荣誉攸关的事的吗？"对于马戛尔尼把自己比作路易十四，我们并不感到过分惊讶。但有趣的是他把中国人比作土耳其人。

对于第七项自由——布道自由，松筠回答说朝廷认为英国人同其他欧洲人自然一样，也是自己宗教信仰的热心传播者。马戛尔尼反对说：英国王室对中国人改变信仰问题毫不在意；在广州的英商人从来没有司祭相随，使团也是如此。传播信仰同他们不相干。

马戛尔尼重新谈起第一份敕书，他感到吃惊的是里面的主要内容竟是设法拒绝建立常设使团的建议。为什么不提贸易问题呢？而为什么第二份敕书又怀疑英国人谋求特殊利益？"所有的欧洲人都抱怨广州当局对他们作出刁难。"需要尽快解决这种情况，否则贸易将濒临绝境——而中国将为之后悔。勋爵反复谈这事。不是只有中国人才一再重复其主人的话。

松筠安抚马戛尔尼："陛下的敕书仅仅是重提一下帝国自古以来的惯例以及皇上严格遵守它们的决心。皇上对于任何形式的变化都充满了怀疑。他拒绝英国的要求是因为它们将会招致他无法接受的革新。但是这对英国的利益并不意味着有什么恶意。相反，人们将很快可以看到陛下对在广州的英国人非常友善。"

另外，中国政府的制度给总督留有相当大的主动权；具体说，作为皇亲国戚的长麟在广东能左右局势：他的廉正和礼貌应当给人留下极好的印象。他受命结束外国人在广州遭受的一切不公正待遇。

马戛尔尼抓住了这个机会。难道不能把这些好话白纸黑字的写下来吗？他一心想把一份中国的承诺带回伦敦。松筠提出礼节问题加以反对。使团的使命已经结束：朝廷和特使之间不能再进行任何书信往来了。

松筠拒绝了客人的要求，但又设法要宽慰他一下，就引用了从收到的书信中摘出的一些恭维使团的话。朝廷给松筠一方面下达严厉的可以在必要时使夷人"胆战心惊"的指令，但这些由松筠自己掌握；另一方面，要求他对夷人表现得客气，这样可以使"他们感激涕零"。因此他强调皇上的"善意"，如准许英国人在舟山护理他们的病人，并在宁波以优惠的税率购买东西。

马戛尔尼在敌对国家活动，而他的陪同却受命要他相信天子对他"关怀备至"，翻译敕书的神父这样写道："usque ad blanditias（爱抚备至）"。

"我们提出了过分的要求"

听了马戛尔尼的说法，我们再来听听松筠的说法：同一事实，两种看法。事实是：两个人交谈，中间只隔着一杯茶。看法是：正好相反的两个世界。马戛尔尼自我汇报，他分析，思考，探索。松筠则向其皇上汇报：他要给反映亘古不变的秩序的长诗再加上几段。

"奴才松筠跪奏为奏闻事。正副贡使同通事至奴才舟中，据称：'我们屡受大皇帝恩典；我们所请各条原是不知天朝体制。恐国王怪我们的不是。'

"奴才遵照敕谕指示各条详晰大皇帝于各外国不谙体制之事必据理指驳，尔等不必过虑。

"复据称：'我们偿后来所请各条原是我国王之意。'奴才因思此条若不向其恺切说明，恐又生枝节，即谕以：'大皇帝不忍在尔国王处遽加显斥，以保全尔国王颜面，这是大皇帝鸿慈俯体。若是尔国王将来复以己意另具文呈递，必致上干斥责。'

"伊等点首会意，据称：'惟敕书内指驳行教一条，我等尚不甚明白。我等……并不敢说要口英咭唎国的人在京行教。'奴才当即告以：'中国自古以来圣帝哲王垂教创法，华夷之辨甚严。百姓遵守典则，不肯妄为致惑异说。'

"该贡使等听闻之际意甚领悟忻喜，据称：'今见大皇帝所办之事俱按大理；敕谕各条我等如今已能解说，实在心里敬服。又肯照应我们在澳门的买卖，我等回去告知国王，国王欢喜。'"

事情就是这样……此间，倒数第二段的主要内容揭示了三个问题。首先，松筠承认马戛尔尼根本未为宗教问题提过要求，因此信上的有关内容是中国人主动提出的,目的在于预防在这方面提出任何要求。其次,这段内容驳斥了一些历史学家的论点,他们曾怀疑善良的神父在翻译时增添了内容。最后,这段内容明显地预示对布道的限制,甚至要对此进行迫害,事实上,这种迫害很快就开始了。

……

第五十五章　无与伦比的邮政

1793年10月20～24日

英国人注意到朝廷的书信来往频繁。建立在庞大的物力组织基础上的邮件传驿使他们大为赞叹。他们不像我们那样自从有了电报、电话、无线电和电传后就麻木不仁了。他们不停地计算着距离和时间,然后与英国邮政所需时间加以比较。英国人是出色的运动员,他们对优良成绩表示钦佩。"骑马送信相当迅速,通常只需十来天时间就能跑完从广州到北京的1500英里路程。"

官方文书由负责军马的部门传送。大量的驿站从北京开始,星罗棋布地伸向全国。它们由"驿丞"来负责。使团离京越远,传送书信的速度就越快。前往天津途中,传送的速度是每天400里——200公里,而南下时,达到了最高速度:600里。

根据朝廷和使团间互通的信件上的日期可以看出,一封信从京城到杭州大约需要5天。10天可以抵达广州,而使团将用80天左右的时间完成这段行程,对使团行进的路上评论的传送速度要比使团的速度快8倍。

唯有国家才能通信

英国人的钦佩被证明是有道理的:在同一时代,英国邮政创下的最辉煌的成绩远远比不上中国驿传。

当然,在中国只有官方邮件才这样传送。对于私人邮件,皇家传驿部门除了少数例外都不管,对带的信件则无一例外都要进行检查,以作为传递的代价。北京和广州的传教士之间的通信需要3个月。"通过谨慎而简便的途径"——即通过一名乐于助人的官员,神父们得以把信偷偷塞入官方邮件中。但是几乎肯定要被拆开看过。

在英国和在整个欧洲一样,"邮政信件"是为所有人服务的公益部门。它确保社会的无数分支之间的沟通,而不设法进行监督。在中国,唯有国家才能通信,而且只是为自己进行;当它照顾某些人允许为他带信时,这些人已被作为人质控制在手。

为保证对皇帝的服务,中国的所有效率都越来越高。自唐朝起就是如此。在中国建立传驿制度10个世纪之后,由于法国王家邮政部门取得的最新进步,塞维涅侯爵夫人在维特雷只需八九天便能收到在布里尼昂的女儿的来信,他竟然为此惊叹不已。法国邮政部门的速度只是中国的三分之一。

马可·波罗描绘过徒步或骑马的、身上带铃的信使。满清皇帝保留了徒步信使,他们平均每小时走7公里,中间互相替换。这有时是一种可花钱找人代替的劳役,有时则是世袭的差使——尽管酬劳不高和工作辛苦:邮件送晚了或损坏了都将挨竹板子;而且无论什么天气都要赶路。

进步路上你追我赶

17世纪末期,驿站间的距离为70至100里,这就使马跑得疲乏不堪。到乾隆时,出于作战的需要,驿站成倍地增加。帝国政府买了数千匹马;每个主要的驿站甚至能有100匹。只有很少的官员有权使用这些马,如外地发生叛乱时的炸药专家等。

皇家驿站还有自己的传说。8世纪初玄宗时的绝色美人杨贵妃爱吃荔枝;而荔枝长在广东,离当时的京城长安有3000里。天子为了让她高兴,就动用了他的传驿。荔枝的保存不能超过3天,驿马必须每天跑1000里,即500公里的路程……

我们的英国旅行者多次见到这些马上驿使。安德逊为他们拍了一张快镜照片:"我们见到传驿的信差,他们迅速地沿着运河在路上经过。"信差的背上用布带系着一只大竹篓,里面封着信件和邮包。"有几名士兵护送信差,其中一名掌管竹篓的钥匙,他只把钥匙交给驿丞。竹篓下面挂着小铃,马一跑就叮当作响,成为驿使将到的信号。共有5名士兵骑马护送信差,以免遭到偷盗。中国的路上不那么安全。在英国亦是如此:1757年,朴次茅斯的邮车就被劫过。"

我们的旅行者老老实实地承认英国的落后,不少观察家对此作了证明:"邮政是联合王国最缓慢的、最不可靠的传送手段:为了避免偷盗造成的损失,人们习惯把钞票或证券撕成两半交给信差,通过不同的邮政渠道寄送这两片纸。"保罗·瓦莱里认为:"拿破仑的前进速度像恺撒的一样慢。"

在驿马传送邮件方面,欧洲永远赶不上中国大大领先的地位。然而，双方速度的比较将发生逆向变化。中央帝国不仅没有进步，反而在退步；而欧洲通过革新，不断地快速前进。夏普发明的光学电报在1796年启用。10年之后，蒸气船问世。再过了20年，出现了铁路。由此开始了进步路上的你追我赶。而在这场竞赛中，不久前还领头的中国却踏步不前。

英国人要是读到竹篓里的内容，他们就不会那么惊叹不已了。松筠在他们的眼皮底下把这封信放进了竹篓："本月13日，奴才接奉朱批奏折，并钦奉上谕，贡使等在内地购买物件令其自行交易一节。将来奴才会同长麟、吉庆遵照谕旨令派出官役带同铺家持货至该贡使前，令其自行交易。〔……〕该贡使等倍沐皇上恩待，词色之间颇知感念。又见天朝法制森严，兵威整肃，亦颇形凛威。将来令其在船顺道观览，俾知民物康阜，更足以慰其倾心向化之忱。"

以下是朝廷的官员于10月21日放入竹篓内的信件：

"钦差户部侍郎松、两广总督长、浙江巡抚吉：

"上谕：松筠奏折，诸凡皆妥，览奏欣慰。此事松筠在军机处行走面聆谕旨，其颠末系所深悉。松筠起身时，朕复详加面谕。令该贡使等沿途行走甚为安静，能知小心畏法自无虞其耽延，但其人心志诡诈，总宜持之以法不可犯，毋任使巧。现据吉庆奏于初五日已抵浙任事，长麟因其细心亦已有旨令其回浙同办。计松筠于十月半间可抵浙江。如该贡使等置买茶叶丝斤完竣，限其上船开行回国，固属其善。倘该贡使等尚有藉词逗留之处，想松筠等定能面为晓谕，词严义正，饬令即行开船，该贡使自必凛遵。钦此！"

第五十七章　乾隆发怒

1793年10月28日至11月1日

28日，松筠收到皇帝的一份简短而口气温和的谕旨。英国人正在顺利地撤走。他们从舟山上船，可以在广州停靠；在谨慎的监视下，他们可以和自己的同胞接触。然而，乾隆没有摆脱掉萦绕于脑际的想法："着长麟驰赴粤省，先为密谕西洋别国夷商勿为夷使所惑。"

在给朝廷的奏折中，浙江提督颇有把握地宣称："所有经过营汛墩台奴才先经专委妥员逐加查勘，稍有损剥，立催修葺。"

但是，10月29日，晴天霹雳落到了使团头上：26日的一份谕旨飞速追上了船队，通知松筠定海总兵看见4艘英国船只起锚。船上的军官对总兵解释说他们动身是由于病号的状况不好。他们只留下"印度斯坦"号,还有120名船员。巡抚吉庆于10月18日向朝廷汇报此事,并说留下这条"大船"还是向高厄争取过来的让步。皇帝发怒了:

"噗咭唎船只到定海时,因患病人多恳留调治,经长麟准其暂留候旨。今又借称病重,忽欲先行,固属夷性反复非常。着传谕松筠即向该贡使谕知已留大船一只在浙等候。经浙江巡抚亲往看视,足敷乘坐,尔等仍当赴浙乘坐原船归国。倘或该贡使等借称船少,又欲迁延观望,即应严词斥驳。

"噗咭唎夷性狡诈,此时未遂所欲,或至寻衅滋事,固宜先事防范。但该国远隔重洋,即使妄滋事端,尚在二三年之后。况该贡使等目观天朝法制森严,营伍整肃,亦断不敢遽萌他意。此时惟当于各海口留心督饬,严密巡防。若即招募疍户备用,此等之人素以捕鱼为业,于营伍技艺本不谙习,在疍户则所缺多矣,必致失所,此事失算,竟可毋庸办理。"

皇帝再次强调害怕报复的问题足以表明他完全明白(尽管他没有承认)英国人海上军事力量的优势。因为他始终想着要尽快摆脱他们,他对吉庆的建议如获至宝:"印度斯坦"号一艘船就可以运走整个使团。

松筠就将此事告知特使。马戛尔尼因激动而叫嚷。就是不乘坐"印度斯坦"号!他怒不可遏:"欧洲人提任何建议朝廷就猜疑有什么阴谋,这种病态的怀疑给我们造成了最大的困难。因为没有我的消息,也不了解欧洲的局势,伊拉斯马斯·高厄爵士可能已朝东行驶,而要到明年5月才能回来。"

朝东行驶:方向是日本。马戛尔尼估计伊拉斯马斯正在进行自己受命要完成的计划,他也正式让高厄在时机成熟的条件下独立完成这个计划。后者以为使节将在北京度过冬明春。如果他明年5月才从日本返回,这次在舟山未能会合对于返航会引起灾难性的后果:"如与法国冲突,我们的商船将在航行中得不到保护;还能想象到比这更紧迫的危险吗?"

马戛尔尼作了十分悲观的假设。中国人出于习性可能把他写给高厄的第二封信像第一封信一样耽误了。第二封信抵达时已为时过晚。我们现在有证据表明马戛尔尼没有猜错。

确实,马戛尔尼10月4日从北京发出的信本可以在8日或9日就到达浙江新巡抚的手中。这封信未能在16日前到达定海,这只能用扣信来解释。此后,任何一名皇家信差都追不上"狮子"号和3艘护舰了。

也可能浙江巡抚故意放走"狮子"号,因为他知道由于船长尚未回船,"印度斯坦"号将会留下。他真心认为整个使团能登上"印度斯坦"号。这是一举两得:马上就能摆脱一艘巨大的、危险的战舰;而接着又能遣走使团——既省时间又省钱。这位可敬的官员对于船舶知识如此贫乏,以至他都未能识别"印度斯坦"号。吉庆10月28日写道:"现留大船即系该正副使原坐之船,极为宽大。"

不知法度的英国人

至于乾隆,他的愤怒不知向谁而发。他不明白这些船竟能随意启锚:"这些英国人究竟有什么法度?"

这正是马戛尔尼在归途中发生的主要的事。是谁的错误呢?首先,这要归咎于中国官员的朝三暮四和拖拖拉拉——他们害怕皇上的训斥。奏折、诏书和敕令矛盾百出。起初朝廷促使船队启程;随后又认为把它们留着使节便会早些离开帝国。

马戛尔尼拒绝登上"印度斯坦"号激起了皇帝的恼怒。乾隆不曾想到英使敢抵制他。他见到使团已经上了船,便向他们最后一次表示善意:"该贡使等应在洋面度岁(指农历新年,即1794年2月1日),着发去御书福字一个,赐于该国王,又御书福字一个,赏给贡使以下人等。"英使的执拗使这一场打算都落了空。使团的行程比预计的要长一倍,耗费也要多花一倍。

可是松筠已竭尽全力设法说服马戛尔尼。他让"贡使到他船上",告诉他英国船离开的消息。他对马戛尔尼说皇帝希望他能乘坐留下的那只船。夷使反驳道:"我等乘坐原船回国实所情愿,但从前来时系海船5只,今止留1只,实不敷乘坐。"

大学士说:"业经浙江巡抚查明,现留之船甚为宽大,足供乘坐。"使节回答道:"那里船只大小宽窄我等是知道的";载运过多的人员"易生疾病,恐一以染百,全不能保命"。"伊等复称'止求大皇帝恩施格外,予以再生,准我等仍走广东;我等将沉重箱桶等件分拨几名随从要人照料,由定海上船。这就是大皇帝天高地厚活命之恩,我等永远不忘。'该贡使等泪随言下,实属出于真情,尚非托故逗留。恭候训示。"

是否为了哄骗皇上,松筠才声称马戛尔尼哭着恳求让他经陆路前往广州呢?介绍这个所谓的情节完全用的是中国风格,而不是英国风格。但肯定接连进行了两次微妙的谈话,因为托马斯在同一天记道:"松筠大人来到马戛尔尼勋爵的船上,他们的谈话持续了很长的时间。"

如何解释马戛尔尼的迅速转变呢？起初他急不可耐地要在舟山登船；然后又"恳求"允许他走内河去广州。托马斯又一次把勋爵的真实感情告诉了我们："今天,我们遗憾地获悉'狮子'号和双桅横帆船离开了舟山。""遗憾地"——very sorry——表明了英国人真心诚意是想从浙江启航。

但马戛尔尼现在同在叩头事件上一样坚决：他要通过内河去广州。为什么他不顾皇帝的命令如此坚持呢？并不是因为使团的人马必须挤在一条为运货而不是为运客设计的东印度公司的船上不舒适和有失尊严。"印度斯坦"号是东印度公司最好的船，它拥有舒适的舱位。如果这艘宽敞的船容纳不了整个使团，马戛尔尼满可以同小部分人一起上船，而让无关紧要的随从——士兵、乐师、仆人及各种临时雇员——通过运河去广州。

然而,他的头脑里甚至没有闪现过这种念头。唯一可以说得过去的解释是：他不愿意放弃同国家要人之一再呆上40天的机会。他希望从北京开始同松筠一起旅行中建立的接触能这样延续下去。何况要来陪他的要人长麟总督将在未来若干年内成为公司与英国商人真正的对话者。

使团的表面使命失败了。它的真实使命还将继续：对朝廷进行以讨人喜欢的形式施加心理影响,以使他们对英国人的要求表现得更为理解——这是在欧洲对一位君主身边亲近的人开展的外交工作方式。考虑休息和消遣,马戛尔尼本应该走完去定海的短途路程,乘"印度斯坦"号前往广州。但考虑到他的使命,他想充分利用出现在面前的意想不到的这个机会。

松筠善于应付,他懂得如何同时取悦乾隆和马戛尔尼。他对皇帝杜撰使节流泪的故事,又对马戛尔尼编造皇帝的微笑。10月31日,马戛尔尼感到庆幸：松筠竭力"消除这个事件引起的不良印象",并告诉他皇帝从此后对使团的印象"非常好",他"现在相信并不是出于不当的动机或恶意好奇才向他派遣使团的,而只是为了向他表示敬意并恳请得到贸易上的特权和皇帝的保护"。

马戛尔尼利用这个好机会重申他要求得到皇帝的第三道敕谕。松筠答道,他就此事已给朝廷写了信,但是他并不认为朝廷会违反常规。再说,"皇帝的风格是给予一般保证,而不作具体许诺"。

专横的谕旨,奴性的答复

松筠就这次谈话写的报告并不客气。他猜想将会收到越来越严厉的谕旨。事实上,11月1日,皇帝指示他:"倘该贡使以黄浦系伊国夷商泊船之所,禀请欲仿澳门之例,建盖房屋,砌筑炮台,即当词严义正,面加驳饬。以天朝法度向有定制,尔所请与定制不协,不便准行。"如此坚决的答复"想该使臣亦不敢再行妄渎也"。

他向乾隆禀告:"兹因正贡使病体尚未痊愈,奴才略示体恤,过舟慰问。"马戛尔尼从未暗示过他生病。这是不是大学士为了避免皇帝责备他亲自访问特使有失身份而为自己作的辩解呢?"谨遵旨先谕,以尔等所请各条与天朝体制不符;尔国王断不因所请未遂致怪尔等。将来尔国夷商到澳门贸易者仍与各国一体公平抽税照料体恤。"

马戛尔尼可能是这样回答的:"是我国王恭敬的意思,得邀大皇帝鉴照,广东澳门的买卖得以永远沾恩,我国王必定喜欢,我等便可放心将来在澳门的买卖。长麟总督一定就近照顾。如有非分妄干之事,他必驳斥。""据正贡便称,我们夷商是再不敢妄干多事的"。

接着,松筠对英国人说:"大皇帝敕谕岂可以妄求得的?"马戛尔尼听罢"点首"称是。他甚至承认松筠的解释使得"我的病也必就好了。该贡使等言及皇上,则欢颜乐道。其感戴敬服之意较之前此情状尤属出于真诚。将来届期颁给赏赐福字等件,伊等及伊国王又得普沐恩施,自必倍为感悦。"

乾隆在下一个星期收到这份报告后写的唯一的朱批有些模糊不清。是否要对此表示遗憾呢?对于他自己声音的回声他又能作何回答呢?

第六十章 被出卖的未婚妻

1793年11月8日

"总不知足"

还是11月8日这一天,松筠的一份奏折似乎离中国卡普的乐趣甚为遥远:

"暎咭唎贡使恳请仍由广东行走,当经松筠峻词斥驳。而该贡使等泪随言下,亦只可准其所请。奴才又将浙江省停泊夷船擅自开行一节向其明切严谕,据称他们管船之人如此不遵教令,我等实在羞愧无地。奴才遵将恩旨宣示,该贡使免冠屈膝,喜溢于色,据称我等蒙大皇帝怜悯从此得有活命平安回国。复称前蒙大皇帝恩典准我等在宁波地方买些茶叶丝斤,但我等所带银两无多,现在浙省停泊之船原系一只货船,不知可以将洋货兑换否?

"奴才谕以宁波地方向无洋行,尔等既称乏银,想在宁波断不能多买茶叶、丝斤,况尔等又可赴澳门、黄埔,尔等所存货物仍应赴彼处交易。该地方自然钦遵恩谕概免纳税。"

皇帝接到该奏折后,用朱笔批注道:"总不知足。"

第六十二章 "于严切之中,仍寓怀柔"

1793年11月11~13日

在杭州,马戛尔尼收到一封舰队司令的信:此信几乎是一个月以前寄的。高厄解释说,所有船员都患了重病,包括医生;船上药品缺乏,尤其是奎宁和鸦片。因此必须去广州。

这封信的旅行速度显然同"狮子"号启程的消息一样快——马戛尔尼是在两周前由松筠告知"狮子"号启程的。为什么这封信又那么慢呢?马戛尔尼猜测:先要传教士翻译,然后是审查……可是为什么这么"猜忌"呢?

如果以为只有英国人在受这驿站拖拖拉拉(而这驿站本来是很快的)的罪那就错了,它使任何来到中国的人都难以忍受。在同一时刻,罗广祥神父两个月来一直试图同始终呆在"印度斯坦"号上的安纳与拉弥额特两位神父接触。最后他从澳门给他们写了封信,在那里他明白一定会把他们打发走:"8月份,你们离我们是那样近;我立即想方设法获得皇帝允许让你们来。但是,由于怀疑你们是英国人,他们把我叫到宫里,向我提出了一大堆有关你们的问题……我无法往你们的船上寄信,也无法请使团返回时带给你们……钱德明神父在10月8日至9日的夜间突然去世;请你们在作弥撒时为他祝福。请多保重。要快活些,要有耐性,有勇气。"这是在天朝官僚体系推不动的惰性面前一位把自己奉献给上帝的人表现出来的始终不渝的愉快心情。

要有耐性!这位罗广祥神父在几年前就劝其教友要有耐性。1789年6月25日,他就曾写道:"我恳请你们不要一遇上中国办事拖拉就气馁。这的确是使人感到屈辱,但这是不可避免的。"

高厄的信尽管晚到,却还很受欢迎:马戛尔尼获悉"狮子"号并没有动身去日本,便松了一口气。为了更加保险,他给公司驻广州的代表写了一封信,总督同意当晚就送出,信中指示伊拉斯马斯爵士在得到新的命令前留在澳门。

这封信没有被耽搁,特使想把"狮子"号留在广州,这同中国人希望看到英国人尽快离去的念头不谋而合。事实上,广州当局担心"该正副贡使及随从人等上下几及百员名,到粤后虽有货船可以搭附,恐其借口买卖未齐,转多停搁。"当局为预防起见,"又派拨熟谙海道员弁前赴该船,令其与前船一同停泊"。收到这份奏折后,乾隆批注道:"是。"为使中国最终摆脱夷人,一切都已准备就绪。

告别迷人的松筠

前往停泊在舟山的"印度斯坦"号的使团成员于11月13日离开杭州。松筠同浙江巡抚吉庆一起护送他们,以便监督他们动身。

他前来向马戛尔尼告别。他显得有些激动。他要求马戛尔尼宽容些。他解释说:"两国相隔万里,它们的习俗必然相异。因此英国人不应当从坏的方面来理解中国人的态度。他希望他们不要带着对中国不利的印象回国。"

马戛尔尼愿意相信这些良好的表示不仅代表松筠个人,他的理由是"松筠也经常处于被监视之中"。实际上有两名中国官员都随时在协助他;他们肯定是坐探。大学士表现得如此可爱,那是因为让人知道他这样做对他有利。马戛尔尼写道:"他迷人的态度躲不过朝廷的耳目,这种态度应当受到朝廷的赏识。在这扑朔迷离的宫廷内还是可以有一个正直的灵魂的。"他得出的结论是这种和蔼可亲的举止预示着未来很有希望。然而从宫内档案看出,这也是他的任务之一:"速将哄咭唎贡使送走,于严切之中,仍寓怀柔。"

松筠精于此道。其证明便是他谢绝马戛尔尼想送给他的告别礼物的方式。他以如此自然恳切的态度来表达他的托辞,以致特使都没有想到为他而生气。然而,这同和珅一样都是拒绝礼品,也都是对同样的命令表现出同样的服从。但是,马戛尔尼认为松筠有绅士风度。这位中国高级官员都配当个英国人。

如果说大学士对特使表现出热情,他在皇帝面前可一点都不流露出来。以下是11月13日他写的最后一份奏折:"本月初九日,该正贡使至奴才船中跪请大皇帝圣躬万安,敬捧呈词……口称我等外夷不识天朝体制,一切礼节全未谙习,仰蒙大皇帝格外施恩体恤备至……具见悃忱。"

同一天,小斯当东写道:"今天,松筠来船上看我爸爸。我给妈妈写了封信,由马金托什舰长带来。"12日和13日,马戛尔尼也说他接待了松筠的来访。大学士则让朝廷相信是特使前去拜访他:极权社会的等级原则同民主社会的平均主义原则带有同样的强制性。一名贡使应当尊重一位大学士,而不是相反。皇帝可能会批注:"好",如同我们所说:太好了!

私下对话

英国人正在为去广州作准备,有的走水路,有的走陆路。他们远没有料到在此刻通过皇家传驿,一场无情的对话正在他们穿越的中国两端进行着。

乾隆10月21日从北京发出给广东以及其他沿海各省巡抚的谕旨:告诉他们夷人的"不适宜的要求",他们要求或在舟山,或在广州附近有一个能"长期居留的小海岛"。

郭世勋仅在12天后,即11月1日回复乾隆,而又过了11天,即11月12日,乾隆用朱笔批注他的复件。以下是他们的对话,它确定了马戛尔尼的彻底失败:

郭世勋:哄咭唎国人投澳居住须向西洋人赁屋,形势俨成主客,是以此次该国贡使进京吁请在于附近广东省城地方常给一处,以为收存货物之地,与西洋人之澳门相埒。

乾隆:此必不可行!

郭世勋:其所吁求之处正其贪狡之处。

乾隆:是!

郭世勋:西洋夷人在澳门居住始自前明,迄今二百余年。该夷等在彼生长居聚竟成乐土,国朝教化涵儒,不殊天帱地载。况广州附近各处滨临洋海,尤不便任听外国夷人纷投错处。

乾隆:是。

郭世勋:今该贡使贸然陈请,设想非伊朝夕。诚如圣谕,海疆一带戒备宜严。现在督臣长麟莅任在即,臣当与悉心商榷,设法稽查,凡沿海口岸港汊炮台墩汛一律加意防范,不使该国夷人有私自相度地面妄思占住之事。

乾隆:好,实力行之。

郭世勋:如伊等欲择地居住,必借内地奸人指引。

乾隆:此尤应禁者。

郭世勋:臣现在密饬地方官严行查察,倘有洋行通事引水及地方无籍之徒串同口英咭唎夷人诡图占地,即不动声色,密拿审究,从重治罪,以杜其渐。

乾隆:是。

使团曾从大学士松筠的和蔼可亲中推断天朝会听使团的话,事实并非如此。天朝甚至怒不可遏。

给英国国王的报告

马戛尔尼在抵达广州的时候写完了他长达28页的第一份报告,他委托马金托什把这份为国王写的报告送交给敦达斯。他因此就有机会把有关使团的消息先传到欧洲。我们将从这份奇怪的未加发表的文件中摘录若干段落。这份文件的内容不仅同我们上面所引的突然发现的无情对话,而且同特使及其伙伴在他们各自的日记中描绘的观点相距甚远。然而,主要的事都写入报告了:失败后的伤感被摇曳不定的一线希望所缓和:"我满意地注意到伦敦王室和北京朝廷初次直接接触的结果开始就英国商人的问题在中国人的思想里开花结果。"

从一开始,马戛尔尼就描写了不可克服的障碍。首先是欧洲人的嫉妒:"我从一些非官方的或私人的消息中获悉某些代理商行中的欧洲人设法对抗他们想象中的我们的计划。我们在各方面都要防备葡萄牙人,他们认为自己保持着同北京关系的垄断权。然而,澳门正在日趋衰落,只是有了淡季居住在那里的英国人的出现才得以继续存在。"

其次是中国人的多疑:"尽管对我们接待的排场很大,但鞑靼族的达官贵人用怀疑的眼光看待我们的每一项建议,这是再明显不过的了。就好像我们是来颠覆这个国家的。"

他的使团被礼仪上的义务弄得精疲力竭,而无法谈判任何问题:"我此行的主要目标甚至都没有提到。我所有的时间都被礼仪占去了,如果我不稍稍地坚持,希望使这个政府对我们怀有良好感情的话,就没有任何机会实现我使命中最起码的具体目标。"

幸好,在沿着大运河的归程中终于同大学士建立了友好的关系,并把事情向前推进了一步:"松筠向我援引他每天从皇帝那里收到的信中的主要段落,并告诉我最重要的批注。他说通过十分仔细的观察,他真正相信我们除了想增加贸易之外别无其他想法;但他明确指出,在一个中国皇帝看来,这是件微不足道的事情,不值得麻烦一个使团。"

马戛尔尼这样便能回到皇帝给国王的两份敕书里令人失望的内容

上来:"我向松筠指出,除了圣上提到的有关在北京常驻使节的要求——这一要求被拒绝——之外,没有提及任何其他各点。他回答说:皇帝陛下认为他允诺照顾我们的商人就足够了。至于我给和珅的照会,他对我的要求逐一加以拒绝;我提的问题似乎是被故意歪曲,好像有人竭力使它们易于遭到皇帝陛下的拒绝。但是,我还是让他们知道,由于得不到重新考虑,我们在广州的人的处境很快就会变得难以容忍,以致有可能中断一切贸易。(……)我感到宽慰的是听说皇帝对我们,即对使团和我们的国家怀有好感,他决心保护这种贸易。如果他拒绝了我们所有具体要求,并不是因为这些要求提得不得体,而是因为皇上年事已高,他不认为改变自古以来的习俗和创立新的先例是件好事。"

在这个衰老的君主之后,比较年轻的继承者将会采取另一种态度……英国人从不认输;必须维持一点希望之光。

第六十七章 "我国的造化"

1793年11月15～22日

这期间在浙江,使团的另一部分人正去舟山:有本松上校、丁维提博士、画家亚历山大、马金托什船长,还有包括霍姆斯在内的卫队士兵、仆役以及维修设备的机械师等人。

这队人马经过浙江宁波府。英国人曾在那里拥有过一个货栈和一个代理商行,由于"行为不端"他们丢失了这两个点,直到1859年才费了大力把它们夺了回来。这个港口城市位于杭州湾的南岸,是当时那个地区的商业中心。以后被地处杭州湾北部的上海所取代。

马金托什的贸易问题在那里被提了出来,但马戛尔尼并不知道。

无偿馈赠换取感恩戴德

大家记得,乾隆设法把宁波变成一个商业冷落的地方:赶走了在本世纪初与英国商行有往来的所有"奸商",所有的"买办"的后裔。马金托什船长事先被告知,他不能进行任何货物交换。皇帝再三重申"只能在澳门和黄埔进行贸易"。

然而,读了士兵霍姆斯的记载就知道,不是所有人都认为宁波是商业冷落的地方。买卖在那里还十分活跃。"11月15日,我们看到了宁波这座著名的城市,它建在一个荒芜的峭壁的圆丘上。当地百姓对英国使团表现出特别的恭敬";城里的头面人物"更是热情殷勤"。英国人觉得他们比其他地方的中国人更健谈。"宁波用自己的船同巴达维亚、菲律宾诸岛以及沿中国海的其他公司进行大量的交易;它通过广州口岸为欧洲商船提供商品"。

城里的主要官员给每个英国人送一份礼,有丝绸、茶叶、南京土布、烟丝和其他小玩意儿。为使英国人逗留期间过得愉快,他们费了不少心血;但是天公不作美,一连下了七八天的雨。英国人只能呆着不动。"我们急于回到离我们仅40公里的'印度斯坦'号船上,这使我们的情绪变得更坏。中国官员觉察到了这一点,但他们并不生气"。11月23日上午,画家亚历山大确实也这样记载:"雨下个不停,透过船篷往下流。风从缝隙钻进船舱,我们在风雨中度过了一个不眠之夜。"

突然间他们看见了一包包的茶叶和丝绸。这是中国送的礼品。为此,浙江巡抚从远处弄来丝绸,因为宁波并不出产。

中国人的令人惊奇的心理!为了掩盖拒绝的真正原因,就竭力贬低宁波的重要性。不能在那里进行贸易。但是这最后一招做得很漂亮:不要任何东西作交换,只要表示皇上的宽宏大量,就像皇帝所指示的,要让对方"感恩戴德"。

军人准备弹压

松筠是这样向皇帝报告去舟山的部分使团成员的沿途情况的:

"奴才等前于15日经过宁波府时,该夷官等曾向伴送的官员言及杭绸,意甚欣羡,亦未敢言欲购买。奴才等见其颇为恭谨,因而商酌莫若略备茶丝,传宣恩谕,酌量赏给,更足以昭圣慈体恤。因传主该夷官四员,谕以此处向无洋行,无从交易,况尔贡使今已前赴广东,自可在澳门、黄埔地方照例购换。今蒙大皇帝俯念尔等恭顺远来,现在登舟开洋,不无日用之需,特赐尔夷官四人每人杭绸四匹,茶叶各五十斤,丝各六斤;随从兵丁亦各酌量给予茶叶、布匹。该夷官等当即免冠优地,连次叩头低领,其感激欢欣之状形于词色。

"现在派委宁波知府克什纳伴送夷官等过海回其本船,又提督王汇于稽查海口之便亦可在定海就近弹压照料。"

这后一条消息不应引起怀疑,前面一条倒是值得怀疑。无论是哪一种情况,松筠只是按照皇帝想看的方式写的。

"印度斯坦"号的底舱装满了丝绸和茶叶,当然还有从英国白白带来的呢绒;甲板上挤满了使团的部分成员。东印度公司船队的最好的商船扬帆启航。"在它的身后拖着一条长长的黄水纹"。

特使一行在去广州时也被台风困在路上。狂风大作,大雨瓢泼,这个地区常常这样:"江水发着虎虎的吼鸣,冲撞着两边的山;浊浪吞噬着雨柱,飞着、喊着、跌着、翻着、号着、喘着……"航行推迟了。马戛尔尼写道:"11月22日,由于一天一夜没完没了地下着大雨,我们整整一天呆在玉山县没动。"

《1793 乾隆英使觐见记》[①]

(10月)10日礼拜四。下午,樊大人来言:现在松大人奉到皇上手谕一道,那谕中所说的话,松大人打算自己过来与贵使谈谈。余曰:甚好。

未几,松大人已乘一快船向余船疾驶而来。余即谓樊大人曰:请你先去招呼松大人,说等他的船停了,敝使先去拜见他。樊大人如言先驾一小船而去,至松大人之船与吾船相并时,吾即过船与松大人相见。

见面之初无非重提旧事,说前在热河时承松大人引导游园,敝使感激之至,现在又承贵国皇帝命松大人为敝使之导护官,敝使更觉荣幸万分。松大人亦做相当之客套,言:兄弟蒙皇上派为导护官,得与贵使同往珠山一行,实在荣幸得很。因自怀间出皇上之手谕读之,谕中大致谓:着松筠导护英国使臣前往珠山上船,一路当留心照顾,切实保护。倘英国洋船已不在珠山,即着松筠径行带同该使臣等至广州上船。务须亲视该使臣等妥稳上船后,方得回京复命云云。

读毕,余问曰:现在敝使将往珠山,不知前日敝使托和中堂饬人送往珠山之信现在已经送去否?松大人问:什么书信?余曰:即系敝使写与古完勋爵嘱其停船守候者。松大人曰:这封信想来不关重要,怕还没有送去。余曰:此信并非不关紧要之信,缘敝国皇帝只命古完勋爵督驶"狮子"船,运送敝使到中国为止。到中国之后,倘敝使不令其留候,该勋爵即可自由督饬该船驶往它处,缘"狮子"军舰之事务甚多,非仅限于运送敝使也。松大人曰:那么兄弟立刻写信往北京去,请和中堂派人飞送珠山,想来不至于赶不上。余曰:如此甚好,费神,费神。遂辞别还船。

未及一点钟,松大人即过船回拜。客套即毕,因正式之谈话已于顷

[①] 马戛尔尼:《1793乾隆英使觐见记》,刘半农原译,林延清解读,天津人民出版社,2006年版,第164~192页。

间说过,此时乃随意闲谈。

首由松大人讲述俄国情形,谓俄罗斯的百姓虽然凶狠野蛮,却还不能算得恶人。余曰:前此敝使奉敝国皇帝之命,亦在俄国居住至三年之久。松大人曰:奇事!怎么做一任钦差会做到这般长久呢?余曰:我们欧洲各国,大家都讲交情,这一国派了钦差常驻在那一国,那一国也派了钦差常驻在这一国。如此两国之中若发生了什么问题,便可由所派的钦差就近办理,此是欧洲各国向来通行之法。现在无论何国都一致办理的。松大人曰:我们中国的法律就不是这样,我们本国从来没有派使臣到外国去过。外国派来进贡的使臣乃是一种临时的举动,照例至多只许在京城里耽搁四十天。倘有了重大事故,也许延长到八十天,可是虽有这句话,却是千载难逢的。又曰:中国自有中国的规矩,若这种规矩对于中国,并没有什么不便之处,决不该将它改变。所以外国人到了中国,遇了中西规矩不同之处,只能依了中国的规矩行事。因这种规矩中国人行之已久,虽外国人眼中看来以为奇怪或行之以为不便,中国却决不能依了外国人的话,改变成法的。余曰:中外规矩既已不同如此,敝使此次到华,对于中国的种种规矩实在生疏得很,难保于觐见之时不无失误之处。但是,这种种失误,不能算得敝使的过失。因敝使到中国后,自知人地生疏,非向一般富有经验的人讨教讨教,说不定要闹笑话。故一举一动都依了向在中国当差的西人的话干去,倘依了他们的话还是不对,那便不是我的不是,是他们的不是了。松大人曰:贵使这话从哪里说起?贵使此番到中国来,一切举动都颇能合式,即使有什么不周到之处,我们天朝也决不在这一些小事情上过于苛求的。

松大人此言,颇合中国大臣身份,盖中国大臣所言莫不夹有此种语气也。松大人去后,樊、周二大人仍留吾船中,至夜分始去。

吾与彼等闲谈时涉及一事颇堪记述。彼等言:现在贵使自北京前往珠山,所用各项船只大小凡四十艘,执事之人自大员至苦力船户为数约可一千。此项用费皇帝规定数目,每天以五千两为限,倘或不敷,应由沿途地方供给。又言:贵使居留北京时,每日用费规定一千五百两云。夫一两之数约合英金六先令八便士。以物价极廉之中国,而吾等一日之费用竟有此至巨之数目,宁非咄咄怪事!当吾等居留北京时,日用之费自起居饮食以至于一切杂物,虽颇有失之过奢者,而谓每日需用一千五百两,则吾无论如何决不肯信,或者乾隆皇帝为优待吾等计,定此极丰之数。而墨吏极多,层层剥削之,规定之数与开销之实数相去,乃不可以道理计耳。

记得周大人曾向余言：去年山东河决，淹没居户无数，皇帝中年曾在该省打猎，深知该省情形，闻奏，立命拨发库银十万两赈济灾民。而户部先没去其两万两，以下每一转手则复去若干两，自两万、一万以至数千数百不等，层层干没之手续既过，最后之实利及于灾民者不过两万而已。嗟夫！孰谓中国人之道德优胜于他人，窃恐东洋孔夫子之子孙与西洋美门①之子孙，同其为不肖而已。

11日礼拜五。船行极迟，船户及纤夫竭全日之力，所行不过十数华里。盖因河水极浅，水力已不能浮船，所以能前者，用人力强拉之，使船底与河底相擦而进耳。有一船体积较大，而所载较重，竭力拉之竟不进咫尺，后由密司脱麦克司惠尔、甲必丹麦金吐司、吉伦博士等进策于华官，令大船所装之物分作数小船装之，始能前进。三人本在大船之上者，至此亦改乘较小之船矣。

参考《中国旅行记》曰：夜分，有一大船搁浅，不能复进，一时天气极冷，河水几欲结冰，而船户及拉纤人等因此系官家所雇船只，倘不设法令其前进，大人、老爷们必不答应，乃不避劳苦合数十人之力，齐至水中推之、拉之，冀其少进。而夜半以至日出，人人力竭神疲，船终不动。华官于此苟稍具良心，似可不必发其虎威矣。而彼等见它船已进，此船独留，乃大发雷霆，命兵丁拉船户等至，一一用军棍重责之。呼号之声四彻于野，而华官之虎威自若不为所动。后闻人言，船户因搁浅之故不特受责，且已由华官将其两日中应得之工资罚去，果尔，则船户费两日之光阴与劳力而所得之酬赏，乃为一顿军棍也。

12日礼拜，过船谒松大人。松大人言：据珠山最近来信，你们那洋船仍旧停在珠山等着，贵使可以不必性急了。又言：现在水浅船慢，若贵使老是坐在船中觉得有些气闷，不妨上岸走走，看看村景，但是走时当留心着，不要离船太远，太远了找不到船就麻烦了。

参考《中国旅行记》曰：自松大人有此言后，吾等为随员者每觉不耐，辄至岸上散步，习以为常，华官不加禁阻。一日，忽有一武官不甚解事者，令其属下兵丁八九人勒令各西人回船，不许再在岸上散步。兵丁均野蛮异常，无可理喻，吾等虽不解其故，亦只得从之。未几，樊大人、

---

① "美门"一词，源出叙利亚，言财帛也。《新约》经常用来指执掌天下财富的神，今人也将"美门"译作财神。

周大人知其事，大怒，传各兵丁至，责以抗命之罪，用重棍重责。其起首之武官虽官爵并不甚低，亦由两大人责以四十大板。当此官受笞时，两大人遣人邀吾辈往观，意在令武官自知其辱，而吾辈则以为此种笞责之趣剧无观看之必要，谢之。

谈论有时，余复提及正事。言：此次敝国皇帝令敝使远使贵国，意在开辟英中两国交际之萌芽，俾此后两国常相往来，感情益形亲密。而贵国大皇帝或可因此对于吾英国臣民之来华者，格外推诚相待，保护亦可因此格外周到。余言未及已，松大人即曰：我们皇上对于广州的外国人，不论是哪一国臣民，都是一体好好看待的。余曰：那自然，敝国侨民也没一个不敬爱贵国皇帝，故于贵国皇帝所颁布的命令，不论怎样，只须能力上办得到，敝国商人无不乐从。可是从我们两国通商至今，前后已有十二年之久，这十二年中，贵国皇帝对于我们侨商所颁布的上谕，已不止三道五道，而我们侨商却一道都没有见过。旁的不必说，单就税率一端而论，起初几年，洋货的入口税收得极轻，现在一年重似一年，与以前相比已加了数倍，若贵国有正当的理由或有特别的支出，加税本来是可以的，无如加的是加，而理由却始终没有宣布明白。倘若贵国只顾加税，有增无已，敝使恐怕将来英国商人到了担负不起的那一天，那每年六十大船的商品简直不能再运到贵国来了。所以这一件事总得望贵国想一个正当的方法才好。

松大人曰：方法是要想的，不过我们天朝的税则不是老不更变的。若遇国家用费少的时候自然赋税轻些，连你们外国人也可沾些光；若国家费用太繁，或因某某数省出了重大事故急待大宗款项使用，那么不得不在赋税上面酌量加些。这是不论本国商人、外国商人都是一样的，并不是专门挖苦你们洋人。余曰：这话说得不差，即如一千七百八十二年的加税，敝使也知道贵国因安南西藏发生变乱，军饷浩繁的缘故，但是此种临时增加的税，到事平了就应该减少恢复原状。自从那税增加了到如今已有十年来，中国并无减轻之意，故我们英国商人心上颇有些不舒服。

松大人曰：现在中国已太平了，这一宗税，便是贵使不说，中国朝廷也早已提议裁减了。余曰：果使此项消息确凿，则贵国皇帝体恤英人之心大足令敝使欣喜敬仰。敝使甚愿贵国皇帝德泽四布，声威益张，使其祖宗相传之大业安然立于稳固不摇之地位。所惜者，敝使来此之后，为时匆促异常，未能将心中积悃与相堂和中堂详细谈之，请其转达圣听。

而敝使晋京时之导护宫又适为金大人,其人天性倔强,排外之见甚深,敝使有所建议辄为此人所阻,心中至以为闷。倘贵国皇帝于敝使晋京时即派大人为导护敝使之人,吾知以大人之开明和易,必造福于吾英人不浅。此非敝使面谀之言,盖事势然也。

  松大人曰:那自然,那自然,兄弟是很熟悉洋务的,向来和洋人很要好。这一回的事虽现在机会已过,敝使不能为力,然使将来别有机会,兄弟必从中出力。要知道咱们虽是国籍各异,言语不通,交情总还讲的。

  语时情意之殷恳,足令吾深信其字字由衷,绝无虚饰。倘松大人此一席话犹含有虚伪敷衍之性质,而非推诚相待者,则松大人可谓世界第一虚伪家矣。

《松筠新疆奏稿》[①]

接成宁咨续获匪四十馀名并即亲往查明折

  再,奴才松筠、长龄于八月十八日辰刻接阅成宁等咨送折稿内称:首犯孜牙墩不难即时擒获。现获逆匪四十馀名,派员严审。内有伊尔古楚卡伦通事回子萨赉,系久与孜牙墩同谋之人,业将该犯供词恭录具奏等因,咨会前来。奴才等察其情形,并未咨调伊犁官兵,而折内所称逆回窜出卡伦以外,已饬布鲁特比带人截剿,似可易于蒇事。奴才松筠先已奏请亲身前往,奴才长龄练兵事毕旋城,自未便复行陈请。奴才松筠应带赏项绸布等件,商同奴才长龄已于库内酌提带往,俟旋回伊犁,再行奏明归款。奴才松筠赶紧行走,约于九月二十前后可抵喀什噶尔,彼时前折训示,适将奉到,一切惟有钦遵办理,仰抒宸廑。伏乞皇上睿鉴!

接喀什噶尔参赞大臣成宁咨贼匪不难扑灭折

  为接阅成宁等咨送折稿,贼匪无难扑灭情形,恭折奏闻,仰祈圣鉴

[①] 此书为《中国民族史地资料丛刊》二十一,由吴丰培先生辑录,中央民族学院图书馆,1980年4月油印本,对于研究松筠在新疆处理孜牙墩案件有着重要的参考价值。惜未见正规出版,感谢北京大学教授、恩师徐凯先生慷慨赐阅,故能得窥全貌。

事。窃于八月十五日卯刻接阅成宁等咨到具奏折稿,其塔什密里克回庄匪徒,勾引无业布鲁特,欲于八月初四日乘喀什噶尔城中回子过年,阿奇木伯克等赴礼拜寺诵经时滋事,就势抢城一节。初系民人高建洛来城禀报,续据阿奇木玉素普派人于城外和卓坟上,将阿浑孜牙墩之妻家属并回子三名拿获,正在拷讯。有该庄回子伊玛依尔来城首告,阿浑孜牙墩勾引布鲁特滋事属实各等情,除调叶尔羌乌什官兵各三百名外,飞咨伊犁派兵二千名预备,如办理迅速,即无须拨调。复札谕布鲁特比图尔第迈莫特、苏兰齐由该处截剿探闻贼众,现在分窜,尚不难扑灭等因,由四百里具奏,咨会前来。查折内所云孜牙墩欲于初四日乘回子过年,阿奇木等赴礼拜寺诵经时滋事,就势抢城一节,是该阿浑孜牙墩欲向阿奇木玉素普寻衅,而玉素普并未亲往剿办,谨在回子本城镇抚。该城距参赞驻扎之来宁城相去四五里,此中玉素普或有酿衅情弊,盖仓卒之际,成宁等尚未及查明具奏。然其业已戕害官兵,必应先行剿办,所有起衅根由,事竣后再为讯究。叶尔羌、乌什官兵相继到去,而该处布鲁特相距最近,向为得力。成宁等已札谕布鲁特比等,由该处截剿,可期易于蒇事。伊犁各营官兵俱各整齐,如果必须调用,无难立时派往。奴才虽不可张皇派兵致骇众听,亦应遥助声势,俾贼惊惧。业经行文成宁等,伊犁已如数派兵预备,并以奴才即日起身前往缘由,先行咨会外,日内长龄即可旋城。奴才现传乌拉马匹,即于十九日起程,奴才先已派人前往查探沿途得何信息,再行奏闻。此事止据人报,贼有五六百名,未必实有其数,计刻下自己办理完竣。如尚未蒇事,奴才到去会同成宁等妥为办理,断不至酿成大事。敬祈勿厪圣怀,伏乞睿鉴训示!谨奏。于嘉庆二十年八月十五日具奏,于本年十月初五日奉到朱批:另有旨,钦此。

塔什密克回庄阿浑孜牙墩作乱拟亲往查明折

为接阅参赞成(宁)等六百里来文,稔知办理张皇情形,据实奏请圣鉴事。窃奴才于八月十二日接到成宁等限行六百里清字文开①:八月初三日有商民高建洛诉称,塔什密里克回庄阿浑孜牙墩跳梁作乱。又初四日巳刻,有营兵张有福禀报:初三日三更时有二三百名回子持械经

---

① 这是奏折的一种说法,指用满语写成的奏折。清代边疆事务属于统治者的机密,大臣奏折用满语写就,外人一般不易知晓。"满语"的书面用语即"清文"。

赴牧厂,伤兵抢马,并将喂马之草放火焚烧各等情,不可不预为防备。一面具奏,一面飞调叶尔羌、乌什两处绿营兵各三百名,随带鸟枪铅丸、火药,兼站前来喀什噶尔备用。其叶尔羌所派官兵暂驻英吉沙尔防备,并咨会伊犁将军、参赞选派年壮健兵千名预备。此事各或掣肘,不能暂时办竣。再行咨调,复札英吉沙尔领队大臣严密守城等因前来。是成宁等办理未免张皇,其如何具奏原折,虽未抄录行知,揆其事理,成宁等或系误听谣言所致。查回疆各城贸易商民,多有设法垄利盘剥回众者,其商民高健洛所禀塔什密里克回庄阿浑孜牙墩滋事一节,或因该商民常赴回庄盘剥众小回子,以致该阿浑理论,遂尔砌词捏诉。至营兵张有福禀报,初三日夜间回子持械赴官牧厂伤兵抢马、焚烧马草一节,或系营兵强占回子牧厂起衅,亦未可定。再查:八月初三日系各城回子过年之期,抑系该庄回子过年闹热,商民挟嫌捏词倾陷,亦未可定。因传唤伊犁监禁之已革郡王玉努斯,与之闲话,询其塔什密里克地方情形。据称曾记嘉庆二年参赞大臣长龄同伊父伊斯堪达尔在喀什噶尔任内,有人误造谣言,以该阿浑孜牙墩之父老阿浑萨密底音有不轨情事。当伊斯堪达尔将阿赖密底音拿解来城圈禁,再四详询详查,实无不法情事,旋即释放。往往回子阿浑与阿浑互相不睦,捏造谣言、倾陷者有之,总须镇静,查明责饬,即可息事。向来该处回子当差纳粮,俱属安分,其商人等贩货赴各回庄,希图重利,互相诘讼,事属常有。营兵放马牧厂,亦距塔什密里克地方相近。八月间草地,因风致起荒火,所属常有,回子无事不敢滋事等语。复伊犁大臣伊勒图据言,前在喀什噶尔参赞任内,曾经严禁商民垄利,不使盘剥回众。奴才于上月在喀什噶尔办事,察看回办事,查回众情形,无不小心恭顺,而驻扎大臣,稍不镇静,即至惑于浮言。成宁等现已咨调叶尔羌、乌什两处官兵六百名,又行文奴才预备健兵二千名。如奴才率行准文预备,更涉张皇。奴才既知该处情形,自应亲身前往,督同成宁等查办具奏,上抒宸厪。因即先发传牌,示知南路沿途回众,各使安心,不致妄生疑惑。果系商民垄利,营兵争牧起衅,即应查明,秉公严惩该兵该民,以服回众之心,可期宁人息事。参赞大臣长龄练兵演围事毕,不日旋城,奴才传齐乌拉马匹,拟于八月十九日起程时以查验阿克苏钱局鼓铸为名,由穆苏尔冰岭,经阿克苏一带前往。如于奴才未到之先,成宁等妥办完竣,奴才应同成宁等查明严定章程,晓谕各处商民,惟准在城贸易,禁其散赴回庄,垄利盘剥滋事,以期民人回子咸各永安乐利!奴才愚昧之见,敬祈圣明训示遵行。再,奴才带印起程,如遇伊犁应行商办之事,长龄仍札商奴才会办。其寻常奏折并日行事件,有库存办事大臣银印一颗,循例交长龄钤用。若奴才起程以前续接成宁等来信,暨前途探得有何信息,即行随时奏闻,合并陈明,伏乞睿鉴!谨奏。

查讯孜牙墩起衅情形并参革阿奇木伯克玉素普折

奴才松筠、成宁、永芹跪奏,为查讯孜牙墩谋逆起衅情形,并严参阿奇木伯克缘由,恭折奏请圣鉴事。窃奴才成宁、永芹正在根究孜牙墩起事衅端,适奴才松筠于九月十三日驰抵喀什噶尔,当即会同查讯。据孜牙墩供:我于上年聘娶原任公爵喀什和卓之女为次房妻室,此女原住喀什噶尔回子城外和卓坟旁,因曾两次禀恳阿奇木伯克玉素普,欲将妻室搬至塔什密里克本庄居住,无如玉素普总不准行。我想我本是此地有颜面的人,今娶妻室,不由我搬去本庄同住,因此忿恨,想要带领多人强行搬取。如再不能,即与玉素普闹事,实不敢反大皇帝,亦并非与大人们闹事等供。诘讯孜牙墩现在通事萨赉等供,如谋逆在前,何得藉口以阿奇木玉素普不准汝搬取妻室为词?况汝于事前并未来城面禀本参赞,遽行带领多人闹事。玉素普不准汝搬取妻室,那时汝本在城中,尽可面禀本参赞。汝并不如此,即同通事萨赉等谋逆,胆敢戕害官兵,岂非作反,实属罪大恶极。据供总因糊涂闹成灭门重罪,无可再辩。馀供与原审供词相同,当询阿奇木伯克玉素普。据称孜牙墩所娶妻室,名牌哈里呢萨,系前在京城当差之原任公爵喀什和卓之女,相传为回子派罕巴尔后裔,理宜居住和卓坟,不可远离。如准其撤回本庄,恐致藉端惑众;况当初议娶时,原曾言定仍住和卓坟,是以孜牙墩两次禀恳,俱未准其搬去等语。复询玉素普:汝既不允孜牙墩搬娶妻室,何不面禀本参赞,听候指示遵行?玉素普免冠叩头,自认糊涂,于孜牙墩闹事之先,毫无察觉,实属罪无可辞等情。除孜牙墩通事萨赉等犯俟禀到谕旨遵办外,查喀什噶尔阿奇木伯克有统辖各回庄,稽察奸宄之责。各庄专管伯克等,奴才成宁、永芹已于另折参办发遣。至玉素普,身为阿奇木,固执回俗,不准孜牙墩接取妻室,以致该犯藉口滋事,已属疏庸;又于事前毫无觉察,虽于事后督饬回兵截剿孜牙墩,旬日内擒获,功过亦难相抵。应请将三品阿奇木伯克玉素普革退,乾清门拔去花翎,降为六品伯克,发往阿克苏效力赎罪。其阿奇木伯克事务,即委阿克苏三品阿奇木伯克伊萨克署理。又英吉沙尔所属回庄回子内曾有听从孜牙墩滋事者,业经奴才成宁、永芹先派官兵缉获,审明正法办理。已于八月二十六日缮折奏,蒙圣鉴。该城四品阿奇木伯克玉努斯不能先事觉察,实属无能。应请将四品阿奇木伯克玉努斯拔去花翎,降为七品伯克,差遣效力。其阿奇木事务,已委现任派苏巴特地方四品阿奇木贝子迈玛特阿散署理,以便整饬。所有查讯参办缘由,理合恭折请旨,是否有当,伏乞睿鉴训示! 其有应办事件,奴才等悉心妥为商酌,再行奏办,合并陈明,谨奏。于嘉庆二十年九月十七日具奏,于本年十一月二十二日奉到朱批:另有旨,钦此。

查询孜牙墩亲家巴彦岱及其将其子妇并看押折

为奏闻事,窃奴才于八月二十八日行抵阿克苏,途次接阅喀什噶尔参赞大臣成宁等公文,欣悉已将首逆孜牙墩擒获,请旨办理等因,咨会前来。此诚仰赖皇上鸿福。成宁等办理实为妥速,曷胜庆幸。适有奴才札调询问情形之库车所属沙雅尔阿奇木伯克巴彦岱前来接见。据称:巴彦岱与孜牙墩系属姻亲,巴彦岱之长女爱扎尔于嘉庆十四年再醮,与孜牙墩之子阿比特为妻,生有一子,今年五岁。女婿阿比特于三年前物故①。回俗:夫故者,将女接回,现已三年。(疑中间有文遗失)我女儿并未向我说孜牙墩有何谋逆情事。今闻孜牙墩因谋逆业经拿获,应将我女儿现有幼子情由据实禀明,听候查办等情。当询以尔与孜牙墩暨系姻亲,必有来往书信。据称自孜牙墩之子阿比特故后,将女接回,虽曾通信,止有问候数语。我于上年八月年班进京,正月由京起身,六月始回本任,实不知其因何谋逆,不敢妄禀等语。奴才察其出伊女情由,当属晓事。旋接库车办事大臣绪庄密函,内称:查知前情,奴才当将该伯克巴彦岱面禀情由,札知绪庄行令由沙雅尔提到回妇爱扎尔母子,讯其是否知情,一面录供具奏,一面咨行成宁等归案办理,即将该回妇及伊子并交库车阿奇木严行看押,听候核办。该伯克巴彦岱于喀什噶尔或有应询事件,应即带往备质,其沙雅尔阿奇木伯克事务,现派随带之噶杂纳齐伯克诺什杂特前往署理,并令晓谕该处回子,免致惊骇。除咨明成宁等外,奴才拜折后即起程前往喀什噶尔。今并奏闻,伏乞睿鉴训示! 谨奏。

---

① 指亡故。这里说的是阿比特在三年前去世。

奉旨申饬回奏剿办情形折

奴才松筠、成宁、永芹跪奏,为伏读训谕,恐惧悚惶,恭折奏请圣鉴事。适准军机大臣字寄,九月初五日所奉谕旨,奴才跪读之下,曷胜战悚,诚如圣谕。奴才松筠身任将军,统辖各城边防,一有兵衅,即其事属易办,亦应带兵前往镇抚,方合机宜。乃计不出此,竟询玉努斯,以其不足信之词上渎天听,虽未调带玉努斯,而凭空捏造一篇虚言致烦睿虑,实属纰谬已极!仰蒙圣慈,不加严谴,仅予申饬,奴才松筠扪心自问,感愧交深。奴才等初次奏折均由四百里驰递,已属迟缓,乃于拿获首逆孜牙墩奏报之折,奴才成宁、永芹并未由六百里加紧驰递,尤不晓事,曷胜惶愧。至奴才成宁、永芹前于拿获首逆孜牙墩具奏折内,曾经附片,以通事萨赉等供内,有布鲁特比西拉里等预谋,而卡伦外小布鲁特部落极多,官兵进剿孜牙墩时,卡外并无布鲁特一人出山敢助孜牙墩抗拒等因,奏蒙圣鉴。然其果有从逆者,亦应查拿惩办,以儆凶顽。自拿获孜牙墩后,严饬访缉,适经布鲁特比图尔第迈莫特,遣伊子霍则依拿获从逆布鲁特头人额尔奇伯克一名。又经布鲁特阿哈拉克齐、伊里斯拜、托克托拜等拿获布鲁特头人柱玛一名,先后解送前来。讯其从逆确情,缘额尔齐伯克系雅满拉依特游牧,布鲁特柱玛系西布查克游牧布鲁特,俱因穷苦,听从孜牙墩滋事。额尔齐伯克带同三十馀名布鲁特,其柱玛带同二十馀名布鲁特,俱随孜牙墩逃至伪塔克山,连日被官兵回子伯克兵役杀毙逃逸外,该二犯脱身逃避,今被拿获,供认从逆属实。至布鲁特比西拉里一犯,现据该比图尔第迈莫特面禀,该犯业已身故等情。查附合孜牙墩之穷布鲁特人数,虽属无几,前往伪塔克山被官兵剿杀之外,或其尚有馀孽,容俟查明,果无漏网者,再将现获之布鲁特额尔齐伯克、柱玛二犯奏明办理。所有从逆小回子等,在伪塔克山一带,已被官兵剿杀无算,陆续拿获,先后奏明正法者,共计一百馀名。即有馀犯亦属无多,现仍不动声色查缉办理。今并奏闻,伏乞睿鉴训示!谨奏。于嘉庆二十年十月初二日具禀,于本年十二月初二日奉到朱批:另有旨,钦此。

查明孜牙墩系噶勒察匪种并非喀什噶尔土著折

奴才松筠、成宁、永芹跪奏,为查明孜牙墩本系噶勒察匪种并非喀什噶尔土著回子缘由,恭折奏请圣鉴事。窃奴才松筠至阿克苏、叶尔羌,至喀什噶尔沿途接见大小伯克、阿浑、众小回子,佥仰赖大皇帝威福,均得安居乐业,不意孜牙墩滋事,实属辜负大皇帝重恩,大小回子同深愧恨惶恐等情。奴才等以众回子感沐皇仁,平素安静,何独孜牙墩胆敢谋逆?溯查其由,缘孜牙墩之祖系巴达克山回子,如瓦罕希克楠等类回子,卖与喀什噶尔回子役使者。回语统名噶勒察,性颇强悍。查乾隆四十四年叶尔羌贸易回子,买换希克楠地方回子郭帕等,中途逞凶,将买主回子伤毙五命逃回。该处头人拿送前来,经办事大臣复兴奏明正法。曾奉谕旨:著复兴晓谕阿奇木色提巴勒底禁止回子等如前买换他处回子,免致酿命等因,钦遵以来,匪种用稀。其孜牙墩之祖密齐特,先在塔木密里克回庄居住年久,立有田产,称为阿浑,从前因与逆酋霍集占抗横,同其长子均为霍集占所害。其次子阿萨密底音,彼时逃赴安集延。迨天兵平定回疆后,阿萨密底音与乾隆二十六年同回子莫洛莫木底里普投回。经前阿奇木伯克噶岱莫特查明:塔什密里克回庄,原有田产,给还居住。此等情节,现在年老告退之伊什罕伯克阿希都瓦依斯知其大概。随讯孜牙墩,据供伊祖上本系巴达克山回子,初从何人来至喀什噶尔,年远不知其详等供。查孜牙墩田产较多,素行狂妄,附近穷小回子及无业布鲁特受其资助者,附和滋事。是孜牙墩本噶勒察匪种,实非喀什噶尔土著。奴才松筠经过各城,见众回子伯克阿浑等愧恨惶恐情词,实属真切。奴才等通行告示,晓谕各城回子,已将孜牙墩本系噶勒察匪种,奏闻大皇帝,重治其罪,实与尔等好回子无干,勿庸愧惧!所有查明逆犯孜牙墩本系噶勒察匪种,晓谕各城回子,免其愧惧缘由,理合恭折奏闻,伏乞睿鉴。奴才松筠于拜折后,同奴才永芹赴孜牙墩滋事处所,查勘情形,安抚回众,恭候批回奏折,奏到训谕。奴才等遵办完竣,奴才松筠即回伊犁,合并陈明,谨奏。于嘉庆二十年十月初二日具奏,于本年十二月初二日奉到朱批:另有旨,钦此。

遵旨赴喀什噶尔查办折

为钦奉上谕事,适奴才奉到谕旨:松筠现已由伊犁驰赴喀什噶尔,到彼后,即遵照前旨兼署参赞大臣在彼督办。至孜牙墩潜蓄逆谋始于十九年二三月间,昨已有旨令松筠将历任失察之喀什噶尔参赞大臣等,查明参奏。其管辖回众之历任阿奇木伯克及管理该回庄之小伯克等失察,所属阿浑孜牙墩纠众谋逆,情罪尤重,著一并查明严参。现任阿奇木玉素普,于孜牙墩肆逆时,并未亲往剿办。如有酿衅情弊,玉素普及该回庄现任小伯克等,俱著革职拿问,交松筠审拟具奏。孜牙墩以回庄阿浑,其职分尚不及伯克,乃辄谋作南八城王子,该逆何以遽萌此念?首倡逆谋,著松筠于获犯内严窃究诘,务令确实供吐,毋稍含混。再孜牙墩原设计定期抢城,由该回庄贸易民人高建洛据布鲁特比图尔第迈莫特之言来城禀报,成宁当传阿奇木玉素普查询,将孜牙墩家属拿获拷讯。复有该庄回子伊玛依尔来城首告,成宁等派兵防守,该逆知事机漏泻,行至中途即逃窜,未能多究党羽。其首先禀报首告,著松筠覆查确实,奏明量予恩施。又获犯萨赍供内称:伊在孜牙墩家里有努赖里告知,十九年十一月间,孜牙墩差英吉沙尔回子巴克、哈克二人出卡,会同布鲁特比西拉里,往安集延地方,约会人马,安集延阿奇木不随,巴克、哈克二人还在那里,西拉里回来,先差人报知孜牙墩等语。安集延经孜牙墩遣人纠约,不肯随从,甚属可嘉,应加以奖励。其巴克、哈克二人,如尚在该处,并檄知,令其送出。西拉里与知逆谋,亦应查明惩办等因,钦此。奴才跪读之下,仰见我皇上训示周详,无微不至!奴才前同成宁等查参阿奇木伯克玉素普,所讯情节,恐有未尽。该小伯克等虽经成宁等奏明,发遣伊犁起解在途,赶紧提到确讯,即行遵旨拿问奏办,诚如圣谕:孜牙墩以回庄阿浑,其职分尚不及伯克,乃辄谋作南八城王子,该逆何以遽萌此念?有倡逆谋,容俟亲提孜牙墩、萨赍等逐一详讯核实具奏,断不敢稍有含混,上负圣明委任。至首先禀报之民高建洛业经成宁等前折奏恳天恩,赏给顶戴、银两;回子伊玛依尔,亦系来城首告之人,俟查传到时询明,再行奏请,量予恩施。所有应行奖励安集延阿奇木并檄知该伯克,令其送出巴克、哈克二人,遵即妥缮檄谕,俟安集延贸易人等之便,带往晓谕。其与知逆谋之布鲁特西拉里一犯,前虽奏明,已据布鲁特比图尔第迈莫特禀称病故,仍须核实查办。惟有钦遵谕旨,逐一确切查明,第次请旨办理。所有钦遵缘由,令先恭折奏闻,伏乞睿鉴训示!谨奏。于嘉庆二十年十月初七日具奏,于本年十月初八日奉到朱批:知道了,钦此。

代成宁等遵旨革职回京折

为成宁、永芹感谢天恩,并遵旨查参缘由,恭折奏请圣鉴事。钦禀谕旨,此案孜牙墩潜蓄逆谋已久,所有十九年二三月以后喀什噶尔之参赞大臣等,均有失察之咎,著松筠查明,一并严参。成宁于事峻后即令自备斧资来京,听候部议。永芹身系宗室,曾充乾清门侍卫,且年力方壮,伊既亲身带兵追贼,并未出卡,藉搜拿为名,在中途驻扎,实属畏葸无能,著即革职,自备斧资回京,毋庸留彼效力等因,钦此。成宁、永芹跪读恩谕,望阙叩头。据称以世仆而于地方抚驭不善,办理无能,致烦圣虑,俱应从重治罪,乃蒙格外恩施,以奴才现已年老,于事后即自备斧资来京,听候部议,实属恩同再造。奴才永芹身系宗室,曾充乾清门侍卫,年力方壮,既带兵追贼,仅在卡伦督办搜捕,自蹈畏葸,实为辜恩,荷蒙圣慈,仅予革职,自备斧资回京,感激愧悚,莫能名言。现在事已完竣,奴才成宁、永芹交待清楚,即行遵旨起程回京,恳乞代奏等情。除永芹业经奉旨革职外,遵查十九年二三月以后喀什噶尔参赞大臣系恩长,帮办大臣系玉(指玉麟)在任,玉业已病故,参赞大臣成宁于本年正月到任。其孜牙墩潜蓄逆谋已久,诚如圣谕,该参赞等均有失察之咎,应请旨将现任员外郎恩长,理藩院侍郎、副都统职衔成宁一并交部严加议处。所有成宁、永芹叩谢天恩,并钦遵谕旨查参缘由,谨缮折具奏请旨,伏乞睿鉴训示!谨奏。于嘉庆二十年十月初七日具奏,于本年十二月初八日奉到朱批:另有旨,钦此。

前留叶尔羌官兵现已撤回并于喀什密里克增设伯克折

奏为前留叶尔羌官兵现已撤回各缘由,恭折奏闻,仰祈圣鉴事。查首逆孜牙墩擒获后,搜捕馀匪,办理殆尽。于奴才接印之先,经成宁等将奏留叶尔羌官兵一百五十名檄饬撤回,兹于十月初八日已由喀什噶尔起程,旋赴叶尔羌。至暂留乌鲁木齐换防满洲官兵,现在边卡安贴,亦饬照例更换起程,旋赴乌鲁木齐防所。除咨明都统高杞、叶尔羌办事大臣玉麟查办外,理合奏闻。再查首逆孜牙墩,原住喀什密里克回庄,与布鲁特游牧相近。该回庄原设六品阿奇木及七品伯克各一员,无足以资弹压,详查情形,应将六品伯克一缺,改为五品阿奇木,另添七品伯克一缺,拣派安实伯克调补,可期弹压。稽查周遍,其近卡伦伪塔克山回庄纳粮回子三十户,即令新设伯克兼管,以专责成,相应奏明,即委五品伯克前往署理。容俟选定妥实相当伯克,再行恭折请旨,补放所有新设伯克应得之缺。查照定例办理,报部核销。伏乞睿鉴训示!谨奏。于嘉庆二十年十月十一日具奏,于本年十二月初九日奉朱批:另有旨,钦此。

遵旨兼署喀什噶尔参赞大臣并报查办情形折

为伏读训谕钦遵缘由,恭折奏请圣鉴事。窃奴才承准军机大臣字寄,嘉庆二十三年初九日奉上谕:据成宁等奏,喀什密里克回匪孜牙墩勾引布鲁特等,焚烧马厂,戕害官兵,贼众不过四五百人。永芹带领满汉官兵及回兵追捕,探闻贼众窜至伊尔古楚卡伦;三等侍卫阿尔胡达率兵拦截,当被戕害,复伤满兵十一名,奔窜出卡。布鲁特比图尔第迈莫特禀知,孜牙墩贼众逃往伪塔克山地方固守,伊愿率本部人众助剿,当即饬令前往。永芹带兵在附近回庄山僻等处搜拿馀匪,并令侍卫、副护军参领永明等带兵进山,与布鲁特回兵协剿。我兵夺占山梁,守备武克琳首先抢登,连杀三贼,肩被箭伤,仍奋勇上前;贼人执刀抢扑,经防御伍通阿在旁抵住,用力将贼砍毙;笔帖式佟善将武克琳救护回营,共杀贼十馀名,活擒贼二名。我兵阵亡满兵一名,汉兵二名,受伤者十馀名。现仍严檄图尔第迈莫特及派去回兵,会同围剿,并饬令布鲁特苏兰齐、阿奇木玉素普等,带兵在阿赉地方截剿,孜牙墩不难即日擒获。现拿到逆匪四十馀名,讯据与孜牙墩同谋之通事回子萨赍供称:孜牙墩于十九年二三月间,即向伊说,想要夺南八城作王子;本年七月初间,又向伊说,业已约定人马,要得了喀什噶尔,再夺叶尔羌、阿克苏等城等语。孜牙墩纠约布鲁特等焚烧马厂,杀伤官兵多名。该逆于十九年二三月间,已有想作南八城王子之语,此非谋逆而何?松筠前奏回众不敢滋事,全属臆断虚词,一派因循疲玩鄙见,果不出朕所料。成宁现已年老,未曾经历戎行,此事专交松筠办理。松筠已由伊犁起程,即迅速驰往喀什噶尔,兼署参赞大臣事务。松筠到彼后,如孜牙墩尚未就获,即一面先檄催图尔第迈莫特上紧进剿,并谕以该布鲁特比闻知孜牙墩谋逆,即率领本部之人出卡追捕,洵属可嘉。若能即将孜牙墩擒获,当奏明大皇帝,特予恩施。如该处兵力不敷,即飞催富永等,速带伊犁精锐官兵五百名,星驰前来令剿,并一面先行出示,晓谕众布鲁特,以谋逆者只有孜牙墩,该布鲁特等安居自守,不肯随从,均属可嘉。孜牙墩现已逃窜,如该逆及从逆伙党,被官兵追急,逃向伊等部落,该布鲁特等即行拿获解送军营,必当奏明,加以恩奖。松筠务督率将士,将孜牙墩等贼众迅速殄除净尽,毋留遗孽。孜牙墩就擒后,即在喀什噶尔严刑审讯,凌迟处死枭示,其随同谋逆者,皆按律斩决,传边圉回众,共知儆畏。若稍存姑息,一味从宽,则是负国厚恩,严谴立降矣。守备武克琳、防御伍通阿杀贼奋勇,俱加恩以应升之缺用,其阵亡及受伤兵丁,照例恤赏。至守卡被戕之侍卫阿尔胡达及被贼杀伤满兵十一名,著松筠查明该官兵等,如果因拦贼众被戕,即奏明照阵亡例赐恤;如贼至先逃,被贼追杀,则毋庸议恤。再此案孜牙墩潜蓄逆谋已久,所有十九年二三月以后,喀什噶尔之参赞大臣等均有失察之咎,著松筠查明,一并严参。成宁于事竣后,即令自备斧资来京,听候部议。永芹身系宗室,曾充乾清门侍卫,且年力方壮,伊即亲身带兵追贼,并未出卡,藉搜拿为名,在中途驻扎,实属畏葸无能,著即革职,自备斧资回京,毋庸留彼效力。松筠统俟查办事竣,再回伊犁可也。将此由六百里谕令知之,钦此钦遵,敬谨跪读。所有奴才臆断虚词,一派因循疲玩鄙见,仰蒙圣明烛然,不加严谴。因成宁年老,谕令奴才松筠兼署参赞大臣事务,奴才望阙叩头,感愧难名!谨将接署日期,成宁、永芹感谢天恩缘由,另折具奏外,查首逆孜牙墩,业经成宁、永芹审明,法无可贷之犯。先后奏明正法者,共计一百一十四名,其内情有可原,分别发遣伊犁者二三十名,恐其尚有漏网馀匪,俟拿获即行奏明惩办。捧读朱谕,若稍存姑息,一味从宽,则是负国厚恩,严谴立降矣,钦此。奴才凛遵办理,断不敢姑息从宽,上负厚恩,自蹈严谴。至成宁前奏折内声叙,助孜牙墩为逆,不过无业布鲁特数名等语,今虽拿获头人二名,现在质讯办理,第恐尚有馀孽,遵即传唤布鲁特比图尔第迈莫特、苏兰齐等,觊切谕以皇上奖励恩谕,督饬设法擒拿务获,送案惩办;并一面檄谕各小部落,布鲁特以谋逆者只有孜牙墩,尔布鲁特等安居自守,不肯随从,已蒙大皇帝恩鉴嘉奖。如有孜牙墩馀匪逃窜,尔等游牧即行拿获,解送前来,为当奏明加以恩赏。至现获馀犯,俟质讯明确,遵旨即将逆贼孜牙墩严刑审讯,凌迟处死枭示,随同谋逆者,皆按律斩决,俾边圉回众,共知儆畏,彰国宪而快人心。其出力文武官弁,业经成宁等奏请鼓励。现奏谕旨守备武克琳、防御伍通阿杀贼奋勇,俱加恩以应升之缺升用等因,当即晓谕,俾知感奋,所有阵亡及受伤兵丁,容俟查明,照例恤赏。至守卡被戕之侍卫阿尔胡达、被贼杀伤之满兵十一名,容俟确切查明,果系拦截贼众被戕,即奏请照阵亡例赐恤;如贼至先逃,被贼追杀,亦即奏明无庸议恤。奴才惟有钦遵谕旨,统俟查办事竣,于新任参赞大臣接任,同住数旬,诸事妥办后,再回伊犁本任。所有钦遵缘由,合先恭折奏闻。伏乞睿鉴训示!谨奏。于嘉庆二十年十月初七日具奏,于本年十二月初八日奉到朱批:严查从逆馀犯,勿令漏网,钦此。

派员密访有无谋逆匪犯片

再查附合孜牙墩滋事之穷布鲁特,人数无几,虽经该比图尔第迈莫特等拿获厄尔奇伯克、柱玛二犯解送前来,奴才恐其尚有馀孽,随面饬该比等严行查拿,仍一面派委妥员密加查访。如有缉获并续获从逆匪犯,一并严当奏明办理,以靖边圉。合并附片奏闻,伏乞睿鉴!谨奏。

审明孜牙墩叛逆是真谋作八城王子虚诬折

奏为遵旨审明孜牙墩叛逆是真,其谋作八城王子供词,系因通事萨赉诬捏,逐尔供吐,并查巴克哈克缘由,恭折奏请圣鉴事。窃奴才钦奉谕旨:孜牙墩以回庄阿浑,其职分尚不及伯克,乃辄谋作南八城王子,该逆何以遽萌此念?首倡逆谋,著松筠严切究诘,务令尔供吐,毋稍含混等因,钦此。奴才遵查,成宁等初奏,通事萨赉供有孜牙墩谋作南八城王子之语,因即先提通事萨赉,反复研讯。据供孜牙墩造反是真,我因英洛萨赉与孜牙墩同谋,前已供明。至说孜牙墩谋作南八城王子的话,并我挟忿诬供。起初孜牙墩谋逆,与阿奇木玉素普闹事,英洛萨赉曾向孜牙墩说可作喀什噶尔头人,我想头人即是王子,又因他不得搬取妻室,藉口造反,累我受罪,并以供他要作八城王子。所有前供孜牙墩夺了喀什噶尔,再夺叶尔羌、阿克苏各城的话,都是我恨他混供的,实在该死等供。当提孜牙墩讯其谋作八城王子一节,据供,初拿到城,大人老爷们以通事萨赉口供质讯,我想业已杀害官兵,身犯重罪,如不招认谋作八城王子,必致受刑,随即照依萨赉供词招认。我本庄的人同约会的人,只有数百馀名,岂能作八城王子?本因上年三月聘娶次房妻室,阿奇木伯克玉素普以喀什和卓之女不准搬赴本庄,我即怀忿后,又求他两次不准,实在羞愧。英洛萨赉曾说,会人强搬不得,便抢喀什噶尔,可作头人。彼时我原应承,因此糊涂与阿奇木玉素普闹事,檄约回子布鲁特造反等供。查拿获孜牙墩时,成宁等审讯该逆,曾供不得搬取妻室,向玉素普闹事起衅。成宁等以其所供事属微细,原奏供内虽未叙入,后于奴才到来,正值成宁等查讯起衅根由,当同奴才严行驳诘。孜牙墩质讯玉素普核参该阿奇木,已于九月十七日拜折,奏蒙圣鉴。该逆以噶勒察强悍匪种,平素养赡穷小回子,居心本属不善,乃藉不得搬取妻室,胆敢谋逆,戕害官兵,实属可恨。又讯孜牙墩通事萨赉供:汝前差巴克、哈克赴安集延约会人马,安集延阿奇木不随,巴克、哈克二人还在那里,西拉里回来，先差人报知一节。据孜牙墩供称，实无约会人马之事，惟有布鲁特西尔哈则依赴喀尔提锦布鲁特巴杂尔处贸易回来，带有巴杂尔所给布包皮带，求我念经。西尔哈则依回去，我只交付茶叶一包回给巴杂尔。彼时有穷回子巴克、哈克二人跟去躲帐未回，亦无西拉里其人，求问通事萨赍及我家人努赖里便知真假等供。当复提讯通事萨赍，据供孜牙墩向安集延约会人马的话，原是我诬赖。从前孜牙墩家人努赖里原向我闲话，说及孜牙墩认识的布鲁特，名叫西尔哈则依，常赴喀尔提锦爱曼布鲁特地方贸易，与安集延地方相近。该处有布鲁特名叫巴杂尔，听见孜牙墩会念经，曾交西尔哈则依粗布袍一件，香牛带一条，带来给孜牙墩，替他念经。孜牙墩收受念经后，回给巴杂尔茶叶一包，交西尔哈则依带去。彼时有在孜牙墩家住的英吉沙尔两个穷回子，巴克、哈克因穷躲帐，跟随西尔哈则依去的话，我听在心。我被拿获送到城来审问取供时，再四严诘，我无的说，就诬赖孜牙墩曾差布鲁特西尔哈则依并英吉沙尔回子巴克、哈克二人赴安集延地方，约会人马。安集延阿奇木不随，巴克、哈克还在那里，实在是无其事。西尔哈则依名字，我错说为西拉里。是实随讯孜牙墩家人努赖里，供亦相符。通事萨赍馀供与成宁等原审供词相同。奴才复讯孜牙墩：汝自已作凌迟重罪，即果有向安集延约会人马的事，罪无所加，况安集延也并未从汝，何不据实供吐？严加究诘，坚供实无其事，馀供俱与成宁等原审供词相同。查喀什噶尔距安集延路程远至二十馀日，所供并无约会人马。讯之通事萨赍，已认诬赖，自未便檄询安集延。奴才一面查有喀尔提锦布鲁特地方贸易回子之便，令阿奇木伯克伊萨克寄信查问巴杂尔，并令阿奇木选派妥实回子赴巴杂尔处贸易，访问前贸易之布鲁特西尔哈则依及巴克、哈克二人是否在彼，究竟有无约会人马之事。如查有巴克、哈克，俟其带回审明，再行具奏。逆首孜牙墩通事萨赍、英洛萨赍俱系罪大恶极之犯，昨奉谕旨：孜牙墩著严刑审讯，凌迟处死枭示，随同谋逆者皆按律斩决等因，计成宁等擒获孜牙墩请旨办理，奏折旬日即可奉到批回训示。遵即严刑正法办理。至拿获通事萨赍讯供时，承审章京等严切究讯，原为除恶务尽。彼时成宁、永芹督办一切，仓猝未能研究，蒙圣明指示，孜牙墩以回庄阿浑，其职分尚不及伯克，何以遽萌谋作八城王子之念？奴才钦遵，当同成宁等覆讯孜牙墩、萨赍各供，始知前讯供词，实有未尽。奴才松筠与成宁、永芹曷胜惶恐。成宁等前奏发遣起解在途之回庄各小伯克，容俟提到，并玉素普讯明原委，即行奏办。所有审明孜牙墩叛逆是真，谋作八城王子虚诬各缘由,谨缮折据实奏闻,伏乞睿鉴训示!谨奏。于嘉庆二十年十月十七日具奏,于本年十二月初九日奉到朱批:览,钦此。

遵旨升赏剿匪出力人员折

为钦奉上谕事。窃奴才承准军机大臣字寄,嘉庆二十年九月十七日奉谕旨:成宁等奏,首逆孜牙墩就擒一折,塔什密克里逆回孜牙墩勾引布鲁特滋事,前经降旨令松筠于驰抵喀什噶尔后,即兼署参赞大臣,在彼督办。今成宁等未待各处调兵,已先督饬满汉官兵及回兵布鲁特等分路剿击,将孜牙墩擒获,被扰回庄照常安业,所办尚好。首先抢进被贼放枪打倒之布鲁特一人,著松筠查明,如经枪毙,即照阵亡例议恤;若未经身故,著加恩赏给金顶。其金顶回子迈哈索特、金顶通事推列克擒获首逆孜牙墩,著超等赏给五品顶戴花翎;如察看才具能胜任伯克之职,即著保奏补放五品伯克。其六品伯克斯底克拿获抗拒贼匪及孜牙墩家口多名,著即升授五品伯克,先换顶戴并赏戴花翎,遇缺即补。其馀在事出力人员,俟查明保奏,再行施恩。发去大荷包五对,小荷包十个,搬指套四个,帽纬四匣,玉搬指二个,堪达罕搬指二个,玻璃翎管五个,磁翎管五个,著交松筠分赏满汉官兵及回兵、布鲁特等,以示奖励。首逆孜牙墩与同谋之萨赍、英洛萨赍俱毋庸解京,审明后即在该处尽法处治,凌迟枭示,传集回子、布鲁特等一同看视,以昭炯戒。孜牙墩二子及外甥三人,即上紧拿获正法,无令漏网等因,钦此,遵行。查孜牙墩被擒后,其二子及外甥三人俱已拿获,诚如圣谕,成宁等所办尚好。除永芹出卡剿贼情形,遵旨现已查明,另折具奏外,查首先抢进、被贼打倒之布鲁特名喀拉底,被枪打倒,即时毙命。当剿贼作气之际,永芹曾即赏银三十两慰其家属,应遵恩谕,照阵亡例咨部议恤。其擒获首逆孜牙墩之金顶回子迈哈索特、金顶通事推列克当即传到,谕以大皇帝施恩,超等赏给五品顶戴并赏戴花翎。该回子二人换戴花翎,伏地向东叩谢天恩,同深欢感!容俟试看,果胜伯克之任,即行保奏补放。至六品伯克斯底克甫由伪塔克山撤回,随即谕以因其拿获抗拒贼匪及孜牙墩家口多名,特奉恩旨,著即升授五品伯克,先换顶戴,并赏戴花翎,遇缺即补。斯底克换戴顶翎,叩谢鸿慈,尤深欣感!俟有五品伯克缺出,即行奏补,以示鼓励。所有在事出力人员前经成宁等开单保奏,恭候奉到谕旨,钦遵晓谕,用示奖劝。续有拿贼出力者,另行查明奏请鼓励。蒙恩颁赏大小荷包、搬指套、帽纬、搬指、各色翎管。奴才询诸成宁、永芹传集打仗出力之防御伍通阿，受伤之守备武克琳，协剿出力之二品顶翎布鲁特比图尔第迈莫特，三品顶翎布鲁特比苏兰齐，谕以大皇帝殊施，各赏大小荷包，并出力满汉官兵及打仗拿贼出力之回子布鲁特，逐一赏帽纬、搬指等件，有顶翎者赏给翎管，俾知格外隆施，益加感奋。新任帮办大臣贡楚克扎布数日内到来，即会同严刑孜牙墩尽法处治，并通事萨赍、英洛萨赍，俱各凌迟枭示。该逆幼子巴布顶年未及岁，业经成宁等俱奏照例归入缘坐，解部办理。其孜牙墩长子早已病故，所有拿获其次子玛木特及其外甥爱里牙尔，遵旨正法，容俟办竣，即行奏闻。前奉谕旨，回子伊玛依尔来城首告，著松筠覆查确实，奏明重予恩施等因。现已传到伊玛依尔查询，据称孜牙墩是我妻兄，我家住英吉沙尔所属回庄，距孜牙墩回庄百有馀里，因塔什密里克地方有我所种田亩，八月初间前赴该庄收粮；孜牙墩留我帮同闹事，我好言劝阻不听，于初三日夜间承马来城报知阿奇木属实等语。询之阿奇木玉素普，禀同前情。查伊玛依尔与孜牙墩系属姻亲，而不肯从逆，随即来城禀报，实堪嘉尚。察其人醇正，可胜伯克之任，应如何鼓励之处，出自天恩。所有遵旨确查缘由，谨据实覆奏，伏乞睿鉴训示！谨奏。于嘉庆二十年十月十七日具奏，于本年十二月十九日奉到朱批：另有旨，钦此。

遵旨查明喀什噶尔参赞大臣永芹督兵剿贼情形折

奏为遵旨查明永芹督兵剿贼情形，据实恭折奏请圣鉴事。窃奴才领奉谕旨：卡外小布鲁特部落并无助逆情事，毋庸株连，致生疑惧。至永芹前奏在卡内搜捕，并未亲身带兵追贼，情涉畏葸，并以降旨革职。今阅折内有永芹派员将贼犯解交成宁之语，又似永芹已至伪塔克山地方。著松筠查明，如永芹并未出卡督兵剿贼，即照前旨革职，倘捕贼出力，其咎止于失察，著据实参奏，与成宁一并交部严加议处，各令自备斧资来京，听候部议等因，钦此。奴才遵即详细确查，竟系成宁等佺偬之际，原奏折内声叙不明，情涉畏葸，是以奉旨将永芹革职。查八月初三夜间，永芹一闻孜牙墩谋逆，随商之成宁，于初四日辰刻亲赴教场，传集官兵，指示城守事宜。是晚驻扎教场齐集官兵之际，该逆孜牙墩闻信撤回本庄。初五日早永芹督兵进剿，该逆带领家属逃出卡外。永芹一面督兵剿击，一面搜捕要犯。先将与孜牙墩同谋之英洛萨赍并馀犯数十名擒获，解送来城；一面出卡在伪塔克山口连日督兵进剿，能使内外布鲁特畏怀无贰，协力擒渠，不致逆首远飑。旋将该逆三子之甥及家属全行擒获,随处安抚,搜拿馀孽,立时惩办。共在外二十馀日,远至英吉沙尔各处,安抚咸宜,俾回众照常安业各情形,办理实为迅速。彼时成宁札属,伪塔克山险,未可轻进,永芹仍竭力进剿,不旬日即能办理完竣。仰蒙圣明阅其折内有永芹派员,将贼犯解交成宁之语,即奉恩旨查询。永芹感激涕零,据称仰仗皇上天威,逆匪虽已办竣,该逆孜牙墩系于上年三月即已造意谋逆,失察之咎,实所难辞等语。据此遵旨,应将永芹与成宁一并交部严加议处,各令自备斧资回京,听候部议。永芹幸蒙恩谕饬查,前此奴才并未查明具奏,殊属惶愧!其卡外小布鲁特部落查无助逆情事,奴才钦遵谕旨,遍行晓谕,毋稍株连,免生疑惧。所有钦遵确查据实参办缘由,谨缮折具奏,伏乞睿鉴训示!谨奏。于嘉庆二十年十月十七日具奏,于本年十二月十九日奉到朱批:另有旨,钦此。

阵亡人员请恤片

再,查明阵亡闲散布鲁特喀拉底一名,遵旨咨部议恤外,现复查出跟随官兵打仗阵亡之绿营馀丁李培明系换防千总李生林堂弟,应请一并咨部议恤。尚有受伤闲散布鲁特三名,受伤闲散回子四名,并随同打仗受伤之民人遣犯两名,业经成宁等分别量予奖赏,似可无庸咨部议恤。合并奏闻,伏乞皇上睿鉴训示!谨奏。

查明守卡侍卫官兵被戕情形请恤折

为遵旨确查守卡侍卫官兵被戕情形,应请恤,仰祈圣鉴事。钦奉谕旨:守卡被戕之侍卫阿尔胡达及被贼杀伤之满兵十一名,著松筠查明,该官兵等如果因拦截贼众被戕,即奏明照阵亡例赐恤;如贼至先逃,被贼追杀,则毋庸议恤,受伤兵丁照例恤赏等因。遵查喀什噶尔之伊尔古楚卡伦,距逆犯孜牙墩之塔什密里克回庄约有数十里。该卡伦有土筑小堡一座,门有木栅,三等侍卫阿尔胡达带满兵二十名住守卡伦其内,除赴城领粮马甲海凌、扎清阿外,卡伦尚有前锋马甲十八名。八月初四日黎明,突有贼匪砍开栅门,马甲叶布清额声言有贼,该侍卫闻声即取弓箭,喊令官兵擒拿。群呼抵关时,阿尔胡达射杀贼匪一名,贼稍退散,阿尔胡达右膀已受枪伤。该侍卫之家人二名,俱已受伤昏晕。官兵内未受伤者仅有马甲达星阿。当经该侍卫阿尔胡达一面派令赴城报信,一面查点官兵。前锋达崇阿并马甲四名,业已被戕身死。其馀受伤马甲内,有伤轻马甲银格复令赴城请兵。以上情形,马甲银格同赴城报信之马甲达星阿所禀甚晰。是时阿尔胡达身旁仅有当差回子名叫木萨，复见贼匪数十扑来，木萨劝令该侍卫阿尔胡达快走躲避。阿尔胡达右膀虽受枪伤，左手执持腰刀，声言我无躲避之理，喝令木萨快赴别卡报信，不然我死无人得知，催令木萨越墙而去。阿尔胡达被戕后，经参赞成宁等差笔帖式霍隆武查验，见阿尔胡达尸身仰卧栅门内，内面有矛伤，鼻口接连胸膛刀伤甚重，肚腹两腿仰面俱有矛伤；复经帮办大臣永芹亲往查验情形，阿尔胡达实系与贼拼命，被戕身死，应遵谕将三等侍卫阿尔胡达照阵亡例咨部议恤。彼时被贼戕害前锋一名，马甲十名，其馀受伤马甲六名内，四名现已因伤身故；并跟随防御伍通阿在伪塔克山打仗之前锋二名，绿营兵二名，实系御贼阵亡；及英吉沙尔卡伦巡查开齐①被害之马甲二名，应请一并咨部，俱照阵亡例议恤。此外马厂经牧绿营经制外委王彦林，马兵二名，步兵三名，俱因贼匪突来抢马，猝被戕害，并受伤满营马甲、绿营兵丁，容俟造册咨部，分别议恤。奴才询之阿尔胡达家人，据称，该员系由健锐营卓异引见，补放侍卫。今查该侍卫身受多伤，被戕最惨，俟将孜牙墩严刑尽法处治凌迟，剖心为阿尔胡达祭灵，用慰忠魂而昭炯戒。所有遵查缘由，理合恭折奏闻，伏乞睿鉴！再阿尔胡达家人二名，现在养伤，俟其痊愈，照例妥办，即令扶柩起程，合并陈明，谨奏。于嘉庆二十年十月十七日具奏，于本年十二月奉到朱批：另有旨，钦此。

成宁永芹已交卸回京片

再，成宁、永芹已交代清楚，于十月二十九日、十一月初四等日俱各遵旨，自备斧资，先后起程回京，听候部议，合并附片奏闻。谨奏。

与贡楚克扎布会奏查明孜牙墩同谋者比图尔第迈莫特治罪折

为查明初与孜牙墩同谋之布鲁特比图尔第迈莫特确讯原委，定拟酌办各缘由，恭折圣鉴事。前奉朱谕：若稍存姑息，一味宽纵，则是负国厚恩，严谴立降矣，钦此。奴才松筠不啻面命钦承，曷胜感凛。盖诛逆必应穷其根株，所以惩凶顽而靖边圉也。天语煌煌，奴才不敢稍存姑息，有负委任。查成宁等办理此案，诸费苦心。而永芹带兵追剿逆匪之

---

① 两个卡伦之间巡查的路线叫开齐。

际,稔知布鲁特比图尔第迈莫特反侧无定,未擒获首逆之先,饬令该比率众协同官兵进剿,而该比之人,竟不同行,任意遥路,以致满汉官兵间有伤亡。其卡伦被戕官兵器械、帐房,并孜牙墩全家衣物,尽被比之人抢去。擒渠后,查问该比图尔第迈莫特应承查拿,并以成宁等羁縻差委,指名保奏,暂为权宜,正在设法密查究办。适奴才松筠奉旨兼署参赞,接印后,成宁、永芹俱曾备述该比诡诈情形。迄今该比止由卡外拿获布鲁特柱玛一犯,而又遣人赴卡伦外之图尔厄依格尔部落,拿解无干布鲁特胡尔班伯克,以为塞责,竟致该部落众布鲁特惊散远徙,所有抢去前项器械、衣物、帐房之布鲁特一名无获,并应严密确审,以成信谳。时值奉到恩颁赏赐荷包、搬指等件,当即一面传集布鲁特比图尔第迈莫特并伊亲戚,六品顶翎阿布尔喀及三品顶翎比苏兰齐等前来只领;一面密谕阿奇木伊萨克设法询其实情,经伊萨克设席邀请该比等叙言世好。图尔第迈莫特随已吐露,以与孜牙墩有同谋情事,当经阿奇木伊萨克将该比严行看守,即同布鲁特比苏兰齐、阿布尔喀前来禀知前情。适奴才贡楚克扎布业已到任,奴才松筠会同派委主事绥善、章京多隆武、额勒洪阿并阿奇木伯克伊萨克诘讯孜牙墩。据供该比图尔第迈莫特原于上年八月间伊抱经发誓,有事互相帮助等情。奴才当将图尔第迈莫特摘去顶翎锁拿,与孜牙墩、英洛萨赍等质讯。经孜牙墩指证声言:我本人数无多,若非系抱经说誓,许以帮人,我如何便感闹事?图尔第迈莫特无可置辩,并未动刑,俟已供吐实情:缘布鲁特比图尔第迈莫特向在卡伦以内游牧,索与阿浑孜牙墩相好。该比于上年八月间带领所属布鲁特以放鹰为名,差人约会孜牙墩赴察奇尔特勒克地方见面,结为兄弟,抱经说誓,言定彼此有事,互相帮助。孜牙墩说阿奇木玉素普不准搬取新娶妻室,想要闹事。于初三日夜间,有民人高建洛在孜牙墩庄内风闻,布鲁特同孜牙墩赴城闹事,该民人因与该比图尔第迈莫特认识,随赴该比住所询问,比支吾不过,向说闻得孜牙墩意欲闹事。高建洛当令该比具报,未久,因令该民人向行赴城禀报。高建洛连夜来城,报知本管都司台明阿转禀。经成宁、永芹派笔帖式霍隆武以花翎、荷包前去奖赏图尔第迈莫特,时比虽已带人乘马执械,欲帮孜牙墩,走去数里,既见霍隆武,知事已泄,随即旋回住所领赏。据言,恐孜牙墩来抢游牧,因此预备。霍隆武即时旋回。幸成宁等差人奖赏,该比知事已泄,复同永芹带兵前来追剿,未敢帮助孜牙墩。延至初六日,始带兵十人前赴军营,既见永芹禀请随营效力。永芹知其诡诈,当未擒获孜牙墩之际,羁縻差委其内,惟六品顶翎布鲁特阿布尔喀及伊里斯等随营出力。所有戕害卡伦官兵,抢劫官厂马匹,尽系图尔第迈莫特约会布鲁特爱勒奇伯克并柱玛,带同孜牙墩同谋所为者,核其诡诈情罪,实与孜牙墩同谋。奴才等当堂覆讯该犯,图尔第迈莫特惟有碰头认罪,实属可恶,谨将讯取该犯供词,附折呈览外。当是时,若非成宁等差人前往奖赏,永芹时即带兵进剿,几致该犯协助孜牙墩互为狼狈。现经该犯供吐实情,应即从重治罪,以惩凶顽,而靖边圉。查律载:凡谋叛但共谋者,不分主从皆斩;若谋而未行,为首者绞各等语。该犯图尔第迈莫特既与孜牙墩结拜以帮助,及约定日期,先令布鲁特爱勒奇伯克同逆首孜牙墩之人,戕害卡伦满营官兵,预为逃避入出之路;令布鲁特柱玛同逆首之人赴官厂抢马,戕害绿营弁兵;虽其知事已泄,转意赴营效力,若仅照谋而未行者问绞,实属不足蔽辜。图尔第迈莫特一犯,应请照谋叛,但共谋者不分首从,皆依律斩决枭示,以昭炯戒。是否允协,理合请旨遵行。逆首孜牙墩及英洛萨赉等尚须暂留待质,其逆子玛木特、其甥爱里牙尔、其听从滋事之回子阿布都克里木等三名于十月二十七日先行斩枭示众。其成宁等移交各犯,容俟续获之犯及抢去官兵器械等项,逐一质讯,正法办理,再行具奏。查卡伦以内游牧布鲁特,于乾隆二十四年经前参赞舒赫德等奏闻,住牧者仅二百馀户。迨至乾隆三十二年,经前参赞明亮等查明,约有三百馀户布鲁特住牧卡伦以内,严禁不准卡外之布鲁特私入游牧,办理在案。今查,卡伦以内住牧布鲁特约有五百馀户,因生齿日繁所致,恐卡外之布鲁特私行潜入游牧,亦未可定。此项布鲁特向不交纳钱粮,其内如有情愿搬出卡外游牧者,听其便。总之,卡伦外之布鲁特不准私入卡内游牧,方为妥善。容俟缓为查明,酌定章程,奏闻立案,以杜滋弊。所有锁拿图尔第迈莫特确讯、定拟酌办各缘由,谨缮折请旨,伏乞睿鉴训示!谨奏。于嘉庆二十年十月二十八日具奏,于本年十二月二十九日奉到朱批:览。

《绥服纪略》

圣朝广峻德,安安治无为。万邦久协和,要服俄罗斯。曩时阻声教,缘隔内外旗。伊昔平罗义,何曾费偏师?传檄使霍兰,片纸定荒夷。绥服习国书,北海划疆陲。萨布基鄂博,酌规以平治。市开恰克图,经理设专司。商民频获利,中外示同规。夷性贵大黄,济众最为奇。时我衔恩命,奉敕诚偏私。闭关禁私贩,勿使吾民疲。释惑思无措,知过悔难追。遣徒悠然逝,遗案生旁支。檄饬严网罗,应捕获参差。缚献以行强,敕法伏节麾。心急烦睿虑,悔过戒差池。风谣起无端,交易为稍羁。庙谟诚神武,檄询意何居?夷酋咸恐怖,频来具婉词。宇小沛恩膏,绥远授机宜。檄至群夷舞,闻命驶车驰。旧章垂常制,新载释无遗。顶感申葵向,陈情指额眉。畏天克遵礼,宥过宜抚绥。款宴推诚信,减从示无疑。迎车脱帽袭,屏像设觞卮。殷勤奉馔食,起敬舞彩嬉。既奉恩纶日,重开孟夏时。遐迩同一视,内外两无欺。训商如训农,诚格风教维。中孚行行化,噬嗑处处颐。安边宜自治,时凛训缉熙。忆昔驻库伦,游牧地无垠。汗山巍矣高,背带图拉津。镇两爱玛克,抚一哲布尊。四部咸钦奉,初心诚抱真。有诉盗马牛,无告规林亲。睦姻且任恤,省刑兼赈贫。瀚海乏甘澍,台吉任抚存。既克施恻隐,遂奉雨露恩。是为真实鉴,谁轻蒙古臣。遍访岩疆势,小知扼塞频。其布哩雅特,哈哩雅特邻。东哈木尼罕,连奈玛尔人。身为罗义后,心同蒙古淳。羁縻蕴精奥,荒服胜来宾。钦哉训昭明,巍乎绥夷民。矧迺已世服,同荷化育仁。夷俗类西洋,渠魁曷红妆。询诸英吉利,悉其有端详。铜城妄传述,巢穴水中央。厥地稀人烟,厥土少圃场。通津济里克,辉迈拉呼疆。乌里雅苏台,科布多城防。恩光被四表,遐藩归圣皇。土尔扈时来,都尔伯特倡。赈乏授牧地,锡爵封汗王。贪饕诡辞支,殷勤巧计藏。防微示诚信,怀徕度有方。苏对塔什罕,构衅互竞强。诚格谕以义,羁縻语含香。霍罕布鲁特,一如善衡量。没后承爵赐,空前勋业扬。昔本荒游牧,今为鱼米乡。驻防真保障,生齿日炽昌。粮饷有定制,得不教农桑。人言土地广,费用或浩穰。讹言四百万,拨解道相望。殊不稽原委,况由节省偿。绿旗改携眷,随饷省军装。抽分伐木税,印契征厘房。闰年有加调,待筹盈仓箱。既经耆定后,永永洗櫜枪。省帑更无算,安辑半甘凉。西域乐升平,万载赖乾纲。凸鼻诚向化,西海贡输将。效顺臣服请,重译献騋良。钦差重职守,经营莫敢遑。屯田无废壤,仓储有馀粮。叛兵萌故智,狼子野心常。梗化弗翦除,瞬息必滋殃。当断岂容乱,姑息海弥飏。檄传所辖者,一洗灭猖狂。办理机用密,事竣达天阊。不及先请旨,保全重遐荒。圣明曲加宥,特命调参襄。旋复补陕督,感戴宜自养。此事得绥戢,实赖圣德彰。幸荷神庥庇,灵显默佑攘。伯克玉努斯,妄播谎言张。霍罕本恭顺,私交致披猖。夷使切晓谕,传见凛当堂。免税咸知感,巫蛊法所创。噶勒察遗种,卡伦官兵戕。参赞议善后,筹画重

193

保障。承旨再行役,圣化布垂裳。间考山川脉,招通叶尔羌。阳布荷再造,乌斯享平康。左通哲孟雄,右达落敏汤。吐蕃即琼海,鱼通乃泸江。教兮神道设,治兮循旧章。汉唐迄于明,边计何足臧?皇清大一统,圣德并尧光。

《秋阅吟》

总辔谨前之,登山俯仰窥。岩峰秋气老,江水泛流迟。行见诸蛮富,因知赖圣慈。遐方宜信敬,勉力副隆施。(《业党》)

曲水既褚湑,汉音非蛮语。关隘依岩道,江岸环幽围。形似阵长蛇,是谓百夫御。岂独地势佳,随在多粮糈。且喜近前招,程仅两日许。欲久乐升平,治以同胞与。惟期善时保,万载堪安处。(《曲水》)

巴谷羊肠路,灵山左右泉。深陂沿麓作,引溉陌阡田。转上岖湾径,旁临不测渊。水平程自稳,秋暖马争先。麦熟蛮乡庆,欣看大有年。(《巴则》)

白地海边秋,汪洋沿往复。龙渊虽广大,造物包荒独。学量宜知天,养心可获福。徘徊总路纡,即景堪娱目。(《白地》)

层巅朗噶孜,高耸佛头青。官寨惟僧主,番民好听经。时和人乐业,岁稔稻连町。暂宿安行账,晨征尚带星。(《朗噶孜》)

纳锦岗桑麓,济科嘉布山。相传通衢护,咸祷菩萨蛮。秋暖山犹翠,时和花尚鲜。我行经两度,逊此乐丰年。(《春堆》)

秋阅江孜汛,蛮戎演战图。炮声发震旦,鼓气跃争驱。锐技惟蟊进,雄师在令呼。百年虽不用,一日未应无。训练能循制,屏藩足镇隅。赏颁嘉壮健,感激饮醍醐。(《江孜》)

白郎山村阔,耕田四野饶。壶浆长路献,鞞乐土音调。恭顺因王化,熏陶赖圣朝。于时保赤子,无虑山水遥。(《白郎》)

遐方祝嘏礼尧天,咫尺慈颜御座前。乐奏须弥极乐世,山呼圣寿大千年。化成久道恩施远,九有边荒感激虔。更喜群僧无量赞,班禅近侍读经专。(《后藏》)

较阅须弥万里天,汉番军将勇无前。能枪能箭兼他技,挥令挥旗胜往年。梵宇观兵仪尚简,蛮戎习艺志尤虔。操防重地需能事,移调都司责任专。(《中秋日阅兵用前韵》)

智慧生成缘性天,现身此辈可光前。幼龄说法莲花座,奕世传经仙

鹿年。衍教屏藩遐域固,安生普渡用心虔。信知释道能行远,神妙圆通本静专。(《班禅》)

古寺那尔汤,金磬久珍藏。长圆式如瓮,摩挲声若簧。右旋声则阴,左转声则阳。乌斯咸心信,岂非一慈航?问俗知丰歉,免输数户粮。年丰何可忽,民天何可忘。精勤以自勉,惕厉以省方。(《岗坚喇嘛寺》)

两度林公运米桥,因知广济令音昭。为名通惠铭劳绩,且饬年年慎递遥。(《花寨子》)

庙侧有岩岗,直驿下临江。固是三关一,因置千载防。工作无多费,利益保封疆。寨卡互维持,制律用知方。(《彭错岭》)

昨宿山旁近水旁,涛声不息送秋光。插天峭壁连星月,傍寺森林斗绿黄。清晓溯流登翠麓,午前缓辔至嘉汤。烹羊煮粥呼群从,衲褐征衫满座香。(《嘉汤》)

晓越日东巴,保障岂浮夸。前登科布拉,天险实堪嗟。通衢重扼要,形势胜萨迦。行观拉孜地,丰岁验秋华。男妇迎歌舞,虔诚意可嘉。边民共乐利,逃亡尽还家。壹是皇恩溥,衔感更无涯。(《拉孜》)

层岭无障迥非前,淡荡微风晴日妍。拉布卧雪天咫尺,炙羊温饱各陶然。(《甲错山》)

清晓越层峨,波绒顷九河。日中步缓缓,迤暮问罗罗。昔苦今何若,咸称已脱苛。田禾微有歉,量减感慈多。(《罗罗塘》)

协噶近荒边,乌拉踊跃先。俗僧兼应役,何惜费千圆。(《协噶尔》)

策马过岩峡,前之果琼拉。更渡琫褚河,平旷至密玛。(《密玛塘》)

太平操远镇,缓带勤兵韬。心略临机应,阵行随势挠。连环本健锐,九子准鸣鏊。野战突前胜,婴城逸待劳。仰攻气用作,俯压步宜牢。鼓进金声止,扎营地择高。劫人防劫己,崇令在崇号。仁智定师律,勇岩公贬褒。出奇自堂正,主诡类皮毛。矢慎私淑古,惟精克秉旄。圣明申教诫,军制重甄陶。勿久稍生懈,钦承巡一遭。庙谟扩神武,士气群雄豪。闾阎千载靖,长兹赓旅獒。(《定日阅操》)

离龟卧西方,金融质益强。城起先天势,廨建祖乾阳。番帅宜居巽,蛮卒用坤藏。昂然克靖远,保障万年康。(《定汛山城》)

沿山出汛隘,初阅未经由。小憩嘉溥地,前程路转悠。微霜秋草润,晴日晚风柔。悬足群羊听,应知无猎谋。(《莽噶布蓰》)

路近山风烈,天晴亦不妨。谁知零落地,珠墨弟兄伤。遗址蛮村冷,空场田亩荒。皇威镇遐域,诛暴慰循良。庙算垂良策,钵衣传教黄。

爵收销逆虿,势弱永安康。(《莽噶布堆》)

闻昔廓尔喀,长驱经此山。大兵临协噶,小丑乞和还。惜未塞归路,网疏逸野豻。巡边知扼要,特笔未容删。(《过洋阿拉山》)

暮及叠古庐,回忆经巴都。迤南聂拉木,旋转住浮屠。向宿伯孜地,遥连见坦途。既书前所历,又叙却敌图。(《叠古庐》)

碱淖青如碧,一望琉璃明。红香布微悃,哈达代皇呈。复来宿旧野,汐湍听新声。呼吸天地率,无涸亦无盈。(《拉错海子》)

两越巩塘拉,重来宗喀地。田禾灾被等,征半抒民累。(《宗喀》)

衮达隶宗喀,经行灵瓦昌。两山千仞并,边地好岩疆。(《衮达》)

越卡豁双眸,青山去路悠。长松秋不老,雪岭洁无俦。中有招提户,天然壁垒修。方舆须目睹,经远赞皇猷。(《邦馨》)

巡阅来边境,遐藩忱悃将。欻酬橄逊睦,要服守成章。壹是皇恩致,无须显寸长。忻兹秋省敛,获见有馀粮。时使民何怨,即旋役免忙。嘉禾正晚熟,岂可误登场?(《济咙》)

济咙达阳布,缓程十日赴。藩使急趋来,因知疆外路。(《阳布站程》)

回忆前番普济贫,极边休养太平民。时曾谆饬除私敛,今已咸遵俗化淳。(《即事》)

荒番遮道诉,粮赋累为深。昔户今摊派,有田无力耘。可怜兵火后,复值暴尪频。稽实减征纳,慈悲达赖仁。(《还宿邦馨》)

落敏小番氓,使来衮达迎。遐柔感圣化,蕞尔输愚诚。重障足资卫,羁縻不可轻。况是木珠戚,劝义慰殷情。(《还宿衮达》)

琼噶岩岩势,山巅梵寺空。敬供关圣帝,威远镇西戎。(《还宿宗喀次日供奉帝君圣像于琼噶尔寺》)

岭头风净雪凝尘,晓日晴光岩道新。也是喇嘛虔祀好,征人处处稳行巡。(《霍尔岭》)

淖岸虔申礼,宗邻暂小憩。复登拉萨尔,再至藏江际。(《恰木果》)

沿江观水静,缓辔觉心清。心水若浑一,天君可泰亨。(《列克隆》)

渡过冈噶津,转上鹫峰路。乐水知者心,乐山仁者度。身乃天地塞,性乃天地赋。巡阅布皇仁,殊恩千载遇。(《达克孜》)

忘却前游山不知,忽高忽险路参差。幸逢竟日无风雪,大岭迤逦步坦夷。(《汤谷》)

骑从勤劳合款酬,野宴不必有珍馐。肥羊香米调羹馔,行帐从容诗兴遒。(《汤谷》)

问俗经游牧,蛮生赖草肥。前苛除未尽,今议养无依。纾力能余力,防微谨细微。安民斯保障,蠲赋仅几希。(《桑萨》)

游牧人安恬,鞭牛运池盐。班禅尝怀抚,赋税不曾添。(《扎布桑堆》)

海子无波浪,鱼儿自坦夷。晶光照佛地,手印传慈悲。俗尚不应鄙,情推可易治。山川随在祀,风雪未尝危。(《阿木岭》)

间讯天池际,惩奸慰善良。巡方为省敛,差役减从纲。(《僧格隆》)

涤垢因汤沐,洁身犹濯心。心清好治狱,鞠断惩贪侵。(《察布汤泉》)

五百馀年庙,宗传大西天。甲错原有路,春堆玛布连。(《萨迦庙》)

新碉已落成,威重昭清平。怀保利施德,操防宜力精。(《察咙》)

郎拉天然隘,层巅扼要长。习劳须步演,都守合知方。(《那尔汤》)

江岸旧无堤,奔湍任所之。番黎群苦诉,疏导适其宜。(《还至后招》)

四渡岗波秋阅冬,霜峰晴暖路从容。问田省牧为筹画,达木观兵过玉峰。(《阳巴井》)

游牧固安生,因何武备轻。健儿须奖率,法度赖持衡。严重缘旌旆,驰驱准蛛钲。习劳围猎较,御盗卡防营。枪箭操乘马,腾骧利远行。练兵申纪律,制锐养升平。(《达木观兵》)

秋阅周西极,冬旋经艮维。轻骑且缓辔,我马得忘疲。慎役防滋暴,束兵训所司。兢兢严克己,翼翼谨循规,乘便稽民隐,行逢省敛时。两巡宣圣德,咏志愧修辞。(《还抵前招》)

后　记

　　接触松筠,是在近十年前。当时我在北京大学攻读历史学博士学位,因研究卡伦制度的需要,了解了清代乃至近代一些西北边疆的史地著作。尔后,松筠及其编纂的《钦定新疆识略》便进入了我的研究视线。当时研究松筠者并不多见,自己只是从研究需要出发,着重研究他在卡伦制度方面的建树,觉得他作为一位边疆重臣,既能在安定边疆、保持社会稳定方面作出重大贡献,又能编纂边疆史籍,发挥学者的能量和作用,真正将理论与实践相结合,实是一位不可多得的人才。

　　经过多年的资料搜集工作,我对松筠的认识逐步有所深化,加之陆陆续续见到了一些研究者的文章,对松筠的研究也更加深入了。重新审视松筠的资料,突然发觉自己已经初步具备了给《松文清公升官录》作注释的条件。《松文清公升官录》也是我在研究卡伦制度的过程中发现的,但其用语过于简略,许多事件只是交代了一个梗概。我之意愿既在于加深对松筠的研究,又在于与同好共享我的一些成果。但真正将此事付诸实施时,才发觉困难重重。首先是时间不能完全保证,正常的工作之外的时间并不富裕,加之一些琐事缠身,故而,本书的撰写工作持续了四五年。其次,也是困难最大之处,即搜集资料难度较大。在现在的工作岗位上,已不可能像在北大读书之际便利地利用资料,披沙沥金搜寻散见于他书的资料更觉困难。再者,历史学者想将成果转化为大众喜爱的内容确实还存在一定的困难,尽管现实社会中兴起了历史热,但对于基础性的研究成果,出版之难可以想见。资金从何而来,将成果转化为何种形式与大众见面等等,诸如此类的难题一直困扰着我,有时甚至让我感到茫然:自己的工作是否具有价值? 甚至放弃的念头也曾多次萦绕于怀。

　　在本书写作过程中,曾得到众多师友的帮助。在本书付梓之际,我要深深感谢我的两位恩师,在我困难之际,多次深切地教诲、鼓励和无私帮助我,他们是北京大学的徐凯教授和复旦大学的葛剑雄教授。他们不但从学术的角度关心我,给我提供中肯的建议,而且从生活和文献资料等方面给予我一贯的支持,为本书出谋划策,这才使我有勇气完成这一枯燥但自己感到还有意义的工作。

河南大学出版社能够出版本书,实缘于他们对学术事业的鼎力相助和对我工作的信任。特别感谢出版社众位领导和同志,尤其是齐丹锋女士的辛勤工作,她的编辑和校对工作使本书得以顺利问世,在此深表谢意。

感谢我所在的单位中国人民武装警察部队学院各级领导及同志们的大力支持,他们昔日的关怀,我一直铭记在心。

对妻子张春梅女士和儿子马博珍的感谢,不只是因为他们对我生活无微不至的关心,更主要的是他们给予我的一种精神鼓励。妻子在繁忙地读研之际,仍不忘与我共同搜集资料、斟酌观点和谋划出版,本书有一些地方还采纳了她的正确意见,她的工作实在有效,绝非徒有虚名。儿子虽不能理解我在书籍中所表达的内容,但总是将我的工作视为一项较为神圣的事业,常令我感动。

从目前的发展趋势看,松筠的研究将会朝一个更深更广的方向发展,我所做的只能是初步的、资料性的工作。我每每思索着在清史研究的百花园中增添一丝春色,希望我的微薄之力能为大家的研究提供一些便利。若能如此,我付出的辛苦也是值得的。

马长泉
2010年4月于廊坊武警学院轩邈书屋